高校学生教育创新能力培养研究

陈 娜 ◎ 著

吉林出版集团股份有限公司

图书在版编目（CIP）数据

高校学生教育创新能力培养研究/陈娜著.— 长春：吉林出版集团股份有限公司，2023.9
　ISBN 978-7-5731-4317-4

　Ⅰ.①高… Ⅱ.①陈… Ⅲ.①高等学校－创造教育－研究－中国 Ⅳ.①G640

中国国家版本馆CIP数据核字（2023）第181941号

高校学生教育创新能力培养研究
GAOXIAO XUESHENG JIAOYU CHUANGXIN NENGLI PEIYANG YANJIU

著　　者	陈　娜
责任编辑	曲珊珊
封面设计	林　吉
开　　本	787mm×1092mm　　1/16
字　　数	220千
印　　张	14
版　　次	2023年9月第1版
印　　次	2024年1月第1次印刷
出版发行	吉林出版集团股份有限公司
电　　话	总编办：010-63109269
	发行部：010-63109269
印　　刷	廊坊市广阳区九洲印刷厂

ISBN 978-7-5731-4317-4　　　　　　　　　　　　定价：78.00元
版权所有　侵权必究

前 言

近年来，随着高等教育的大众化，面对人才市场激烈的竞争状况，我国国家教育部门充分认识到具有创新能力人才培养的重要性，高校人才创新能力的培养已经成为教育的一个核心问题。各高校在相关部门的号召下也逐渐开始重视人才创新能力的培养。高校学生创新能力的培养是一个复杂而长期的系统性工程，不但关系到学生自身综合素质的发展，而且与高校的管理观念、教育管理体系、教师教学体系等方面相关联。在摸索培养创新能力人才的道路上存在许多问题，需要校方结合实际情况、调整体系结构才能达到较好的培养效果。在此环境背景下，相关的教育体系的创立必不可少。高校培养学生创新能力条件下，教育体系的创立、教育体系的发展、教育体系的完善也必将成为将来几年里教育学者的研究热点。

广义上的创新能力是运用知识和理论，在科学、艺术、技术和各种实践活动领域中不断提供具有经济价值、社会价值、生态价值的新思想、新理论、新方法和新发明的能力。现实中，每个人对其有不一样的理解方式。美国心理学家吉尔福特在对创造力进行详尽分析的基础上，提出"智力三维模型"，并认为创造性思维的核心就是三维结构中的第二维度——发散思维。罗伯特·斯腾伯格采用了认知心理学的思想，主张人类智力是相互连接的三边关系组合的智力统合体。其中对于创造性的理解如下：个体处理新问题时，统合不同观念而形成的顿悟或创造力。彭健伯阐述了创新能力的培养与创新能力测评方法的建立，提出创新能力提高率公式，并分析了运用创新能力测评方法和创新能力提高率公式的意义。金琴将创新能力指标要素概括为是否具有广阔的视野、渊博的知识、独特的思维、丰富的想象力和较强的实际操作能力，并按优、良、中、差、劣划分为五个等级，运用模糊数学的方法处理数据，并进行综合评价。

高校学生创新能力的培养计划有其存在的必然性，只要创新型的人才才能更好地融入社会，为社会的发展及企业之间的竞争提供优势，为我国在世界综合实力上提供可进步的空间。创新型人才的培养相当重要，与其相关的教育体系是完善创新型人才培养、稳定创新型人才培养、优化创新型人才培养所必需的体系，只有建立适应创新型人才培养与发展的教育体系才更有利于高校的发展，有利于社会激烈的竞争，有利于在残酷的国际竞争中立于不败之地。

目 录

第一章　高校学生工作概述 ··· 1
　　第一节　高校学生工作的内涵 ··· 1
　　第二节　高校学生工作的形势与主要任务 ································· 5
　　第三节　高校学生工作研究的要求、着力点与意义 ···················· 24

第二章　高校学生工作模式定位 ··· 34
　　第一节　高校学生工作内涵定位 ·· 34
　　第二节　高校学生工作机构定位 ·· 49
　　第三节　高校辅导员工作队伍定位 ··· 59
　　第四节　高校学生工作观念定位 ·· 71

第三章　高校学生德育教育 ·· 76
　　第一节　虚拟生存与大学生德育教育话语 ································ 76
　　第二节　体育精神与大学生德育教育 ······································ 83
　　第三节　微信公众平台与大学生德育教育 ································ 88
　　第四节　社会情绪与大学生德育教育 ······································ 92
　　第五节　红色文化与大学生德育教育 ······································ 96
　　第六节　奥林匹克精神与大学生德育教育 ································ 100

第四章　高校学生理想信念教育 ·· 105
　　第一节　高校大学生理想信念教育现状 ··································· 105
　　第二节　高校大学生理想信念教育理论 ··································· 107
　　第三节　高校大学生理想信念教育架构 ··································· 110
　　第四节　高校大学生理想信念教育路径 ··································· 113

第五节　高校大学生理想信念教育载体……117

第六节　高校大学生理想信念教育矛盾特殊性……121

第五章　高校学生积极心理学教育……127

第一节　积极心理学与大学生心理健康教育……127

第二节　基于积极心理学的大学生心理品质培养体系的构建……129

第三节　基于积极心理学的大学生心理危机干预策略探究……133

第四节　浅谈积极心理学视野下的大学生心理健康教育……138

第五节　积极心理学视角下的大学生心理健康教育探索……141

第六章　高校学生思想政治教育……147

第一节　大学生思想政治教育教学新模式和组织……147

第二节　大学生思想政治教育校园文化和网络……160

第三节　深化大学生思想政治教育社会实践……170

第七章　高校学生教育能力培养概述……179

第一节　通识教育视野下高校学生创新能力培养……179

第二节　公共艺术教育对学生创新创业能力培养……181

第三节　STEAM 教育理念下学生创新能力培养……185

第四节　智慧教育下学生创新能力培养……190

第八章　高校学生教育创新能力培养的内容……195

第一节　信息素质教育改革与大学生创新能力培养……195

第二节　高校学生创新精神与实践能力的培养……202

第三节　课外科技创新活动体系与学生创新能力培养……207

第四节　高校创客教育与学生创新能力的培养……212

参考文献……216

第一章 高校学生工作概述

第一节 高校学生工作的内涵

一、高校学生工作的含义

高校学生工作是一个历史范畴。在我国，高校学生工作的内涵有其明显的时代特征，并且随着高等教育的不断发展和高等教育改革的不断深化，高校学生工作的内涵也将长期处于一种动态变化之中。早期的高校学生工作是学生思想政治工作或学生思想政治教育工作的简称。进入21世纪以来，由于高等教育改革不断向纵深发展，高校学生工作的内涵不断发生变化，包括学生思想政治教育、学生资助工作、高校稳定工作、就业创业指导、心理健康教育等多方面内容。由于高校学生工作内涵的复杂性，给高校学生工作下一个比较精确的定义是一件比较困难的事情。针对本书的核心主题"新时期高校学生工作"，笔者尝试为高校学生工作做一个释义：以学生思想政治教育为核心内容，贯穿于学生课堂和课外教育全过程，旨在培养学生成为德智体美全面发展的中国特色社会主义事业的合格建设者和可靠接班人所开展的学生教育、管理、服务等各项工作的总和。狭义的高校学生工作指大学生思想政治教育工作，广义的高校学生工作包括学生党建、学生思想政治教育、学生素质教育、学生奖惩管理、学生资助管理、学生心理健康教育、学生职业生涯规划教育以及学生工作队伍建设等。

二、高校学生工作的宗旨

什么是宗旨？宗旨包含做事的原则、方针、标准和精神，党的宗旨"全心全意为人民服务"，指的是党一切工作的出发点和落脚点都是服务人民，没有其他原则。由此可见，对于高校学生工作而言，其宗旨应该是整个社会和高校内部对育人方面的精神理念的灌输和宣扬，它描述的是在从事学生工作的整个过程中，从施教者主观层面上自我坚持和发扬的一种价值判断标准，它清晰地界定出为了完成使命而必须要坚持的基本准则。笔者认为，高校学生工作是服务高校人才培养这一根本任务的重要工作，其宗旨是：教育学生健康成长，服务学生全面成才。确立这样的高校学生工作的宗旨是因为：

（1）培养社会主义事业需要的合格人才，是我国社会主义大学的根本要求，也是宪法规定的国家的性质和党的教育方针的最直接体现。我们要建设的现代化国家是"社会主义"的现代化国家，我们期盼的中华民族的伟大复兴是在中国共产党领导下，人民当家做主的中华民族伟大复兴。因此，我们要培养的人才也必须是有共产主义理想、有社会主义信念的，能够为中国特色社会主义事业添砖加瓦的合格建设者和可靠接班人。如前所述，高校学生工作是具有一定社会属性，反映统治阶级意识形态的社会实践活动。事实上，我们国家的高等教育目的中，已经包含了争取人们信仰共产主义的崇高原则。因此，培养学生具有承担建设和发展社会主义国家的义务感和责任感，是高校学生工作应该主动承担的核心任务之一。

（2）高等学校的根本任务是培养"高级专门人才"。如前所述，高等教育有人才培养、科学研究和服务社会三大任务，但无论从高等教育发展的历程，还是从高等教育自身发展的需要，其根本任务都应该是培养人才。因此，作为高等教育实施主体的高等学校，应该把培养"高级专门人才"作为自己的根本任务和基本目的，并按照"高级专门人才"的各类属性去培养能肩负起国家和民族希望、适应未来社会竞争环境的合格人才。

（3）促进大学生素质的全面提升是高等教育发展的必然趋势。培养学生成为"高级专门人才"是对高等教育人才培养目标的总的概括，实际上，由于素质教育的逐步展开，把学生培养成为德智体美全面发展的综合性人才已成为一种趋势。此外，由于各高等教育机构的办学质量和办学水平存在差异，不同的高等教育实施机构对"高级专门人才"的要求和界定也不尽相同，其范围和广度也有很大差异。如南京大学近年来提出"把培养具有国际视野的高素质拔尖创新人才作为自己的人才培养目标"，推广"匡亚明学院基础学科教学强化部"的"宽口径、厚基础"的通识教育人才培养模式，注重强化学生的基础理论知识，注重培育学生的创新创业意识，注重培养学生的创造实践能力，使培养的人才在面对未来激烈的国际国内竞争环境时，依然能够从容应对、涛头挺立。

（4）注重对大学生人文素养的培养，这是高校学生工作义不容辞的责任。培养学生成为具有一定专业背景的"高级专门人才"固然重要，但人才发展的规律和社会发展的实践告诉我们，对学生人文素养的培育更加重要。所谓人文素养（或人文关怀、人文精神），通俗来讲，是一种"大爱"，这种"大爱"是建立在对人性的尊重，对人道的推崇，对人权的重视基础之上的。这其实是一种为人处世的基本"德行""价值观"和"人生哲学"。科学精神、艺术精神和道德精神均包含其中。它追求人生和社会的美好境界，推崇人的感性和情感，看重人的想象力和生活的多样化。它以人的价值、人的感受、人的尊严为万物的尺度。因此，如果未来社会的人才"缺乏"人文素养，那么他们不仅不能承担起发展科技与文化的重任，也许还会破坏已经构筑起来的人类社会的文明大厦。从这个意义来说，如果我们不能使受教育者在成长为"高级专门人才"之前养成人文精神，不能教会他们在使用和创造新知识、新技能之前，首先思考这些知识和技能的应用和再创新对人类命运、对社会伦理的影响，那么，可以认为，我们的教育完全没有达到原本的教育目的。

三、高校学生工作的使命

什么是使命？使命是指重大的任务或责任，其基本含义是根据既定的宗旨制定具有可操作性的任务。按照这个定义，高校学生工作的使命就是指高校在培养学生成为中国特色社会主义事业的合格建设者和可靠接班人的全过程中制定的各项具体任务的总和。作为任务来讲，使命必须是根据现实状况，在分析问题和预测结果之上而综合形成的，为满足既定要求而提供的操作手段及其载体。也就是说，高校学生工作的使命是根据人才培养客观现状和科学预测而得出的将来要完成的特定的任务，是高校学生工作部门根据人才培养的客观需求所界定的学生工作的范围、目标要求和长远规划。因此，笔者认为，我国现阶段高校学生工作的使命是：以服务大学生成长成才为根本，以促进大学生全面发展为目标，致力于培养中国特色社会主义事业的合格建设者和可靠接班人。完成这样的使命，高校需要从精神、行动、人格等三个层面着手。

（1）在精神层面，坚持社会主义、爱国主义和集体主义，坚守学术自由，坚持道德操守，提倡自力更生、艰苦奋斗精神，培养民主和科学精神。在现实国情下，精神层面主要指要切实把社会主义核心价值体系融入大学生思想政治教育的全过程，即坚持马克思主义的指导思想，教育和引导学生树立中国特色社会主义共同理想，大力弘扬以爱国主义为核心的民族精神和以改革创新为核心的时代精神，努力践行社会主义荣辱观。要通过教育使社会主义核心价值体系成为学生中占主导地位的价值观念。社会主义是我国的立国之本，爱国主义是推动我国发展的重要力量，而学术自由是提高大学创新能力、提高高校科研实力、建设世界一流大学的重要保障。提倡学术自由要鼓励学术自治，这是确保大学自身正义性和不堕落成既得利益集团附庸的必要措施。要坚持道德操守，反对学术腐败，净化育人环境。要继续发扬自力更生和艰苦奋斗的优良传统，这既是大学发展的重要推动力量，也是对中国国情深刻认识的必然选择。要重视和引导学生的民主参与意识，认真把握和妥善解决大学中各种学生社团在组织、选举和活动开展等方面的运作规律和具体矛盾，鼓励学生"自我教育、自我管理、自我服务"。

（2）在行动层面，通过开展各项社会实践活动，增强学生对中国现实国情的了解，引导广大学生树立正确的世界观、人生观、价值观和社会主义荣辱观。行动层面的任务主要指校园文化的构建、校园学生社团的组织、学生社会实践活动的开展等，而良好行动的实现依赖于个体道德观念的稳定和对道德信念的坚持。如果不能保证大学德育自身的正义性，那么一切德育内容都可能流于形式。特别在当前社会分化的背景下，大学必须构建起正义而负责任的校园文化和德育理念。在实际工作中，学校应当多组织一些有助于学生健康成长的实践活动和社会活动，如通过组织一些有意义的公益活动和主题鲜明的社会实践活动，让学生走出校园、走进社会，让学生在实践中接受教育、在奉献中增长才干、在做贡献中体验道德成就感。要积极调动一切有利因素，构筑全员育人、全过程育人的良好氛围，发挥大学各个职能部门和院系的育人职能，构建良好的校园文化氛围。在事关学生切身利益的决策中，发挥学生组织和学生社团的主观能动作用，引导学生有理、有序地民主参与，构筑和谐文明的校园氛围。

（3）在具体人格层面，要注重学生的心理疏导和人文关怀，培养学生成为具有批判精神和良好道德修养的社会主义公民。大学必须具备批判精神，而大学所培养的人才，同样应当具备批判精神。要致力于培养我们的学生在面对纷繁复杂的社会时，有明辨是非的能力、有激浊扬清的决心、有惩恶扬善的勇气。要培养大学生具有高尚的社会责任感，在面对未来职业的选择中，能够兼顾到个人发展与社会需要。要重视大学生理性和情感教育，通过各种措施培养大学生的人文素养。要特别关注大学生的心理健康教育，增强他们应对挫折的承受力，培养他们拥有健全的人格，使他们在未来社会中遭遇失败和困境时，拥有良好的心态，能够从容面对、积极克服，不至于走向极端或形成反社会型人格。要善于把握学生的差异性，按照不同年龄层次、不同心理特征等要素，根据学生身心发展的规律和特点，有针对性地开展相关的教育实践活动。关注学生的内在品性修养，培养个体的理性主义道德价值观，通过对学生健全人格的培养来实现其自身的社会责任，从而培养他们成为推动社会发展和进步的主要力量。

第二节　高校学生工作的形势与主要任务

当今世界正发生着深刻变革，我国社会改革发展正不断深化，二者所体现出的独有的时代特征对高校学生工作产生了强烈冲击。同时，我国高等教育事业的发展也处在转型阶段：高等教育由精英化教育向大众化教育转变、单一的办学模式向多样化的办学模式转变、教学管理从学年制管理向弹性学分制转变等，这必然也会对高校学生工作产生深刻影响。作为高等院校受教主体的大学生，其群体和个体的特征也发生了较大的变化。在这些新形势下，高校学生工作必然面临着许多新情况，因此必须努力适应新形势，切实解决新问题。本节将以当前高校学生工作面临的新形势为切入点，从新时期高校学生工作所承担的主要任务入手，深入分析当今新形势对高校学生工作带来的困难与新的发展机遇，以期对新时期高校学生工作取得比较清晰的认识。

一、高校学生工作面临的形势

从发展背景来看，当今世界发生的深刻变革和我国社会的改革发展必然会对我国高校学生工作产生强烈的冲击。经济全球化、信息网络化日趋发展，其独有的广泛性和深刻的渗透性对高校学生工作产生了革命性的影响。伴随着互联网的普及，大学生接触信息的渠道陡然增多，"封闭式"的校园逐渐趋于开放；信息文化思潮及价值观念呈现多元化态势，各种思想意识和价值观念良莠不齐。另外，高等教育的大众化进程虽然极大地满足了受教育者接受高等教育的需求，但是学生人数的不断膨胀也增加了高校学生工作的负担。总而言之，在新时期，我国高校学生工作面临着越来越复杂的环境和形势。

（一）高校学生工作环境的变化

1. 社会环境

（1）经济转轨、社会转型和全球化趋势带来的新挑战。随着改革开放向纵深发展和市场经济体制逐步建立和完善，人们的物质生活得到极大的改善，思想观念、价值取向、道德心理和生活方式等方面也发生了深刻的变化。"应当看到，爱国、爱党、有理想、有追求已成为当代大学生主体形象，但我们也必须认识到新形势下青年学生成长的外部环境和内在环境都发生了很大的变化。"经济转轨时期出现的经济和社会发展等方面的矛盾和冲突，以及拜金主义、享乐主义、个人主义等腐朽思想和社会丑恶现象的存在，给少部分大学生带来了消极影响，思想观念、价值取向趋于多元化，重知识轻信仰、重个人轻集体、重享乐轻节俭、重实惠轻敬业的不良倾向日渐突出。

同时，现代科技的进步，尤其是信息与网络技术的发展和普及，为全球化提供了超越时空约束的物质手段,世界范围内各种联系不断加强,各民族、国家、地区之间交往的时空约束被极大弱化,全方位的沟通、联系、影响已经逐步成为现实,各国家、地区相互依存,共谋发展,优势互补,极大地推动了人类和社会的发展。然而,全球化是一把双刃剑。在全球化进程中,各种不同的民族文化、社会思潮等相互碰撞,对社会主义中国的文化建设既有积极的借鉴作用,又有不可避免的消极影响。大学生正处于思维活跃、求知意识旺盛的阶段,他们好奇心强、易于接受新事物,但是辨别是非的能力尚不成熟。因此,面对经济全球化趋势以及国内经济改革的需要,我国高等教育也应该着手研究经济全球化条件下自身发展策略,确定合适的人才培养目标,这对实现高等教育理念的革新有着重要的理论价值和现实意义。

(2)多元的文化思潮带来的新冲击。文化是经济和社会发展的集中反映,每一个社会、每一个时代都会产生相应的文化,并随着社会的发展而发展。当今时代,经济全球化、政治多极化已经成为世界发展的趋势,与此同时,世界各国文化也在全球化进程中或出现交融,或出现冲突。"在现实社会中,文化提供给人们的将不再是单纯的色彩、固定的理念,而是以丰富多彩为特征,是本土文化、外来文化和由多种文化融合而产生的混合文化共存的局面。世界上不同地域、不同国家、不同社会制度下的文化相互融合、吸收,并共处于同一环境。"正如马克思、恩格斯所说:"过去那种地方的民族的自给自足和闭关自守状态,被各民族的各方面的互相往来和各方面的互相依赖所替代了。物质的生产是如此,精神的生产也是如此。各民族的精神产品成了公共的财产。民族的片面性和局限性日益成为不可能,于是由许多种民族的和地方的文学形成了一种世界的文学。"社会文化多元化的浪潮也引起了人们特别是青年学生精神文化需求的多样化,从而引发了一些深层次的思想问题,并不同程度地在高校意识形态教育中显现出来,影响着高校的意识形态教育工作。因此,我们迫切需要在校园文化多元的背景下进行文化的整合,突出校园文化的主旋律,不断丰富校园文化载体,使其在符合广大学生文化需求的同时,更加符合社会主义人才培养目标的要求,打开高校校园文化建设的新局面。

(3)现代科技的迅猛进步带来的新变革。以互联网为代表的信息技术的高速发展，使整个社会的生产、生活发生了全方位的变化，使整个地球变为一个村落成为可能。任何人通过网络都可以迅速便捷地获得世界上任何角落的丰富信息，它可以说是现代社会人们认识世界、改造世界的一种新的方式，也是一种新的生存方式，因此被称作"网络化生存"或"数字化生存"。浩瀚的信息海洋和先进的信息技术使大学生获取信息更加多元更加便捷，这极大地拓展了大学生的文化知识视野，却也加大了学生鉴别真伪的难度。特别是电子信息网络广泛覆盖的今天，一些错误的思想观念以网络为载体，具有传播速度快、范围广、声势大、难以控制的特点，对大学生的思想观念冲击很大，增大了学生工作的难度。网络时代的复杂特点给高校学生工作特别是给学生的思想政治工作带来了严峻的考验。

对于大学生而言，网络可以开阔眼界、活跃思维、促进其观念更新，极大地激发他们的创新意识、竞争意识，进而开辟出大学校园文化的新领域，形成新的文化范畴和文化精神。比如，网上专题论坛、BBS讨论区等深受广大学生的欢迎，激发他们的参与热情，高校思想政治教育者应当运用这些途径，使思想政治教育活动更具有灵活性与互动性，能够实现教育者与受教育者平等、双向的对话。然而，网络的虚拟性也给高校学生工作的有效开展带来诸多的不利之处，尤其是大量虚假、黄色、反动信息及其他有害信息在网络的传播，对大学生的负面影响必须引起高校学生工作者的足够重视。

2. 高等教育改革

就功能而言，校园不仅仅是空间维度上的场域，更是"创建相互关心、同情，有活力的文化氛围的主要机构"。就性质而言，作为教育的实现机构，学校必须体现教育的宗旨，培养人并完善人，亦即要促进学生的人格发展并为学生的终身发展奠定基础。而在高等教育走向纵深发展阶段的新时期，高校学生工作也必然面临着革新与发展的现实要求。

（1）教育法治化建设带来的新要求。随着法治理念的普及和个人权利意识的增强，高校学生工作原有的思想、模式、方法越来越不适应形势的变化和发展，使得高校学生工作的实践进程不可避免地出现新旧观念的碰撞。教育法律体系的进一步完善，是社会主义法治建设的要求，也是高校学生工作的要求。

在法治化建设过程中，不仅高校主体意识觉醒，大学生权利意识也有了很大的提高。他们不再是简单地服从于学校管理，而是随着权利诉求的不断高涨，需要更多地从学校获得自由和保护，而不完全认同强加给自己的各种规章。当某些权利诉求不能获得公正、公平的处理或者学生们认为没有获得应有对待的时候，他们便利用各种方式来维护自己的利益，甚至与母校对簿公堂。高校学生工作的权威性受到了前所未有的挑战。

（2）教学管理体制的新模式。完全学分制、弹性学分制、自主选课制、主辅修制作为教育管理的新模式在高校的施行，是实施全面素质教育的重要举措，也是新时期高等教育"以人为本""学生主体"思想的重要体现。它的实施为学生提供更广阔的学习自主权和选择权，有利于发挥学生的主体性，调动学生的积极性、主动性，有利于培养具有自觉主体意识的高素质创新人才和复合型人才。但不可否认的是，它对传统的学生工作带来了诸多挑战：一是学生工作的载体发生了变化。新的教学管理制度客观上造成大学生"同班不同学、同学不同班"的现象，原有的自然班级的概念逐渐淡化，传统的以班级为主要载体的学生工作架构被打破。二是学生工作的手段需进一步探索。传统的学生工作更多的是以奖惩为激励机制，以正面灌输、集中训导为主要手段，但实施新的教学管理制度后，每位学生都有自己选课的课程表，因而不可能再像以前那样在某一时间内集合在一起教育，而被分散的个体教育和咨询指导所取代。三是学生工作的对象呈现新特点。新教学管理制度的实施为学生提供了较大的自主学习选择权，进一步增强了学生的个性化倾向和竞争进取意识，而集体观念、团队精神都会有所削弱。

（二）高校学生工作对象的变化

高校学生工作是高等教育的重要部分，其直接作用于学生。在大学阶段，学生在心理上和生理上都是不成熟的，具有未完成性。正是这种未完成性，为高校学生工作提供了发展空间，为学生的身心塑造提供了提升潜能。当代大学生基本上是 20 世纪 80 年代后出生的一代，在社会转型的背景下，他们必然与社会有着更多的接触，表现出积极、健康、向上的态势，同时独立性、选择性、多样性和差异性日益增强。从现阶段的总体状况来说，当前的主流大学生群体总体表现是积极的健康的，在自身发展的主要方面也体现出极大的进取心和有效的计划性。但一些大学生也不同程度地存在着理想信念模糊，诚信意识淡薄，社会责任感、艰苦奋斗精神、团结协作观念缺乏等问题。他们的思想情感往往呈现出多元的复杂的动态格局，其中积极的与消极的、健康的与不良的、进取的与萎靡的多种因素互相抵触而并存消长。可以说，当代大学生所展现出来的新情况和新特点，已经成为新时期高校学生工作必须要面对的新课题和新挑战。

第一，科技化时代，大学生普遍注重综合素质的提高。随着经济全球化，应用型、实践型人才越来越受到高端企业、机构等的青睐，能进入这些部门工作也成为当代大学生衡量自身价值、进行自我认同的一个标准。因此，当代大学生在接受高等教育的过程中对培养自身的综合素质有着强烈的需求。他们希望通过德、智、体、美、劳全面教育，通过专业学习和实践活动提高自己的综合素质，培养自己的综合能力，使自己达到新时期社会和国家对大学生的更高要求。

第二，信息化时代，大学生有着更高的知识需求和学习潜力。信息爆炸时代的来临，使得学生的信息储备量前所未有的增加，传播方法和技术的提高也使得信息的传播达到前所未有的速度。在这种前提下，当代大学生作为一个能动的主体，有着自己搜集、检索各种信息的方法和能力，对于知识和信息的获得并不单纯来自于学校和课堂。更多知识空间的存在，使大学生的学习积极性和主动性空前高涨，大学校园内读书求知蔚然成风。

第三，创新化时代，大学生胸怀远大理想，有可贵的创新要求。当今世界处于一种和平稳定的发展时期，这给当代大学生带来了良好的学习环境，使他们能受到良好的教育。他们大多有进步的思想和远大的理想，有积极向上、务实进取的人生态度，追求个人价值与集体价值的统一。他们思维活跃、思路开阔，极富创新精神，有实现抱负的强烈愿望，渴求干一番创造性的大事业。他们能把自己的人生目标同祖国的未来、民族的复兴紧密联系在一起，具有正确的世界观、人生观、价值观。

在看到上述积极方面的同时，我们也不能忽略实际存在的消极的、不良的、萎靡的方面。高校学生工作如何以学生为本，做好教育、管理与服务工作，成为我们现阶段不得不考虑的一个重要问题。

首先,学生心理结构出现前所未有的失衡,心理问题增加。目前,我国处于社会转型、经济全球化的双重变革之中,多元文化、新旧价值观念激烈冲撞,整个社会心理也发生着深刻变化。大学生作为社会中思想最为活跃、最容易接受新观念的群体,还没有形成完全自主的世界观、人生观、价值观和正确判断能力。在这种情况下,他们在择业、社交、学习、生存等方面的敏锐、求实、批判、开拓、进取的精神和在现实世界里遭遇到的种种困难和困惑往往成为其心理失衡的诱因,据有关调查显示,大约有20%的大学生有不同程度的心理问题,一些大学生表现出不同程度的抑郁、偏执、孤独、敏感等心理症状。

其次,社会转型下部分大学生的道德意识变得淡薄。随着现代化的不断发展,个人意识充分张扬,个人利益备受重视,这本无可厚非。然而,不少大学生由于种种因素的影响,对个人、自我过分强调,利益的天平经常发生倾斜。他们把增强事业责任心、为国家做贡献、满足社会需要排除在学习动力之外,把个人的学习和就业作为主要动力。由于责任感、尊重他人、注重合作之类的现代观念并未与个人意识同时确立,这样容易导致急功近利,甚至会排除道德和伦理价值,陷入不择手段、唯利是图的泥沼。

再次,各种因素综合作用下的学生恶性突发事件增多。近年来,高等院校学生恶性事件时有发生,学生自杀事件、学生杀人等暴力事件引发了社会的深思。关于大学生自杀事件,有学者指出,这可能是改革开放带来的社会急速转型、性观念开放和就业压力加剧等问题所致。也有人认为这可能是独生子女政策下培养出来的学生娇生惯养,当他们面对考试不合格、学费压力、无法达到父母望子成龙的期望及失恋等问题而无法正确解决时的必然结果。

这些新的、多样化的特点是学生个体特质、特定的个人经历、经济社会环境综合影响形成的。这在一定程度上形成了对高校学生工作的冲击,增大了工作的难度和复杂性。因此,高校学生工作必须坚持广泛性和先进性相结合的原则,既要从社会主义初级阶段的实际出发,允许各种不同的思想交流和相互论争,又要对自由主义、极端个人主义、反社会、反人类等错误思想保持高度的警惕,加强历史唯物主义、辩证唯物主义教育,保证思想政治教育的先进性,贯彻社会主义教育方针，唱响思想意识形态方面的主旋律。

当今大学生中出现的新情况、新特点，优劣并存，瑕瑜互见，这应当引起高校学生工作的高度关注。尤其是承担大学生日常教育和管理的学生工作部门更应当从不同的立场和角度去研究和揭示大学生心理结构失衡问题、大学生社会定位问题和大学生恶性事件现象的深层原因和诱因，并且努力和自身工作相结合，开展相应的研究工作，提出解决问题之道。

二、高校学生工作的主要任务

教育是培养人的活动。"教育的本质属性更应当表现为：它要使受教育者能够在已有的各种现实规定中奋起，去追求新的自我、新的世界；使得一切文化、知识、道德规范等在他们身上得以产生生成性的变化，转化为创造的潜力；使得受教育者能以一种批判的态度去面对、掌握、审视现实生活和现实世界。"学生是活生生的人，而不是进行批量生产的工厂传送带上的产品，查尔斯·赛尔博曼在《教室中的危机》中提出，未来所需要的并非是成堆的知识分子，而是大量受过教育的人——会感觉、会行动、会思考的人。教育并不仅仅意味着教给学生科学知识，更为重要的是培养学生健全的人格品质。学校教育的培养目标和道德使命应着力于塑造完整的人。

由此观之，在新时期的形势下，我国高校学生工作必须深入贯彻落实科学发展观，坚持以人为本的教育理念，促进学生全面健康的发展。这就要求高校学生工作者：创新学生工作的理念，丰富学生工作的内容，拓展学生工作的新渠道，实现学生工作的专业化。

（一）创新学生工作的理念

1. 树立"以学生为本"的工作理念

科学发展观强调"以人为本"，而在高等教育领域，"以人为本"就是"以学生为本"。"以学生为本"贯穿高等教育的方方面面，它体现了现代教育从传统的知识性教育向发展性教育转变的教育价值选择。"以学生为本"是把"以人为本"的理念落实到高校学生工作中的具体体现。而"以人为本"是坚持人的自然属性、社会属性、精神属性的辩证统一，是体现人文关怀的一种哲学观，是"以人为核心，以人为基础，以促进人的全面发展为最终目的，满足人的生存、安全、健康等自然需要，满足人的民主权利、公平公正要求，实现精神文化等社会需要，关心人、尊重人、爱护人、解放人、发展人，追求对人本身的关照、关怀以及人身心的全面协调发展"。

对于"以学生为本"，有人把它的基本内涵概括为："教育不仅是社会发展的需要，也是自身发展的需要，人受教育的最终目的是为了适应和推动社会的发展。教育和社会、人的发展是辩证统一的；教育是通过培养社会所需求的人来实现推动人类社会不断地延续与发展的。因此，培养社会所需求的人是一切教育活动的中心；教育最本质的要求是使学生得到尽可能最完善的发展；教育活动的主体是学生本身。在教育工作中，'以学生为本'要求教育应当使学生得到尽可能的发展，以适应社会和人的全面发展的需要。"

所谓"以学生为本"，就是以学生的需要和权益为根本，学校办学必须一切为了学生的权益，一切着眼于学生的发展，一切落实于学生的成才，实现学生教养的个性化和人性化。因此，这就要求学生工作部门在实际工作中，必须把学生的利益、学生的发展、学生的成才、学生的安全、学生的健康作为一切工作的出发点和落脚点，才能真正将"以学生为本"的科学发展观运用到具体的教育实践之中，才能顺应时代的发展。

正如前文所述，新时期，社会环境以及高等教育变革都在揭示这样的道理：师生之间的关系不再是简单的教育与被教育、管理与被管理的关系。作为学生工作者，必须改变原有的教育者、管理者的思想，以平等之心对待学生，才能真正获得学生的尊重，从而增强学生工作的效果，建设和谐校园。

2. 树立不断创新教育、管理、服务内涵的工作理念

其一，要创新教育内涵。即不断探讨学生工作教育的具体目标及教育方式。要进行以创新教育为核心、思想政治教育为基础的全面成才教育。要把教育内容转化为学生的内在需求，变学生被动地接受为主动的需要。

其二，要创新管理内涵。要认真研讨学生工作管理目标及方法的科学性和有效性，要从校规校纪上升到依法治校、民主治校，从浅层次管理上升到深层次管理，从点上管理上升到面上管理。实现从被动地管理变为主动式、民主式的管理，从管理为主的工作模式走向以教育、服务为主的工作模式。

其三，要创新服务内涵。即不断探讨学生工作服务目标及方法等。高校学生工作要从管理型走向教育型、服务型的工作模式，要为学生的成才创造各种有利条件，优化校园软硬环境，最大限度地激发学生全面成才的内在动力。服务的内容主要把握学生在学习和生活中不同层次、不同方面的合理需要；服务方式要在引进社区管理方式的同时，实现服务最优质化、物质利益最小化。学生不仅是受教育者，也是教育投资者和消费者，要为学生提供各种生活服务，改善生活环境，对学生社区进行物业化管理，健全社区功能，构筑集文化、休闲、娱乐、购物、健身为一体的文化社区；提供勤工助学服务，扩大勤工助学的网络与途径，帮助家庭经济困难学生顺利完成学业；提供学习服务，指导学生考研、出国、创造发明；提供就业服务，健全信息网络，加强政策、心理、技术各方面的指导，等等。

（二）丰富学生工作的内容

高校学生工作的内容不是唯一的而是多元的，不是一成不变的而是与时俱进的。因此，在新的时期，尤其是在建设中国特色社会主义事业的伟大进程中，高校学生工作必须根据时代发展和社会进步的需要，依据客观实际情况，结合自身发展的特点，高度重视学生工作内容的创新发展，积极构建符合新时期高校学生工作根本任务的内容体系。笔者认为，这个内容体系主要体现在五个方面：突出思政教育、重视养成教育、推进素质教育、注重成才教育和强调精英教育。

1. 突出思政教育

大学生是祖国的未来，是民族的希望。当代大学生肩负着建设中国特色社会主义事业的光荣任务和复兴中华民族的伟大使命。因此，认清新形势下高校学生思想政治工作的新变化，进一步加强和改进大学生思想政治教育工作，就成为高校学生工作者必须深入研究和切实做好的核心工作。

首先，社会环境出现了新变化，我们只有意识到这些新变化才能正确认识教育对象，进而了解和把握教育对象的客观实际情况。改革开放40年来，我国经济生活日益复杂化、多样化，这必然反映到人们的思想观念上来，使人们形成多元的思想观念和价值取向。毫无疑问，社会环境的变化带来大学生价值观的多元化。需要指出的是，由于体制不够健全、法制不够完善，市场经济运行过程中产生的一些负面因素对当代大学生的思想观念和个人成长带来了消极影响，使一些大学生在价值观上感到茫然和困惑。其次，贫富差距使家庭经济困难学生的心理压力增大。目前，贫富差距扩大现象日趋成为一个社会问题，这在高校密集性人群中更加突显和集中。贫富差距过大对一些家庭经济困难学生造成心理上、思想上的压力。做好这些学生的思想政治教育，释放他们的心理压力，解决他们的实际困难已成为高校学生思想政治工作中不容忽视的重要环节。第三，严峻的就业形势导致部分大学生学习动机趋向功利化。近年来，大学生就业成为社会所关注的热点问题，不少毕业生面临严峻的就业困境。所以，部分在校大学生虽然渴望了解新知识、吸收新观念，对知识学习要求强烈，但是就业问题常常影响到他们的学习动机。这些大学生急功近利，不利于自身综合素质的培养。因此，如何从大学生的实际需要入手，引导当代大学生的发展方向，成为高校思想政治工作所面临的新情况之一。

　　不过，在面对这些变化的同时，我们也欣喜地看到，当代大学生的主流思想是积极上进的，他们关心国家大事，关注改革开放，有强烈的爱党爱国意识。但是，不容轻视的是，受社会消极因素影响，加之自制力较弱，部分大学生在思想上、心理上容易形成一些困惑。高校学生工作者必须重视这些新变化，提出具有针对性和实效性的工作举措，切实加强和改进大学生思想政治教育。措施之一，应大力加强高校思想政治教育工作队伍建设。认真贯彻中央16号文件的号召，建立一支专业的思政教师队伍，提高教师的道德修养和业务素质，使之具备政治坚定、业务过硬、作风扎实的工作要求。措施之二，高校要把大学生心理健康教育和咨询工作纳入到学校思想政治教育中，通过建设一支以专职教师为骨干，专兼结合、专业互补、相对稳定、素质较高的大学生心理健康教育和心理咨询工作队伍，为大学生提供及时、有效、高质量的心理健康指导与服务。措施之三，高校在思想政治教育的方法上也要有所创新。要善于运用现代化手段,深入开展大学生思想政治教育。高校必须根据网络时代的发展要求,建立自己的"校园信息网",牢牢把握网络思想政治教育的主动权,监控、过滤、消除可能侵入学校的消极信息,引导学生在分析和评判中选择并吸收正确信息。

2. 重视养成教育

著名教育家叶圣陶先生曾经说过:"教育是什么,往简单方面说,只需一句话,就是要养成良好的习惯。"概而言之,就是养成教育,它是指通过教育者有目的的引导与训练,使受教育者形成符合社会规范与要求的行为习惯。

高校学生工作者在养成教育上应有新视角和新侧重。有学者指出当代高等教育人才的养成教育应着眼于以下方面:①大学生道德品质的养成教育;②良好行为习惯的养成教育;③创新思维的养成教育。道德品质反映为具有独立、理性、自为、自由的人格。行为习惯具有后天性、稳固性、自动性、情绪性的特点。而创新思维则是人类创造力的核心和思维的最高形式,是反映事物本质属性和内外在有机的联系,具有新颖的广义模式的一种可以物化的高级思想、心理活动。作家塞缪尔·斯迈尔斯曾说过:"播种思想,收获行动;播种行动,收获习惯;播种习惯,收获性格;播种性格,收获命运。"良好的行为习惯可以因强化而不断地趋于定型与稳固。在大学教育阶段,要使学生取得持续稳定的良好成绩和研究成果,就必须培养学生良好的学习习惯和开拓创新精神。培养学生的开拓创新精神,既依赖于教师的教,又依赖于学生的学及自我培养,应将两方面有机地结合起来。

养成教育是一种实践性、体验性极强的过程教育,这就要使大学生完成"校园人"到"社会人"的转化。例如,在道德品质的养成教育过程中,学校应该做到:针对大学生这一特殊的群体,创造适合于大学生心理特点的实践活动;有效地运用榜样对学生进行教育,开展树立典型、宣传典型的主题教育活动。

3. 推进素质教育

近年来,素质教育在高校学生工作中引起了高度重视,并且已经付诸实施。"素质教育是指通过有目的、科学的教育实践活动,使人的先天潜能和后天个性特征得到最大限度的发展和完善,从而形成社会所需要的不同素养品格。"

如何有机地、有效地融素质教育于日常的学生教育管理工作中，这是目前高校学生工作所面临的新挑战。另外，高校学生工作如何按照素质教育的要求，解决学生个性化发展与社会发展需求之间的一致性与多样性的矛盾，这是新时期高校学生工作必须面对的现实问题。

大力推进素质教育，不断提高大学生的综合素质，促进大学生德、智、体、美等各方面素质的协调发展，培养他们成为具有创新精神和实践能力的优秀人才，这是当前高校学生工作的一项紧迫任务。有学者指出，大学生素质教育应从三个层次予以考虑：①品质层次；②素养层次；③能力层次。品质分为身体素质和心理素质。身体素质是指新时代大学生至少应保持身体各器官和整体发育正常，且具有适应外界环境的能力和充沛的精力。心理素质是指大学生应具有广泛的兴趣、积极的情绪、良好的个性和进取的精神，还要有经受挫折和克服困难的韧性和决心，具有心理适应性和心理承受能力等。素养分为政治素养、道德素养、专业素养和文化素养。政治素养在大学生综合素质中具有核心地位，起着导向作用。道德素养对大学生活具有极其重要的调节功能、激励功能等。专业素养是大学生这一特殊群体区别于其他群体的显著标志。文化素质是大学生全面提升其综合素质，获得成功的前提条件。能力层次包括学习能力、适应能力、组织能力、决策能力、创新能力、社交能力和劳动技能等，属于以实践为基础，在先天的身心要素和学习活动的配合下得以实现的能力层次的基本素质。

为了实现素质教育这一目的，高校学生工作者必须在观念上变革，在教育内容上更新，在机制上予以创新，不断促进大学生素质教育的针对性和实效性，为培养出国家发展和社会建设所迫切需要的高素质人才而努力奋斗。

4. 注重成才教育

高校是培养和造就人才的主要基地。因此，激励学生立志成才是高校学生工作的一项重要任务。高校学生工作者对大学生的成才教育必须着眼于社会现实、高校特点和学生自身成长的要求，使学生关心社会、刻苦学习、塑造健全人格和有意识地培养创新能力。

在经济全球化前提下，社会分工越来越细，人才的需求也日趋多元，衡量成才、成功的标准也应当随着市场需求的变化而发生变化。我们在倡导成才标准多元化的同时，也应创造多元化的环境，给大学生的成才创造多种可能性。如在教育方法上、评价标准上等，使大学生意识到成才所需要的综合素质，既要包括体现理想、信念，为人民谋利益，爱国主义，坚持正确的政治方向等政治品德，也要包含社会公德、职业道德、家庭美德等伦理道德，还有健康的个性心理品质、强烈的事业心、责任感、良好的性格、坚强的意志、稳定的情绪、开拓的精神、顽强的毅力、和谐的人际关系、严谨的学习态度等方面。

同时，高校学生工作要借鉴行为学、心理学、教育学、管理学等诸多新学科之精华，综合运用到教育过程中，要让学生了解人才素质所包含的具体内容及其对成才的作用和意义。要把德育的内容、心理学的内容、管理学的内容、传统文化的内容、时代发展的内容自然有机地联系起来，融为一体，使学生从内心产生积极主动的学习愿望，从而自觉、主动地参与到学习思考之中，并且在这个过程中迅速地提高自己的综合素质，成为中国特色社会主义事业的合格建设者和可靠接班人。

5. 强调精英教育

什么是精英教育？精英教育是指对少数人进行的旨在培养他们成为未来社会精英的教育，它来源于高等教育的精英教育阶段所实施的教育。关于何谓高等教育精英教育阶段，目前学界通常采纳马丁·特罗教授的三段论，从数量上界定"精英教育"，把高等教育的毛入学率在15%以下视为精英高等教育阶段。但现代背景下讨论的精英教育，不仅仅限于数量上的规定，更重要的是质量上的规定。与一般优秀人物和天才不同，精英是在一定社会里得到高度评价和合法化的地位的个体，并与整个社会的发展相联系。精英教育应该是面向社会的少数拔尖人才，并将他们培养成为具有强烈的精英意识，胸怀博大，具有独立人格，具备高深学问、卓越才能，并对社会与人类负有强烈的责任感和历史使命感的杰出人才的一种教育模式。

当前，随着高等教育规模的扩大，我国步入了高等教育的大众教育阶段，这势必会对精英教育产生巨大冲击。为了更好地实现大众教育背景下的精英教育，我们要理性地看待这种冲击，并对这种冲击进行辩证的分析。从表面上看，精英教育似乎是与大众化教育相对立的，精英教育毕竟只是少数人的权利，而大众化教育则使更多的人能够接受高等教育。但事实上，精英教育和大众化教育是高等教育在不同发展时期表现的不同特征，二者的培养目标不尽相同。精英教育和大众化教育并不是相互对立的，而是并存且存在包含的关系。马丁·特罗教授曾专门强调："从精英向大众、普及转变，并不是意味着前一阶段的形式和模式必然消失或得到转变。相反，事实证明，当高等教育作为一个整体逐渐过渡到下一个阶段而容纳更多的学生，发挥更加多样化的功能时，前一阶段的模式仍保存在一些高校或其他高等教育机构中。"

但是传统的精英教育也面临着一些问题，即随着学生入学率的提高，原有高校在基础设施、实验配备等各方面出现明显问题，缺乏有效的教学条件，师资力量也明显满足不了教学要求，教师也在超负荷工作。实际上，现代精英教育意味着比大众化教育有更高的标准、更严的要求，也就是说，应该有更多的资金投入。很明显，目前中国高等教育总体投入是不够的，还不能够充分满足推进现代精英教育的整体需要。

面对高等教育大众化与精英教育存在的不协调，国家和高校必须首先意识到大众教育背景下的精英教育应该存在，而且必须存在，这是国家发展和社会建设的迫切需要。同时，还必须保证我国高校必须有一批重点高校以培养精英人才为目标。这需要在办学条件和教师储备等方面有所改进，不断加大资金投入，引进优秀人才和先进设备，优化学习科研条件，改善教学方法和途径，以多种方式促进精英人才的培养。

（三）拓展学生工作的新渠道

高校学生工作的繁杂性和工作对象的特殊性，使得高校学生工作必须以创新作为发展的动力，来增强工作的实效性。大学生日常管理的基本单位是"实体班级"，辅导员对学生的管理方式表现为面对面的活动开展与交流。由于一个辅导员同时要面对200名甚至更多的学生，其时间与精力毕竟有限，加之信息时代的到来，当代大学生思想新潮，生活求新求异，传统的学生教育管理模式和方法已经不能满足他们的多样化需求，因此必须在学生工作的渠道上求新求变。

1. 网络载体：抢抓新阵地

学生工作是高校人才培养的重要环节。当前，社会发展和国家建设对人才的培养提出了更高的要求。同时，全球化、信息化的发展趋势也必然要求人才培养工作要具有更广阔的视野。由此观之，高校学生工作只有紧跟时代发展形势，在渠道上有所创新，才能服务于人才培养工作的现实需要。特别是在新时期，随着信息技术的迅速发展，互联网作为信息传播的新媒体，对大学生的学习、生活、思想观念发生着广泛而深刻的影响。网络不仅成为广大学生获取知识和信息的新途径和新方法，而且不断改变着他们的传统思维习惯和思想价值观念。因此，如何适应网络时代要求，积极推进高校学生工作网络化进程，是新形势下高校学生工作的必然选择。

第一，创新观念，努力开拓学生工作崭新的网络空间，为学生工作者和学生之间架设一条理解和沟通的新桥梁。"学生工作进网络"作为一个新事物，其建设和发展必须结合高校学生工作已有的成功经验和现代科学技术，从战略高度认真研究、系统规划、分步实施、逐步推进。我们要清醒地看到，互联网是继报纸、广播、电视后的一种新的传播媒体，传输形式已不仅是文字，还包括声音、图片、动画，甚至是图文声像并茂的影视画面，具有全球性、开放性、交互性、即时性、综合性等特点。因此，高校学生工作只有充分利用这些特点，才能增强学生工作的针对性和实效性，不断提高学生工作的感染力和凝聚力。

第二，完善制度，建立一套行之有效的运行机制，切实规范和引导网络环境下学生的言行。通过制定相应的规章制度，不断加强对网站的管理和监控力度，提高对各种有害信息的辨别能力，坚决抵制西方意识形态在网上的渗透和消极腐朽思想在网上的传播，及时清除网上的消极言论和不良思想。同时，对广大青年学生进行教育和引导，使他们具有良好的网络道德，能够规范自己的网上行为和言论。另外，通过开展丰富精彩的网络活动，形成网上线下联动的学生工作新局面。如引导和鼓励学生参与学校和部门的网站建设，举办网页制作比赛、编程比赛、其他网上科技竞赛、网络征文等，组织网上理论学习和交流、网上知识竞赛、网上讨论等活动。在举办这些网上活动的同时，在线下也可组织相应的类似活动，并引导学生广泛参与，充分利用线上和线下两种资源，互相取长补短，形成网上线下联动的生动局面。南京大学在做好日常网络学生工作的同时，充分利用网络的时效性、新颖性的特点，积极主动在网络上开展主题思想政治教育，并使之成为南京大学学生工作中的特色和亮点。

2. 校园文化：丰富形式和内涵

校园文化建设是青年学生成长成才的内在需要，也是推进高校学生工作的重要载体。校园文化建设是一项系统工程，要坚持先进文化的指导方向，深入贯彻落实党的教育方针，以服从和服务学校工作为中心，为学校改革发展提供精神动力为出发点，以育人为根本目标，努力构建符合时代发展要求、多元化的校园文化体系。长期以来，校园文化作为社会主义文化的组成部分，有其独特的文化模式。不过，部分高校对校园文化的研究和实践不够，只关注表层的各种校园文化现象或文化活动，这必然导致作为校园文化核心的大学精神处于缺失状态。

新时期社会政治、经济、文化等的变革，特别是高等教育自身的变革必然呼唤全新的教育理念与之相适应。因此，基于新时期社会文化和高等教育发展的现状及其趋势，我们必须重新构建一种与全新的教育理念相一致的校园文化观，旨在实现教育的功能性变革。校园文化是一种引导型的文化模式，因此，繁荣校园文化要着重于文化启发，强调自觉性、主动性、创造性，注重挖掘师生内心的潜在元素，使之升华为理性的认知。每个师生既是校园文化的享有者，也是校园文化的创造者。让校园文化从广大师生中来，到广大师生中去，充分尊重师生在校园文化建设中的主体地位，发挥广大师生的首创精神。

在此基础上，高校要有意识地从学校物质文化层面、行为文化层面、制度文化层面、精神文化层面加强建设，并且借助班级、团组织、党小组、学生自治组织、学生社团以及社会资源等载体，开展校园思想政治、校园科技文化、校园文体文化、校园社团文化等活动，不断丰富高校校园文化的形式和内涵。

在现代化的发展进程中，大学教育已经成为社会成员迈入社会的重要阶段。可以说，校园文化的建设为现代人提供了适应社会发展需求的文化基础。换言之，社会的发展体现为社会文明的全面进步，也必然会对高等教育提出繁荣校园文化内容、提升校园文化品位、全面打造文化校园的具体要求。

3. 人格培养：从单一到多元

人格是人的心理面貌的集中反映。帮助当代大学生寻找通向健全人格之门，培育他们拥有理想、健全的人格，这是大学教育的重要目标之一。"人格"一词来自拉丁文，原意为面具。20世纪30年代美国著名心理学家奥尔波特在考证了有关人格的50多种定义以后，给人格提出了一个著名的定义："人格是个体内部决定其独特的顺应环境的那些心理生理系统中的动力组织。"

一个人的人格是在长期的社会实践中形成并发展起来的。我们知道，不同历史时期的社会经济制度和经济关系往往有所不同，而这必然导致对人格的要求也是不同的。大学生是国家未来的建设者，是民族的希望所在。因此，当代大学生的人格必须体现出新时代的特点。当前，由于受到经济全球化、文化多元化的冲击，当代大学生的人格也出现多元化，一些学生甚至出现了道德意志薄弱、个人利益至上的不良思想。所以，对当代大学生的人格培养首先应该明确新时期对人格培养目标有哪些新要求，并在此基础上对符合时代要求的当代大学生人格的多元化现象做合理的分析，为人格培养开辟多元化的途径。

首先，要有一支专业的、优秀的人格培养的教师队伍，这支队伍可由心理咨询教师、高校学生事务管理者和所有专业教师构成。这支教师队伍必须拥有专业的心理学知识和服务学生的热情和耐心，因为人格培养的环境影响最为关键，作为人格培养最重要的环境要素——教师对学生的个体化影响就显得尤为重要。因此，必须重视人格培养师资队伍的建设。

其次，在信息爆炸的今天，尤其要发挥先进文化的指导作用。信息多元化，给尚不具备完全自主识别能力的大学生带来认识上的困惑和迷茫。在这个时候，需要运用先进文化来教育学生、鼓舞学生，从而培养学生对主流文化的认同感。

第三，利用团体的功能，健全大学生的人格。80后、90后的当代大学生已经出现独生子女问题的表征，如孤僻、内向、不善与人交流和分享等。利用团体教育和活动是大学生们学会认识他人、与人沟通和交流、完善自我的有效途径。

第四，挖掘社会实践对大学生人格培养的塑造功能。实践出真知，给大学生提供了解社会、亲身实践的机会，这有助于当代大学生能够正确认识自我。

在当代大学生的人格培养过程中，高校学生工作者要意识到人格教育不是一个单向性的、填鸭式的过程，而应是一个互动的过程。一方面，教育要结合实际，要吸引人、感动人、激励人，根据"三贴近"的要求，使教育方式和内容符合当代大学生的心理实际需要。另一方面，受教育者要有自觉性，有渴望了解教育内容的激情，有对教育方式的自觉认同。所以，只有两方面的有机衔接，才能搭建良好的人格教育平台，使大学生在适合自身人格发展的环境中，锻炼优秀人格，从而为进一步成长为中国特色社会主义事业的合格建设者和可靠接班人做好准备。

（四）实现学生工作的专业化

高校学生工作的专业化有多重含义，其中一个重要方面指的是高校学生工作者职业的专业化，也就是指学生工作者以科学系统的理论为指导，不断提升自己的工作能力，使自己所从事的学生工作逐渐摒弃经验式的工作模式，成为具有专业性、稳定性、职业化、学科性和准入制特点的专门职业。专业性是学生工作专业化的本质特征，指学生工作者必须具备相关的专业知识；稳定性是指学生工作必须有一支相对稳定的从业人员队伍；职业化是指学生工作作为一种社会职业而存在，从业人员具备相应的职业准则和职业道德，其职业地位得到社会的认可；学科性是指学生工作作为一门学科独立存在；准入制是指要成为一名学生工作者应具备的条件，以及学生工作者招聘的程序等。

近年来，我国高校学生工作专业化的理论与实践建设已经取得了一定的成就。在理论研究方面，人们对学生工作的理念、组织、队伍、内容、方法等诸多方面进行了深入探索与研究，努力寻求学生工作的客观规律。人们已经在学生工作的基本概念、基本范畴、基本理论和基本方法等方面达成共识，并开始指导管理实践，提高了学生管理的绩效。某些高校为实现由经验型向学术型学生工作的转变，成立了学生工作专门研究机构，组织广大专家、学者以及实践工作者，将学生工作作为一门学科进行系统的总结和理论研究。

在实践层面，当前的专业化建设已经取得了一定突破。很多高校已把心理学的知识和技术运用到大学生的思想教育中。目前，大学生在人际交往、恋爱情感、经济困难、求学择业等方面存在的困惑很多是由心理问题造成的。一些高校已建立比较规范的大学生心理测试、咨询以及解决体系，并取得一定实效。大部分高校都已建立"大学生心理健康服务中心"，并独立开展工作。在学生的就业指导方面，在高校中已经出现系统化、专业化的职业生涯辅导，从大学一年级开始进行职业倾向的测量、生涯设计以及职业能力的培训等。一些职业资格证制度已在高校学生工作队伍中开始实行，如"心理咨询员""心理咨询师""职业指导师""人力资源师"等。在学生的具体事务管理方面，一些高校大胆吸收国外先进的管理理念、技术，并运用到学生的"奖、惩、贷、助、免"等方面，做到了管理事务的专业化。不过，针对当前高校学生工作专业化过程中存在的问题，应当积极思考推进高校学生工作专业化的实施策略，从而进一步提高高校学生工作专业化的水平。

第三节 高校学生工作研究的要求、着力点与意义

作为广大青年中的精英分子，大学生能否担当起建设中国特色社会主义的重任，按照党和人民的要求，为国家富强、民族崛起、社会和谐做出贡献，从很大程度上说，将直接决定中国特色社会主义事业的成败。高校学生工作的主要对象是大学生，把他们培养成为中国特色社会主义事业的合格建设者和可靠接班人，这是党和国家交给高校的首要任务。

一、高校学生工作研究的要求

（一）必须坚持以科学发展观为指导

结合中央 16 号文件贯彻落实，在学生工作主体、学生工作目标、学生工作范围、学生工作方法上进行不断的探索与创新，保持高校学生工作的良好发展态势，并促进其加速发展、均衡发展。第一，要始终坚持以人为本，不断增强工作实效。全心全意为人民服务是党的根本宗旨，党的一切奋斗和工作都是为了造福人民。高校学生工作的教育、管理、服务对象是大学生，因此，高校学生工作坚持以人为本就是要坚持以学生为本，要从大学生的实际出发，尊重

学生的首创精神，围绕大学生的成长成才开展工作，从而促进学生的全面发展。第二，要着力构建长效机制，确保高校学生工作的全面协调可持续发展。不断推进新时期高校学生工作研究，关键是要针对新情况，构建长效机制，这样才能实现高校学生工作的全面协调可持续发展。也就是说，要在制约新时期高校学生工作发展的瓶颈问题上力争有所突破，从高校学生工作的学科化、专业化角度，从培养人才的关键环节角度选题、立项给予经费支持，从而切实推动相关工作取得实质性进展。第三，要统筹兼顾形成合力，把立德树人的根本任务落到工作实处，这是培养中国特色社会主义事业的合格建设者和可靠接班人的客观要求。开展新时期高校学生工作研究要统筹各方力量、兼顾各方需求，要努力汇集高校、社会、家庭之合力，形成共同关心、支持和参与的良好局面和氛围，真正做到育人为本、德育为先。总之，高校学生工作者必须具备高度的历史使命感和现实责任感，以科学发展观统领各项工作，为提高学生的综合素质和促进学生的全面发展而不懈努力。

（二）必须以社会主义核心价值体系为统领

高校学生工作的核心是大学生思想政治教育工作，而加强大学生思想政治教育工作是解决"培养什么人""如何培养人"这一根本问题的关键。党的十七大报告关于建设社会主义核心价值体系的论述，为开创大学生思想政治教育打开了新视域、提出了新要求、开拓了新境界，是引领高校思想政治教育工作不断创新的重要指针。任何社会都有自己的核心价值体系，核心价值体系是社会意识的本质体现，决定着社会意识的性质和方向。社会主义核心价值体系是增强社会主义意识形态的吸引力和凝聚力，形成全民族奋发向上的精神力量和团结和睦的精神纽带。高校思想政治教育工作坚持社会主义核心价值体系的指导地位，这要求我们必须做到：第一，立足社会主义核心价值体系建设的新视域，充分认识高校思想政治教育的重要性和紧迫性。要从全面建设小康社会和提高国家文化软实力这两个新视域来建设社会主义核心价值体系，从而切实把社会主义核心价值体系融入国民教育的全过程，转化为人民的自觉追求，引领广大学生自觉成长为实现党的十七大描绘的宏伟蓝图的主力军。第二，结合社会主义核心价值体系建设的新要求，进一步明确高校思想政治教育的使命和责任。社会主义核心价值体系为高校思想政治教育提出了新的要求，规定了新的内容，也指明了高校思想政治教育的前进方向。我们正处在一个大发展、大变革的时代，空前复杂的国际国内环境不可避免地会影响包括大学生在内的广大人民的行为习惯、心理状态、思维方式、价值观念和生活态度，这给高校思想政治教育带来了新的机遇，也带来了前所未有的挑战。因此，必须要结合时代背景、全球化趋势和中国国情来思考高校思想政治教育，把握和坚持正确的舆论导向，占领现实生活和虚拟空间的思想政治教育高地，唱响主旋律，切实把社会主义核心价值体系的建设新要求落到实处。第三，把握社会主义核心价值体系建设新境界，不断增强高校思想政治教育的创新性和有效性。刘云山同志指出，社会主义核心价值体系建设，标志着我们党对社会主义制度在价值层面的探索达到了一个新的高度和新的境界，为全面推进中国特色社会主义事业提供了更为有力的支撑。高校思想政治教育要准确把握建设社会主义核心价值体系的新境界，就是要结合大学生的思想实际，发扬改革创新精神，积极探索思想政治教育的新途径、新方法，持续增强其创新性和有效性。在实际工作中，坚持马克思主义在大学生思想政治教育中的指导地位，始终围绕社会主义市场经济的发展要求、社会主义先进文化的建设要求、社会主义思想道德的形成要求，教育引导大学生高举中国特色社会主义伟大旗帜，培养大学生拥有以爱国主义为核心的民族精神和以改革创新为核心的时代精神，引导大学生成为以践行社会主义荣辱观为目标的道德品质的楷模。从而，在全社会大力构建社会主义核心价值体系的伟大实践中，不断加强和改进大学生的思想政治建设。

（三）必须围绕构建社会主义和谐社会的目标

高校在构建社会主义和谐社会中具有重要的作用，承担着重要的任务，高校和谐也是社会和谐的有机组成部分。因此，从这个层面上来看，开展高校学生工作研究，也是促进高校和谐校园建设的重要举措。这就要求开展高校学生工作研究应当关注：第一，引导学生有序民主参与，构建法治学工。重视学生的主体地位，在学生工作的全过程中，要充分引导学生进行有序的民主参与，并且在法治理念下开展大学生的教育、管理、服务工作，从而体现学生工作的规范性、科学性。第二，做好特殊群体学生工作，促进教育公平。随着改革逐步走向深入，一些新的社会矛盾也逐渐显现，表现在高校就是心理困惑、家庭贫困、学习困难等特殊群体学生的问题。要认真开展特殊群体学生工作的研究，解决他们的实际困难，从而维护教育公平，促进学生均衡发展。第三，重视学生公民素质教育，倡导诚信协作。公民素质是社会人所应具有的合乎社会规则的思想道德、文化修养和行为规范。要通过开展系统的公民素质教育，培养学生具有诚信意识、团队合作意识、互帮互助意识等，从而进一步成长为素质全面的社会主义和谐社会的建设者。第四，尊重学生的首创精神，保持高校活力。要充分重视大学生在构建和谐校园与和谐社会中的重要作用，激发他们的创优、创业和创新意识，以此来激发高校的激情与活力。第五，维护高校稳定，确保安定有序。安定有序是构建社会主义和谐社会的必要条件和基本标志，广大高校学生工作者要倍加珍惜这来之不易的发展机遇，切实做好高校稳定工作的维护与研究。第六，教育学生树立生态文明观念，建设美好未来。

（四）必须准确把握新时期的特征

新时期最鲜明的特点是改革开放，新时期最显著的成就是快速发展，新时期最突出的标志是与时俱进。党的十七大报告的这一精辟论断，揭示了新时期以来从生产力到生产关系、从经济基础到上层建筑、从党领导的伟大事业到党的建设新的伟大工程所发生的历史性变化。而开展高校学生工作研究，必须要以新时期的特征为导向，开创新时期高校学生工作研究的新局面。

首先，要用改革的精神和开放的意识开展高校学生工作研究。改革开放是新时期的最鲜明特点。纵观改革开放40年来中国各项事业的巨大变化，我们深刻地感受到改革开放的伟大成就，高校学生工作也在这场变革中，进行着自身的革新。高校学生工作由以思想政治教育工作为主导，演变为思想政治教育和学生管理并重，再到形成思想教育、学生管理、深度服务的新格局，高校学生工作的每一次转变都有时代的印记，每一次升华都是高等教育改革和发展的缩影。因此，开展高校学生工作研究要更加紧跟时代的步伐，贴近大学生的思想、学习、生活实际，借鉴世界上高等教育发达国家和地区的先进经验，形成具有中国特色的高校学生工作研究体系。其次，要快速发展，抢抓机遇，实现高校学生工作研究的新跨越。实践证明，高校学生工作由于其直接面对社会上"最少保守思想，最具创造活力"的青年群体，因此，高校学生工作必须要有反应迅速、行动果敢、随机应变的特点，必须要善于把握青年的思想和动态，靠自身的快速发展实现工作研究的新跨越，这对于以网络为代表的信息技术飞速发展的今天来说，显得格外重要。第三，要坚持与时俱进，把握新情况形成新理论指导新实践。高校学生工作快速发展的特征，使得高校学生工作理论存在滞后于现实发展的一些问题。因此，必须要有与时俱进的胆识和气魄，要有与时俱进的能力和素质，加强新时期学生工作理论的研究，从而用新的理论来指导日益纷繁复杂的高校学生工作。

二、高校学生工作研究的着力点

（一）工作理念的确立：着力培养全面发展的人

高校学生工作说到底是做人的工作，因此，确立"着力培养全面发展的人"的高校学生工作的理念既是科学发展观的要求，也是高校学生工作自身发展的需要。大学生思想状况的复杂性与多变性，对新时期高校学生工作提出了诸多挑战，而应对上述诸多挑战的根本是坚持以人为本。具体来说就是：在形式上，变单项灌输为双向互动；在内容上，变教育、管理为主为教育、管理、服务并重；在目标上，变思想政治素质和学习成绩的双重指标为德、智、体、美、劳全面发展的高素质创新型人才，从而提高高校学生工作的实效性。

如前所述，我们培养的人是全面发展的人。马克思关于人的全面发展有过十分精辟的阐述：全面发展的人，是能力得到多方面发展的人，是在丰富全面的社会交往与社会关系中获得自由发展的人，是扬弃了"异化"的具有个性的人。马克思认为全面发展的人需要经历三个阶段：以依附人为标志的"依附人格"阶段，以依附物为标志的"独立人格"阶段，以及摆脱一切依附的"自由人格"阶段。因此，根据马克思关于人的全面发展的阐述，落实工作理念可进行如下创新：

首先，尽量缩短大学生的"依附人格"阶段，使其尽快确立"独立的人格"。我国目前的高校学生工作阶段尚处在"父母替代"阶段，即学生工作者（尤其是辅导员）几乎在行使监护人的权利：督促学生学习、监督学生生活、教育学生自立、引导学生成长。缺乏了老师的密切"照顾",大学生尤其是大学一年级新生存在不同程度的大学生活不适应的问题。因此,要培养全面发展的人,就要首先把学生培养成为"独立人格"的人。其次,积极促进学生从"独立人格"向"自由人格"方向发展。"独立人格"到"自由人格"的转换,简而言之就是人与劳动(人与工作、人与事务)的依存关系的转换。按照马克思的理想人格理论,"独立人格"就是人为了生计而不得不投入到劳动中去,致使自身丧失了发展人的多方面心智,限制了人的活动和能力的发挥,阻碍了人与人、人与社会、人与自然的和谐发展。而"自由人格"即是人摆脱了劳动(工作、事务)的束缚,自由地选择劳动种类、劳动时间,发展自己的兴趣与爱好,培养自己多方面的素质与能力。当然,从目前社会发展的水平和阶段来看,"自由人格"对于大多数人而言还是理想状态。因此,高校学生工作者应努力培养学生具有谋生的一技之长,尽量减少"说教式、命令式、运动式"的教育方式,运用一切可能手段积极调动学生的主体性、独立性、主动性、创造性,培养学生的自尊心、自信心、责任心和使命感,引导他们勇于独立思考,最终养成"自由人格"。

(二)工作目标的完善:兼顾社会需要与自我实现

工作目标的完善,是摆在高校学生工作者面前的另一个重要问题。过去我们制定学生工作的目标(尤其是德育工作目标)容易犯唯社会论调,即人的社会价值被无限放大,个人实现的唯一途径是服务社会。为社会主义事业培养人才固然是十分正确的,但在现实中却经常表现为社会性的越位导致的以牺牲教育主体的差异性和独立性作为代价。大学变成了"特种商品"——"专家"的生产线,我们培养的大学生像是同一个生产线制造出来的"产品"。

目前,全社会都在探讨用"通识教育"和"个性化"培养模式来避免"生产线式"的专家培养模式产生的弊端。这显然是教育面向现代化的一种有效尝试。但是,在具体的操作层面也必须要防止另一种倾向的出现,即过分强调通才教育和重视学生个性培养而削弱社会所需的专才的培养以及个体公共性、普遍性道德和价值的养成。因此,强调工作目标的完善,必须建立在回答"大学培养什么人"和"社会需要大学培养什么人"这两个问题基础之上。即应该努力培养出既是社会发展所需要的,又是教育主体所需要的人才;既是适应社会各方面生存条件的通才，又是在某个领域有所建树的专家。只有这样，教育主体才能够在满足社会需要的同时，发展个性、实现自我。如南京大学匡亚明学院的通识教育采取的"1＋1＋1"的培养模式（通才＋专才＋社会精英），正是适应教育目标，创新人才培养模式的努力和尝试。

（三）工作范围的拓展：教育管理与深度服务并重

高校学生工作者要从国家长治久安、中华民族伟大复兴的高度，从全面建设小康社会、推进中国特色社会主义事业全面发展的高度，从繁荣和发展社会主义文化的高度，全面审视当前高校学生工作面临的机遇和挑战。广大高校学生工作者要按照中央的要求，用中国特色社会主义理论体系指导新时期学生工作的开展，在"立德"方面狠抓落实，用社会主义核心价值体系武装当代大学生的头脑，引导他们在真学、真信、真用上下功夫。同时，要按照科学发展观的要求，以人为本地开展"树人"工作，使大学生成为具有一技之长和发展潜力的未来社会的缔造者。根据不同大学的培养目标和大学文化方面的差异，积极创新工作载体，促进学生工作的法治化、规范化、科学化、人性化发展。

（四）工作方法的创新：立体化工作体系的构建

工作方法的创新将直接决定工作内容的实施以及对工作对象的管理服务效果。可以说，大学生价值体系、道德观念、思想状态的不确定性，一方面来自外部环境的影响，另一方面归咎于我们的工作方式、工作手段过于呆板、不够灵活。因此，要构建立体化的工作体系，全面创新高校学生工作方法。

首先，要做到显性思想政治教育与隐性思想政治教育相结合。要旗帜鲜明地进行社会主义核心价值体系的教育与宣传，使其广为熟知，直至深入人心，形成学习、实践、宣传社会主义核心价值体系的良好氛围。同时做好隐性思想政治教育工作，将思想政治教育渗透到学生教育、管理、服务的各个角落，与切实解决学生实际问题结合起来。

其次，要注重理论与实践相结合的学生工作模式，注重社会实践在培养人才方面的重要作用，切实发挥社会实践的教育职能、引导职能和服务职能，让大学生深入到社会主义和谐社会建设的各个层面去受教育、长才干、做贡献。

第三，要坚持运用现代化的工作方法，拓展高校学生工作的触角。要特别重视网络、手机、电子信箱等学生信息来源的新兴媒介，要主动将高校学生工作延伸其中。在发挥红色网站的网络主阵地与电子政务管理作用的同时，利用手机短信、电子信件等形式，以"一条短信暖人心""一封电邮帮了忙"等活动为契机，深入研究现代化手段在高校学生工作中的可行性和实用性。

（五）工作效果的检验：育人功能是否有效发挥

要建立科学的高校学生工作检验体系，全面提高高校学生工作的水平和质量。高校学生工作尤其是大学生思想政治教育不能流于形式，更不能形式上轰轰烈烈、效果上空洞乏味。

学生工作的效果要看育人功能是否有效发挥，主要体现在两个方面：第一，教育主体健全人格的培养；第二，教育主体牢固树立社会主义核心价值体系。学生教育管理的效果可以从各级优秀学生的比例和受处分学生数的比例变化来检验。而服务学生的质量可以通过学生座谈会和学生调查问卷等形式收集学生的意见和对学校学生工作的满意度。多年来，南京大学从"发挥教育功能"角度出发，以"大学生日常行为考核手册"为抓手，开展大学生德育考评量化工作，从而促进学生全面发展，检验学生工作成效。通过日常记实性考核、学生互评、考核组考评、总评等环节，对学生的思想政治表现、集体主义观念、个人品德修养以及在维护教学秩序、遵守宿舍管理规定、参加文体活动等各方面进行综合评定，获得客观的、可量化的德育考评结果，受到了广大师生的认可，获得了比较积极的评价。

三、高校学生工作研究的意义

（一）研究高校学生工作有利于践行中国特色社会主义理论体系

党的十七大报告指出，改革开放以来我们取得一切成绩和进步的根本原因，归结起来就是：开辟了中国特色社会主义道路，形成了中国特色社会主义理论体系。高举中国特色社会主义伟大旗帜，最根本的就是要坚持这条道路和这个理论体系。必须始终坚持把中国特色社会主义理论体系作为研究新时期高校学生工作的指导思想，始终坚持用中国特色社会主义理论体系感召当代大学生。

在教育、管理、服务广大学生的实践中，结合改革开放的伟大历史进程和巨大成就，展现中国特色社会主义理论体系的科学魅力、实践威力和指导作用。按照中国特色社会主义理论体系的最新要求开展新时期高校学生工作研究，把力量始终放在教育和引导学生牢固树立中国特色社会主义理论体系上，培养广大学生成为中国特色社会主义理论体系的坚定信仰者、积极传播者和主动实践者，从而促使他们自觉为中国特色社会主义贡献力量。

（二）研究高校学生工作有利于培养社会主义事业建设者和接班人

高校学生工作是高校人才培养工作的重要组成部分，是高校人才培养链条中不可或缺的重要环节。高校学生工作的首要职责是加强和改进大学生的思想政治教育，高校学生工作队伍是大学生思想政治教育工作队伍的重要组成部分，他们与高校党团组织等思想政治教育队伍共同承担着高校育人工作的重要职责，是确保中国特色社会主义事业兴旺发达、后继有人的组织保障。

从这层意义上看，开展高校学生工作研究是维护党的执政基础的客观要求，能否通过切实有效的工作来进一步夯实党的青年群众基础，从而为巩固党的执政地位做出积极努力，是新时期摆在学生工作者面前的首要问题。从另一层面讲，深入开展高校学生工作研究还是提高党的执政能力的客观要求。青年是祖国的未来，是民族的希望，更加壮美的未来需要一代代青年人去创建。因此，开展新时期高校学生工作研究，进而为培养更多具有社会主义觉悟和共产主义理想的中华民族伟大复兴事业需要的各方面人才，是高校学生工作者义不容辞的责任。

（三）研究高校学生工作有利于维护高校稳定和发展

改革开放40年以来，我国高等教育事业有了翻天覆地的变化，高校学生工作也伴随着高等教育改革的步伐，实现自身的变革与发展。改革开放40年来的高校学生工作不是一帆风顺的，其中也遇到一些波折，也积累了正反两方面的经验。事实告诉我们，社会的发展必须以安定有序为前提，稳定依然是当前社会一切工作的重中之重。

高校稳定作为社会稳定的重要风向标，历来是国家和社会关注的焦点。从维护高校稳定方面来看，开展高校学生工作研究意义重大。首先，维护高校的稳定和发展是高校学生工作的重要内容。高校稳定事关社会稳定大局，而社会稳定关系到改革开放事业和中国特色社会主义建设。大学生的思想状态和行为方式是高校稳定的晴雨表，而这正是高校学生工作部门需要密切关注和开展研究的重要内容之一。其次，高校的稳定和发展为研究高校学生工作创造条件。社会的稳定是推进社会发展的重要前提，而高校的稳定也为高等教育以及高校学生工作的开展奠定基础。第三，研究高校学生工作有利于更好地维护高校的稳定和发展。研究高校学生工作可以更好地了解大学生的思想状况和行为特征，可以更加有的放矢地开展学生工作，从而为更好地维护社会稳定，为培养社会主义和谐社会需要的合格人才创造条件。研究新时期高校学生工作是加强和改进大学生思想政治工作的必然要求。大学生思想政治工作是一项动态变化的系统工程，它需要包括政府、家庭、社会、学校等各个环节的共同努力、协调运作，研究新时期高校学生工作，能够让我们在纷繁复杂的变化中找到一条加强大学生思想政治教育和服务学生全面成才的理性之路，从这个意义上来说，开展新时期高校学生工作的系统研究，也是推动高校学生工作自身发展的内在需要，其重要意义不言自明。

第二章　高校学生工作模式定位

第一节　高校学生工作内涵定位

高校学生工作内涵定位包含的内容如下：

一、党团组织建设

在高校学生工作体系中，班级及党团组织体系可以说是高校学生工作的基层单位，其组织体系完整、覆盖面广，是大学生各项教育工作的依托力量。而学工队伍在开展学生活动或大学生思想政治教育的时候，通常坚持以班级、年级为单位展开，充分发挥了党的政治和组织优势，共青团在教育、团结和联系大学生方面的优势，班级在实现大学生自我教育、自我管理、自我服务等方面的优势。

（一）班级及党团组织的重要性

班级、党团组织是高校大学生的基本组织形式。班级是大学生自我教育、自我管理、自我服务的主要组织载体，党组织是凝聚优秀大学生并发挥在大学生思想政治教育中骨干带头作用和先锋模范作用的战斗堡垒，团组织是在教育、团结和联系大学生方面由先进青年组成的群众组织。高校学生工作队伍在大学生的教育中充分发挥了高校班级及党团组织的作用。

1. 班级及党团组织是对高校学生的有效基本组织形式

随着我国高等教育体制的完善，我国在校大学生总人数已经接近2000万。对于教育者来说，尤其是跟大学生思想政治教育密切相关的学生工作者来说，如何把如此庞大的大学生队伍培养成为社会主义事业的接班人，是每个学生工作者关心的问题。学生工作者在长期的历史经验中，发现了班级及党团组织这个高校学生的有效组织形式。

对于任何个人来说，没有一个实际意义上的集体，很难培养集体主义观念，学生工作者充分发挥了政治优势和组织优势，把广大学生组织起来。班级和党团组织就是这样一个开展学生教育管理的基本组成单位。依据学校整体部署，班级和党团组织需要发挥能动作用，将学校的指导加以丰富拓展，将学校的部署具体化、多样化，并在实践中开动脑筋、有所创新，不断产生具有推广效应的工作新方法。正是每个相对独立的组织健康成长、稳定发展，才构成整个学校的正常运转。

2. 班级及党团组织是发挥组织育人功能的有效阵地

高等教育是培育人才的主要阵地，在集体组织里，个人可以受到来自他人的激励，群体竞争和心理压力会推进个人的成长速度，在与他人的交往中将产生多元思想的碰撞，更有利于拓展个体视野、打破思维定式、促进个体成才。我们知道，组织通过其凝聚功能可以整合个体的力量，完成更为复杂的任务。优秀的班级和党团组织将会更好地帮助学生坚定信念、提升素质、拓展潜力。

3. 班级及党团组织是学生共同成长的温暖集体

对于大学生来说，步入大学是离开家庭的第一步，学生的生活重心从中学时代的家庭和学校转化为学校和社会。班级和党团组织作为高校学生共同成长的集体，需要通过班级活动营造温馨的集体氛围，增强学生的心理归属感。学工人员要积极通过班级团组织引导学生的思想，服务学生的生活，指导大家的学习和实践活动。

（二）开展学生党组织建设

高等院校是培养建设中国特色社会主义事业接班人的重要阵地，高等院校党的基层组织建设具有重要意义。高校学生党支部是党的最基层组织，如何充分调动广大学生党员的积极性、主动性和创造性，密切联系广大师生员工，充分发挥广大学生党员的先进性作用，使高校学生党支部真正成为富有影响力和凝聚力的坚强战斗堡垒，有利于促进当前教育改革，是摆在所有高校基层党建工作者面前的一个重要课题。为适应当前国际国内的形式变化，正视我国社会生活中出现的"四个多样化"，高校学生党支部必须改进组织活动内容形式，创新教育和管理理念，在实际效果上多下功夫，而做好这一切的关键在于学生党支部建设中的制度建设。

1. 当前高校学生党支部中存在的主要问题

党的基层组织是全党战斗力的基础，是党一切工作的落脚点。应该指出，随着我国经济持续快速健康发展，思想政治工作的不断深入开展，党的威望不断得到提升，广大高校学生政治热情高涨，法制观念和辨别是非的能力进一步增强。经过长期不懈的努力，高等院校学生党的基层组织大多数是坚强有力的。但是，我们也应该看到，还有少数高校学生党支部存在着不同程度的软弱涣散状况，在群众尤其是在广大学生中产生了很不好的影响，集中表现在部分学生党支部政治理论学习流于形式，不够深入；组织生活形式单一，内容枯燥，收效甚微；发展党员与教育管理党员脱节；学生党支部设置不合理，管理混乱。少数学生党员入党动机不纯，功利思想严重，缺乏奉献精神，没有发挥出一名学生党员应有的先进性作用，使党的威望在广大学生心中受到影响，直接影响到学生党支部的发展。

2. 加强制度建设在高校学生党支部建设中的实践

党的思想政治建设、组织建设和作风建设，都是相互联系、相互促进的，思想政治建设是基层组织建设的基础，组织建设是保证，作风建设是主要环节。党的思想政治建设、组织建设与作风建设要切实加强并落到实处，必须通过制度建设来保证。制度建设是党的自身建设这个新的伟大工程的一项重要内容，是确保把党建设好的关键与保障。

（1）制度建设在学生党支部思想政治建设中的作用。在党的建设系统工程中，我党历来把思想政治工作摆在第一位，思想政治工作既是马克思建党学说的一个重要原理，也是我党建党的重要经验总结，发挥着无比重要的政治优势，要使得这种优势能深入持久地发挥下去，必须制定出一套制度作为保障。为此，必须将课内学习与课外学习结合起来，将集中学习与分散学习结合起来，将理论学习与实践学习结合起来，并形成制度。首先，要建立完善的政治学习制度。可根据实际需要，将所有的入党积极分子和学生党员按年级、专业进行分组，进行有针对性的集中学习，同时由学生党员中的骨干分子组成中心理论学习小组，进行专门的培训。其次，要建立完善的政治理论考核机制。为了将政治理论学习真正落到实处，使之富有成效，避免走过场，必须建立一套灵活有效的考核机制。要求每名学员必须做好学习笔记，积极参加讨论，认真写好思想汇报，年终总评时，把学员平时做的学习笔记、参加讨论的情况及系列思想汇报的实际情况作为考核学生党员、入党积极分子的重要依据。同时可仿照兼职组织员对申请入党人进行专题谈话的方式，对广大学员进行不定期的谈话抽查，了解其对理论掌握的深度、广度及其思想状况，考查其运用政治理论知识分析问题和解决问题的能力，并进行有针对性的辅导。通过灵活多样的方式，在各项制度保障下，全方位、多角度、深层次加强学生党支部的思想政治工作，全面提升广大学生党员、入党积极分子的政治理论修养，增强其对党和人民的感情及为人民服务的意识，使他们在思想上真正成长为一名合格的共产党员。

（2）制度建设在学生党支部组织建设中的作用。对于高校学生党支部而言，加强组织建设关键在于党员的发展和党员的教育两大任务。组织发展和组织生活规范化离不开组织建设的制度化，只有将之形成制度，才能确保组织生活富有成效、组织发展规范到位。组织建设是制度建设继续完善的实践环节，制度建设是组织建设内在要求的依托。党组织的健全和战斗力发挥以及党员自觉性的增强，都有赖于制度的健全与完善。

（3）制度建设在学生党支部作风建设中的作用。高校学生党支部作风建设，直接影响到广大学生的政治热情和政治信仰，直接影响到学生党支部在广大学生中的群众基础和威望，并最终直接影响到党在人民群众，尤其是高知识群体、青年中的形象。一个好的做法是使之成为一种风气，使整个党组织和全体党员在任何情况下都始终不渝地遵循，必须将之制度化，才能对人们形成一种外在的制约力量，从而变成人们自觉自愿的行为。这就是说，制度化是作风建设的客观要求；同时，只有加强制度建设，把作风上升为一种制度才能使之具有根本性、长期性、稳定性和全面性，才能不断地被人们所认识、坚持和弘扬，才能最终转化成一种稳定的风气。所以，党的作风建设不仅反映党的制度建设的成果，而且反过来影响党的制度建设，制度问题不解决，思想作风问题也解决不了。要坚持考核评估制度，使工作有督促有检查；要坚持民主评议党员制度，将学生党员置于广大师生员工的监督之下；要坚持党员教育与非学生党员之间的交流，达到共同提高的目的；要坚持党员教育观念和评比表彰制度，弘扬正气，鼓励先进，鞭策后进，形成良性循环，通过系列制度的制定和实行，进一步强化党员的责任意识和党性原则，更好地发挥党员的先进性作用。

新的形势要求我们不断根据新问题，寻找解决问题的新方法和新途径。高校学生党支部在探索自身建设的过程中，建立健全各项规章制度的同时，也要有智慧和勇气进行制度创新，让思想与行动始终做到与时俱进，在不断探索中准确把握高校学生党支部自身建设的规律，将已有的工作不断推向新的胜利。

二、日常思想教育

对于学生工作者而言，日常的思想政治教育活动以其空间上的全面性、内容上的针对性、力量上的群众性、方法上的灵活性成为大学生思想政治教育的一种基础性教育手段，在引导和帮助学生形成正确的世界观、人生观、价值观、道德观以及和谐人际关系等方面发挥着其他教育方式不可替代的重要作用。学工人员处在大学生思想政治教育的第一线，对大学生的成长起着至关重要的作用，是做好日常思想政治教育的骨干队伍。

（一）大学生日常思想教育的含义

高校学生日常思想政治教育是指辅导员和班主任等学生工作人员根据党的教育方针和高校思想政治教育工作的要求，从学生的认知发展规律出发，针对不同学生的思想实际，以宿舍、党团组织、班级和学生社团为载体，从学习、生活细微入手，对高校学生的政治素质、思想道德、心理健康以及其他养成教育进行潜移默化影响的一种教育手段。其主要任务是及时发现和解决学生在思想、学习和生活等各方面存在的问题，保证学生身心健康成长和学习任务的顺利完成，促进学生成长成才。

高校学生工作人员要对学生进行日常思想政治教育，首先要充分认识学生工作者开展日常思想政治教育工作的重要意义和重大责任,增强自身在日常思想政治教育工作中的责任心、使命感和自觉性。

(二)大学生日常思想政治教育的重要意义

大学生思想政治教育主要包括思想政治理论教育和日常思想政治教育两个重要的方面,一个是主渠道,一个是主阵地,二者相互依存、互为补充。主阵地要积极配合主渠道,共同做好大学生思想政治教育。日常思想政治教育是高校思想政治工作经常应用的教育方式,是高校思想政治教育整体目标得以实现的重要途径。

1. 学生日常思想政治教育是深化大学生思想政治理论教育的关键

大学生思想政治教育既包括思想政治理论教育,又包括日常思想政治教育。实践表明,单纯依靠学生思想政治理论教育工作,忽视学生在日常学习、生活中面临的具体问题和学生个体的差异,极易导致学生工作的偏颇和突发事件的发生,影响大学生思想政治教育工作的整体推进。因此,面对学生中各类复杂的思想矛盾和具体的实际困难,除了依靠传统的思想政治理论教育手段外,更离不开学生日常思想政治教育。靠师生之间、学生之间经常的沟通和理解,靠和风细雨、细致入微的说服和帮助,及时有效地进行疏通和引导,让学生真实地感受到学生工作队伍的力量,体会到组织的温暖和学校的关爱。在解决实际问题的基础上,不断提高学生的思想认识和精神境界,使学生更深刻地理解和感受理论教育的内容,自觉按照教育的目的和要求去发展。

2. 学生日常思想政治教育是提高大学生思想政治教育有效性的重要手段

只有把解决思想问题和解决实际问题相结合,才能提高大学生思想政治教育工作的有效性。学生出现专业思想问题、心理违纪事件、对学校管理有意见等,绝不是单纯的、暂时的、偶然的,不是学生的个体问题,而是随时可能向长期性、群体性问题转化的突出问题,必须引起我们的高度重视。放任学生面临的实际困难不闻不问,学生的问题长期得不到解决,学生对大学生思想政治教育工作以至学校的改革发展就会产生整体性的怀疑,一些问题和矛盾就会向恶性和群体性问题转化，造成不可挽回的损失。只有运用学生日常思想政治教育方法，肯定学生思想发展的层次性和个体差异性，尊重学生思想实际，正面应对学生问题，在日常工作中把思想政治教育做到每一个学生的身上，润物无声，才能切实提高大学生思想政治教育的有效性。

（三）推进高校思想政治教育工作的途径

高校思想政治工作者要充分依靠人、发现人，要调动人的积极性，牢固树立"教书育人、育人为本，德智体美、德育为先"的观念。既不能完全以过去历史时期的标准衡量和要求青少年一代，也不能以西方资产阶级的思想观念、价值标准贻误青少年一代。要遵循大学生成长成才规律和教育规律，继承优良传统，又要根据新形势新任务的要求，创新内容、创新形式、创新手段、创新机制，不断提高思想政治教育的针对性、实效性和吸引力、感染力，努力做到把思想政治教育贯穿到学校工作的全过程，真正实现培养学生以"主体性道德人格"为根本的"完全人格"的思想政治工作目标。

1. 坚持"以人为本"原则

以人为本，是近年来日益快速地在我国流行起来的发展观、教育观的一个重要理念。《中共中央国务院关于进一步加强和改进大学生思想政治教育的意见》也明确指出，高校学生思想政治工作要"坚持以人为本，贴近实际、贴近生活、贴近学生，努力提高思想政治教育的针对性、实效性和吸引力、感染力，培养德智体美全面发展的社会主义合格建设者和可靠接班人"。坚持以人为本的育人理念，就是指在思想政治教育实践中必须以学生为"本"，认真把握人的本质特征，不断增强思想政治工作的亲和力、说服力，"既要坚持教育人、引导人、鼓舞人、鞭策人，又要做到尊重人、理解人、关心人、帮助人"，把思想政治教育促进社会发展与促进人的全面发展的双重功能充分发挥出来和有机结合起来。

在当代高校大学生思想政治工作中，坚持"以人为本"的教育理念，就是要把重视好、维护好、发展好广大学生的根本利益作为我们工作的出发点和着眼点，在促进社会发展的同时，把人的全面发展作为我们长期的奋斗目标。

以人为本在学生思想政治工作中最根本的标志就是"以学生为本",确立"人本"视角和学生的主体地位,坚持以学生为"主体",彻底纠正"人的缺位"状况。从青年学生的角度来讲,确立学生的主体地位,就是尊重学生在整个思想政治工作过程中的积极性、创造性和主动性的发挥,给他们以平等、自由参与的机会,让他们能充分地认识自我,从而达到从自我管理、自我服务、自我激励和自我完善,到对他人负责、对社会负责的教育目的。

从思想政治工作者的角度讲,首先是要关注学生的心理和情感需要。针对不同需要进行分类分析和指导,为学生营造一个良好的心理环境和学习与生活的空间。其次要关注学生的个体差异。个体差异主要表现在智力因素和非智力因素两方面。智力因素的差异表现为大学生个体的智力特点、智力发展水平各不相同。非智力因素的差异表现在情商方面的差异和兴趣、理想、动机、意志、气质、性格等方面的差异。除此之外,青年学生个体在思想政治水平、生活方式、民族习惯等方面也存在一定差异,甚至不同年级以及同一年级不同时段也存在较大差异。再次要关注学生内在自觉与自律意识的培养。除必需的制度化管理之外,应该更多地强调价值观、理念和道德的力量,并内化为学生心目中的信念、价值观和行为准则,最终影响学生的行为,满足其个性的需求。

2. 以培养"完全人格"为目标

所谓道德人格,是作为具体个人人格的道德性规定,是由某个个体特定的道德认识、道德情感、道德意志、道德信念和道德习惯的有机结合。主体性道德人格教育,表达的是一种价值理想,是对道德教育的价值追求。著名的教育家蔡元培先生说过:"教育是帮助被教育的人,给他们发展自己的能力,完成他的人格,于人类文化上能尽一分子的责任,不是把被教育的人造成一种特别器具,给抱有他种目的的人去应用的。"当代文化教育学的创始人斯普朗格更是明确主张:"教育绝非是单纯的文化传递,教育之为教育,正在于它是人格心灵的唤醒,这是教育的核心所在。"

青年大学生作为发展中的个体,他们健康高尚的道德品质的形成和良好的行为习惯的养成,不仅是社会对他们的期望和要求,也是他们自身健康成长与发展的重要方面。首先,从个体的角度讲,要实现一个人的生命价值,要使其成为一个受欢迎和受尊重的人,要使其人格尊严得以彰显,就必须是一个"在道德上受过教育的人"。这就要求我们的学校思想政治教育能从学生的道德需要出发,关注学生的道德生活。其次,从社会的角度来说,若只是培养了一个人的智性而没有培养他的德行,就等于是给社会造就了一个具有反社会倾向的人,这对社会的和谐与安定都是潜在的威胁。因此,我们所提倡的"主体性道德人格"教育,其目的就在于通过对以往教育(特别是道德教育)理论与实践的反思与批判,实现向"主体性道德人格"教育的转向,使道德教育进而使整个教育获得与时代主旋律相一致的品性与意蕴。

3. 提高素质,建立强有力的思想政治队伍

高校思想政治专职干部的任务是以马列主义教育观,去教书育人、管理育人、服务育人,把教育和管理结合起来,以教育促管理,以管理带教育,铸造学生的共产主义世界观。确保党的教育方针的贯彻和实施,是对学生进行思想政治教育的主要力量。教师的素质将对提高学生思想素质起着关键作用,会对学生思想素质产生直接的影响,关系到党和国家的伟业,关系到我们党的事业的兴衰成败,因此建立一支高素质的思想政治队伍显得尤为必要。具体可以从以下几个方面着手。

(1)加强理论学习,提高理想素质。理论学习是建设高素质思想工作干部队伍的基础环节,强调学习教育学、心理学,学习思想政治教育理论,以提高基本素质;强调学习邓小平理论和党的路线、方针、政策,以提高针对性;强调学习国外先进经验,以补偿工作中的不足。

(2)加强管理,强化实践锻炼,提高驾驭全局能力。对思想政治队伍中的人员要进行严格的考试,要从德、能、勤、绩诸方面着手,要从实践中去提高实践工作经验,要让他们走出去,下基层,增长知识,提高工作能力。

(3)要大胆使用,充分发挥才干,同时要关心生活,解决后顾之忧。根据各方面的情况,放手让思想政治教育队伍去大胆开展工作,发挥他们的积极性,使之主动地有创造性地开展工作,同时要关心他们的生活。考虑到队伍人员的前途和发展,支持鼓励攻读硕士或博士学位,并在工资、福利、住房方面等进行倾斜。

（4）要学习和创新工作方法。网络作为一种新的事物，是一种在现代条件下认识世界、改造世界的新武器和新手段。因此，我们必须将网络意识和网络技能的提高作为一种生存发展的手段来理解，要求他们学习网络知识、了解网络、运用网络，要研究如何借助网络等现代化手段，向大学生提供信息。如何提高思想政治工作的科技含量，如何提高工作的针对性和有效性，如何把思想政治工作和网络技术结合起来，找准二者的结合点，利用网络技术开展思想政治教育工作。

三、校园文化建设

现代大学的建设理念，融大楼、大师和"大气象"为一体。大学让人着迷的除了或典雅或恢宏的建筑、才华横溢的大师外，还在于历史积淀下来且不断丰富的"大气象"，或者说"校园文化"体现了高等学校特有的一种精神、一种理念、一种人文价值取向，校园文化是社会主义先进文化的重要组成部分。高校的校园文化需要随着时代的变化不断增添新的内容，建设和谐校园文化是新时期全面推进高校改革与发展、实施大学生素质教育的内在要求和必然选择。学生工作者是校园文化建设的推动者，要努力搭建起大学生思想政治教育和健康成长的新平台。

当今社会，和谐已成为时代发展的主题，同时，"和谐"也是校园文化的主要衡量标尺。和谐校园中彼此关爱、团结互助、充满人文气息的氛围，将会使身在其中的学生充满自信、富有爱心、朝气蓬勃。因此，只有在和谐的校园文化中生活、学习和成长，一个学生才能够身心和谐、全面发展。

在社会发展的不同阶段，尤其是在现代，大学校园文化始终和国家命运前途结合在一起，并成为推动社会前进的动力。当前，校园文化已成为高等学校核心竞争力的一项重要指标。如何构建和谐校园文化，已成为建设社会主义和谐社会的一个重要方面。

（一）校园文化的含义

校园文化有广义和狭义之分。从广义上看，校园文化是指在校园这个范围内，由学校内包括教师、学生、管理者及其他人员在内的所有人共同创造的一切物质产品和精神产品及创造的过程。从狭义上看，校园文化仅仅是从精神层面来界定的，它主要是指学校全体人员的思想观念、道德修养、价值取向、生活方式和人际关系等方面。这里所指的校园文化是从广义角度来理解的校园文化。

校园文化是一个社会亚文化系统，每一个系统都有一定的结构，校园文化结构是指校园文化诸要素结合起来的方式。

（二）校园文化结构的分类

依据社会文化的结构分类，校园文化结构可分为三个层面：

1. 外层的物质形态文化

物质形态文化是指学校的校舍建筑、文化设施、科研设施、校园环境、校园绿化和美化等。它是校园内具体文化活动的物质性载体，也是构建校园文化的物质基础。

2. 中介层校园文化

中介层校园文化主要包括知识形态文化、制度形态文化、组织形态文化和行为形态文化。知识形态文化主要指广大师生掌握的自然科学知识、社会科学知识和专业技术知识水平；制度形态文化指各种用于规范和约束主体行为的规章制度；行为形态文化是指校园师生员工的各种行为方式以及在此基础上形成的教风、学风、考风，学生的政治行为、学习行为、生活行为、道德行为、交往行为、科技文体行为、教师的教学行为、后勤人员的服务行为和各级领导的管理组织行为等；组织形态文化是指学校为维持正常运转所设置的管理机构，和学校在法律与校规允许的范围内所出现的政治的、学术的、文化的、艺术的群众组织及相互间形成的文化氛围。

3. 核心层的精神形态文化

它以世界观、价值观为核心，以校园精神为灵魂，包括校园人的思维方式、心态和情感。它是校园文化的核心内容，主要包括学校精神、校园文化氛围、价值观念等。校园精神形态文化既是校园文化建设所要营造的最高目标，也对校园物质形态文化及知识形态文化、制度形态文化、行为形态文化和组织形态文化具有支配和导向作用。

（三）加强高校校园文化建设的措施

1. 把校园文化建设纳入高校发展的总体规划，树立校园文化全员共建意识

（1）把校园文化建设纳入高校发展的总体规划并作为重点予以特别重视。校园文化建设不是一朝一夕所能完成的，需要长期的、艰苦的努力才能收到一定成效。高校要充分重视校园文化对学校发展和人才培养的重要作用，特别是高等教育理论研究界和高校主要领导要对校园文化的作用有充分的认识，真正予以重视，纳入学校发展的总体规划，把校园文化建设作为学校发展的重要内容。

（2）树立校园文化全员共建意识。校园文化在高校实现培养目标过程中的重要作用决定着它不是学校内部哪一个或几个部门所能建设得好的，更不是如目前许多高校那样仅凭学生管理和思想教育部门的努力就能收到应有的效果。校园文化建设与高校各个方面的工作都有关系，良好的校园文化也不只是让在校大学生受益，而且能使包括教师在内的所有员工受益。因此，高校必须树立全员共建校园文化的意识，努力营造良好的校园文化。

（3）在物质文化建设中突出精神文化意义。一般来讲，高校校园文化包括三个层次，即物质文化、制度文化和精神文化，其中，物质文化、制度文化处于较低层次，精神文化属于较高层次，浓郁的校园文化需要一定的物质设施和严格科学的制度来保证，但物质设施和规章制度层次的建设要体现精神文化意义。

2. 净化校园文化环境，营造有利于大学生社会化的文化氛围

校园文化的主流是健康向上的。这种校园文化对大学生整体素质的提高，促进大学生社会化无疑具有重要的作用。但是，我们也应该看到，由于受西方腐朽文化、社会丑恶现象以及市场经济的负面影响，再加上近年来高校人文素质教育工作的相对弱化，在高校校园文化中也存在一些粗俗的、消极的、颓废的，有的甚至是腐朽的、反动的文化现象，如考试作弊、赌博、性心理扭曲、自杀、偷窃、卖淫、追求腐朽没落的生活方式等。这些现象是和高校校园主流文化完全相悖的，也是和我国社会主义精神文明相抵触的，极不利于社会主义大学教育人、培养人目标的完成。因此，必须清理校园消极文化，净化校园文化环境。

（1）加强校园文化管理。学校行政管理是一种强力，管理工作做得好，可以有力地遏止校园消极文化的发展和蔓延，特别是对那些有形的校园消极文化，必须采取有力的措施去制止、反对。而要把管理工作做好，一是要建立健全合理的规章制度。规章制度不健全不行，规章制度不合理也不行。因为不合理的规章制度的存在形同虚设，根本达不到管理的目的。二是提高执行人员的素质。在大学校园里，管理人员要有较强的工作能力，要懂教育、讲政治、有正气，才能保证把规章制度执行好，从而遏止校园消极文化的发展。

（2）加强校园文化阵地建设。高校是文化阵地，历来是各种类型文化抢占之所，健康的校园文化不充实校园，那么丑恶的文化现象就会弥漫在校园之中。加大优秀校园文化建设的力度，扩大优秀校园文化的影响，用优秀的校园文化占领校园，就会形成一种健康向上的文化氛围，以此促使校园消极文化信仰者放弃校园消极文化，接受校园主流文化，从而达到抑制校园消极文化及其负面作用，建设起格调高雅、健康向上的校园文化的目的。

（3）积极开拓校园文化建设的新载体。要充分发挥网络等新媒体在校园文化建设中的重要作用，建设好融思想性、知识性、趣味性、服务性于一体的校园网站，不断拓展校园文化建设的渠道和空间，积极开展健康向上、丰富多彩的网络文化活动，牢牢把握网络文化建设主动权，使网络成为校园文化建设的新阵地。此外，要充分发挥大学生社团在校园文化建设中的重要作用，大力扶持理论学习型社团，热情鼓励学术科技型社团，正确引导兴趣爱好型社团，积极倡导社会公益型社团。

四、实践育人工作

随着时代的发展，社会实践教育也是高等教育体系的重要组成部分。作为大学生思想政治教育的重要环节，社会实践活动对于全面促进大学生了解社会、了解国情，增长才干、奉献社会，锻炼毅力、培养品格，增强社会责任感具有不可替代的重要作用。广泛开展大学生社会实践，有益于实现高校"培养人才、科技创新、服务社会"的三项基本任务，有益于培养德、智、体、美、劳全面发展的社会主义一代新人。读万卷书还得行万里路，学生工作者作为大学生课外学习生活最主要的指导者，要高度重视社会实践的育人功能，多途径、多形式组织开展学生实践活动，引导大学生将书本知识与社会知识的学习有效结合起来，将个人理想和社会需要结合起来，促进大学生的全面健康发展。

（一）社会实践的重要意义

广泛开展大学生社会实践，有益于实现高校"培养人才、科技创新、服务社会"的三项基本任务，有益于培养德、智、体、美、劳全面发展的社会主义一代新人。实践证明，大学生社会实践活动能够得到广大学生的积极响应、热情参与，能够得到社会各界的有力支持与普遍认可，是由社会实践在高校教育体系中的重要地位所决定的。

1. 社会实践是实现高校教育目标的必然途径

高校是培养"四有"新人的基地。无论是为中国之崛起而奋斗的理想信念，还是科学理论知识与工作技能，都只有通过实践的感悟与运用，才能够被大学生吸收。脱离实践的单纯的理论灌输，不利于大学生接受和巩固学到的知识，更不利于高校培养目标的实现。社会实践使大学生接近社会，从而获得大量直观的感性认识和课外知识，并且提高他们将抽象的理论知识在实际运用中转化为认识和解决实际问题的能力。毛泽东同志经常教导青年学生要多读"无字之书"，说的就是这个道理。

2. 社会实践是课堂教学的延伸和补充

实践锻炼是教育的重要方面，教师通过引导学生参加实践锻炼，可以使学生找到具体的感应对象，深化理性认识。比较课堂教学与社会实践，课堂教学系统完整，但相对抽象，只有结合实践才能为大学生接受，只有通过社会实践教育的有机配合，才能使大学生加深理解，完全掌握知识，并及时地将理论知识转化为实际的工作能力。

3. 社会实践是整合利用社会资源的有效途径

高校是大学生学习科学文化知识的主要场所,但在现实中仅仅掌握在学校学到的知识是远远不够的。大学生要实现全面发展,不仅在接受教育种类上要多样化,在接受教育的途径上也要多样化。学校可以给大学生提供系统化的教育,但其教育资源也是有限的。社会实践可以借助各种社会教育力量,对大学生进行全方位、全方面的教育,实现社会教育资源与学校教育资源的有机整合。

4. 社会实践是促进大学生全面健康成长的重要条件

青年大学生求知欲旺盛、好奇心强烈、接受新事物快,但辨别和选择能力较弱。面对各种复杂的间接认识,大学生往往难以识别真伪、辨别是非,这必然会对他们的健康成长造成阻碍。通过社会实践,大学生可以投身于真正的社会生活之中,直接感受社会各部门、各领域建设者的工作,亲身体会我国全面建设小康社会的成就。

(二)社会实践的重要作用

社会实践可以将书本知识与社会知识的学习有效结合起来。社会实践活动对于达成高校教育体系培养人的目标,对于帮助学生深入实际、了解国情,对于加强学生的社会责任感、提高学生的社会适应能力,都具有十分重要的作用。

1. 社会实践有益于提高大学生学习的积极性

在社会实践中,大学生是主体,他们既通过社会实践改造客观世界,又通过社会实践改造自己的主观世界。在社会实践中,他们可以创造性地运用在学校学到的理论知识,检验自己的知识和能力水平,看清自己和社会需要之间的差距,从实践中获得对客观事物、对社会以及对自身的直接认识。反过来,增强学习积极性,努力弥补理论知识的不足。

2. 社会实践有益于课堂教育的完善与提高

社会实践促使大学生把课堂里学到的理论知识转换成自己的工作技能和处世方法与原则,一方面社会实践可以强化课堂教育对大学生的影响,另一方面也可以通过大学生的实践检验课堂教学的效果。此外,在现实生活中往往存在课堂教育与社会现实相脱离或滞后的情况,社会实践的开展可以给课堂教学带来真实的反馈信息，从而使课堂教育及时调整教育内容，以适应实际的需要。

3. 社会实践有益于促进大学生的社会化

在社会实践中，可以借助社会教育的力量，促进大学生的社会化。在社会实践中，大学生受到社会全方位的教育和锻炼。不但可以使本身的知识技能得到巩固、使知识结构得到完善，而且可以检验自身行为模式、价值观念中与社会文化不相协调的部分，从而纠正自身的偏差，及时内化社会认同的文化规范和价值准则，从而提高自己的生存和适应能力，加速社会化，为将来真正走上社会做好准备。此外，在社会实践活动中，大学生直接和社会各层次、各类型、各部门的人员打交道，在这些人员中既有同龄同学分工协作、学习如何恰当地处理各种人际关系，使大学生认识到与人融洽和谐相处的重要性。同时，与各类人员的相处学习，可以促使大学生取他人之长补己之短，并在实践锻炼中树立团结、友好、合作的意识，不断提高自己、完善自己，向一个真正意义上的社会人靠近。

4. 社会实践有益于提高大学生的思想认识

在社会实践中，大学生通过亲身体验获得直接感受，从直接经验上升为理性认识，得以自觉树立正确的世界观、人生观、价值观。事实上，改革开放与社会主义现代化的成就，大学生是最直接的受益者。通过参加社会实践，不仅能够加深他们对于我国新时期建设成就的认识，提高他们对于党的方针政策的认识，而且有助于加深对中国特色社会主义的理解，提高思想认识，坚定理想信念，树立科学的世界观、人生观和价值观。同时，还会促使他们提高学习的积极性，更加严格地要求自己，从而促进自身的全面健康发展。

第二节 高校学生工作机构定位

一、从领导体制看高校学生工作机构定位

领导体制是指领导主体为保证领导活动正常进行并实现领导职能而建立的

组织机构形式和有关规章制度系统的有机统一体,是领导活动中由领导机关制定的领导权限划分及相应组织机构设置等构成的制度体系。它是一种制度化的正统的领导关系、领导模式和领导格局,权威地规定着领导主体内部基本的相互关系、动作方式、行为方式和实质程序,对领导主体的出现、形成、地位、作用、具体行为及其结果都有长期性、全局性和根本性的影响。领导体制是领导实践的合法依据,在领导实践中具有举足轻重的作用。

高等学校领导体制是指高等学校举办者、办学者二者间的权力和职责关系,党委和行政部门间的关系,以及高校行政管理系统和学术系统间的关系等一些基本的关系范畴,它是高校管理体制的核心内容。

(一)领导体制建设的经验

大学生思想政治教育工作能不能落到实处,能不能得到加强和改进,关键在于各级党政领导,特别是领导体制是否健全与完善。高校思想政治教育的科学发展,积累了宝贵经验。这些成功经验证明,领导体制的健全与完善,是做好高校思想政治教育工作、培养德、智、体、美、劳全面发展的社会主义建设者和接班人的可靠保证。

1. 领导体制是高校思想政治教育的组织保证

领导体制就是领导的意图和职能借以实现的组织机构形式。科学合理、具有活力的领导体制是提高领导水平和执政能力的内在动力。近几年,面对新时期国际国内形势的变化对高校思想政治教育提出的挑战,各级政府、各级领导,从高层到基层,从上级到下级,高度重视高校思想政治教育工作,始终把高校德育工作摆在重要位置,着力健全和完善大学生思想政治教育领导体制,保证了高校思想政治教育的正确方向和大学生思想政治教育在高等教育全局中的战略地位和作用得到落实。

领导体制是高校思想政治教育长效机制建设的组织保证,首先体现在保证高校思想政治教育的正确方向上。高校思想政治教育是否坚持正确方向,关系到思想政治教育功能作用的发挥,关系到思想政治教育"培养什么人""如何培养人"等重大问题。健全领导体制,不断加强和改善党的领导,是高校思想政治教育坚定正确的政治方向的前提和保障。领导体制是高校思想政治教育长效机制建设的组织保证，还体现在保证高校思想政治教育的首要地位上。思想政治教育在高校各项工作中的首要地位，是由我国高校的社会主义性质决定的。

2. 齐抓共管是高校思想政治教育的有效方法

《关于进一步加强和改进大学生思想政治教育的意见》明确提出，高等学校"要建立和完善党统一领导、党政齐抓共管、专兼职队伍相结合、全校紧密配合、学生自我教育的领导体制和工作机制"，要求高等学校的党委要统一领导学生思想政治教育工作，校长要对大学生德、智、体、美、劳全面发展负责，学校各部门要明确各自责任，密切协作，切实完成相应任务。学校基层党团组织要认真履行学生思想政治教育的职责，把加强和改进大学生思想政治教育的各项任务落到实处。可见，推进高校思想政治教育长效机制的构建，必须抓住齐抓共管这个难点和重点，从体制机制上理顺德育和智育的关系，切实破除条块分割的格局。近年来，湖北高校着力推行大学生思想政治工作党政联席会议制度，加强统筹协调，做到既有党委统一领导和决策，又有党政相互分工合作，明确各自的责任，形成了加强和改进思想政治教育的合力与整体效应。

3. 制度建设是高校思想政治教育的有力保障

制度是维系高校思想政治教育正常开展的必要条件，一个高校思想政治教育开展得好坏，很大程度上取决于制度是否健全、是否有效和落实。首先，制度可以保障高校思想政治教育的资源获得。高校思想政治教育的顺利开展，是高校人、财、物等资源综合作用的结果，而这些人、财、物资源的合理配置离不开制度的安排。其次，制度可以保障高校思想政治教育的有序运行。加强和改进高校思想政治教育，需要建立健全与法律法规相协调、与高等教育的全面发展相衔接、与大学生成长成才需要相适应的思想政治教育和管理的制度体系。

（二）完善领导体制的建议

高等学校实行党委领导下的校长负责制，是新中国成立以来我国高等学校管理体制长期探索和发展的历史选择，是中国特色社会主义教育制度的重要特点之一。进入新时期，面对国际国内的形势变化，面对高等教育改革和发展的新趋势，如何坚持教育创新，特别是高等学校思想政治教育理论创新、体制创新和机制创新,改革和完善党委领导下的校长负责制,已成为实现高校思想政治教育科学发展的重大课题。

1. 提高素质

加强领导班子建设,以"政治家、教育家"的标准选配书记和校长。坚持和完善党委领导下的校长负责制,关键在人,关键在校级领导班子。尤其是学校党政一把手的素质。上级组织部门,应以"政治家、教育家"的标准选配书记和校长。高校主要领导应当以社会主义政治家的理念和教育家的视野,自觉履行作为本校大学生思想政治教育第一责任人的职责,坚决克服重智育轻德育、重教学轻育人的倾向,高度重视大学生思想政治教育。

2. 加强管理

建立思想政治教育工作的组织领导体系。高校思想政治教育工作必须建立党委统一领导,以校(院)长为主,实施各部门各负其责,校(院)、系(总支)、班全面落实的领导体制。把思想政治教育工作融合到学校工作的方方面面,贯穿于教学与科研、管理及服务的各个环节中。把思想政治教育工作的内容纳入党政领导的工作职责和教职工的岗位职责中去,使思想政治教育工作与其他工作融为一体,增强思想政治教育工作的实效性。

3. 健全机制

建立健全各部门联合协调机制。高校思想政治教育工作应在党委的统一领导下,积极协调院系(分党委或党总支)、行政工会、共青团、学生工作处的各项工作,并把思想政治教育工作的目标落实到各个工作机构和人员上,构成一个相互制约的工作责任制体系,使各职能部门各负其责、各司其职、协调配合,从不同的角度,以不同的方式开展工作,形成合力,齐抓共管,最终实现思想政治教育工作的总目标。完善领导体制和健全工作机制,形成全员育人、全过程育人、全方位育人新格局。

4. 转变角色

提倡思想政治教育工作者由管理型向专家学者型转化。在一些高校,院(系)分党委(党总支)书记由教授或博士兼任、班主任或班导师由专业教师兼任收到很好的效果。由于教师在传道、授业、解惑的教学中，与学生存在着一种密切的感情交流，因此教师的治学态度、方法及人格魅力更易潜移默化地影响着学生，他们的人品和道德观念是一种最直接的影响学生的力量，这些专家学者在学生中享有较高的威望，在对学生进行成才指导方面具有得天独厚的优势。让这些德才兼备的教师参与到思想政治教育工作中来，会更有效地提高思想政治教育工作的层次和水平，这正是我们实现以人为本，一切为了学生成长成才的具体实践。

改革和完善党委领导下的校长负责制，是一项十分复杂的系统工程。在具体实施过程中，一方面要在理顺关系、健全机制、完善制度、提高素质上狠下功夫，另一方面要在决策民主化、科学化方面加强引导和规范。只有这样，党委领导下的校长负责制才能在高校思想政治教育中取得实效，才能凸显这一领导体制的优越性。

二、从工作机制看高校学生工作机构定位

高校思想政治教育工作机制是指高校思想政治教育运行过程中各构成要素的相互关系以及各种变化的相互联系，包括思想政治教育过程中各个侧面和层次的整体性功能及其规律、运行所依据的原理和原则、运行中各部分之间的相互作用以及和思想政治教育系统之外的其他系统之间的交互作用等。中共中央、国务院《关于进一步加强和改进大学生思想政治教育的意见》明确提出："要建立健全党委统一领导、党政群齐抓共管、有关部门各负其责、全社会大力支持的领导体制和工作机制，形成全党全社会共同关心支持大学生思想政治教育的强大合力。"在新形势下，切实加强高校思想政治教育工作机制建设，促进大学生的全面发展，培养优秀的社会主义建设者和可靠接班人，是当前高等学校的重要任务。

（一）工作机制现状

1. 高校领导定期召开专题会议，重视程度明显提高

近年来，各高校党委认真落实《中共中央、国务院关于进一步加强和改进

大学生思想政治教育的意见》，切实将大学生思想政治教育放到首位。很多高校党委每学期专题研究大学生思想政治教育工作，成立大学生思想政治教育工作领导小组，为大学生思想政治教育工作的开展提供了有效的政治和组织保证。各高校制定了《大学生思想政治教育工作规划》，对大学生思想政治教育整体工作提出了明确的目标、任务和要求。把思想政治理论课建设列入学校事业发展规划，作为学校重点课程建设，有条件的本科院校同时作为重点学科建设，每年至少进行一次专项督查。还有很多高校明文规定每学期至少召开一次大学生思想政治教育专题会议，对整体工作和重点工作进行安排部署。学校党政主要领导和分管领导每学期分别到堂听课两次以上，定期听取思想政治理论课教学工作汇报，解决实际问题。

2. 学校各部门协调配合，工作机制进一步完善

公立高校普遍建立了党委统一领导，党、政齐抓共管，相互配合，各职能部门、各教学机构各负其责的管理体制和工作机制。学校宣传、人事、教务、研究生院（处）、财务、科研等党政部门和思想政治理论课教学科研机构各负其责，相互协调，切实落实思想政治理论课教育教学、学科建设、人才培养、科研立项、社会实践、经费保障等各方面政策和措施。同时，各高校不断完善制度建设，积极探索"三全育人"工作格局。截至目前，各高校先后制定或修订了思想政治教育、师德建设、辅导员和班主任建设、心理健康教育、思想政治理论课建设、学生工作考评、校园文化建设等方面的制度和文件，为加强和改进大学生思想政治教育工作提供了机制上的保障。

3. 坚持"育人为本、德育为先"的理念，工作思路进一步明确

高校各级领导干部、各岗位的思想政治工作人员，深刻理解思想政治教育在学校工作中的重要地位和作用，以高度负责的精神和积极主动的态度，切实担负起各自的育人职能，高标准、高质量完成各自的工作任务。高校教职工坚持"育人为本、德育为先"的理念，努力做好大学生的思想政治教育工作，促进了各项工作的落实，逐步形成了"常规工作抓规范、重点工作求突破、创新工作出特色、整体工作上水平"的工作思路。一方面提高认识，统一思想，从全局和战略的高度，切实增强做好大学生思想政治教育的责任感、紧迫感和使

命感；另一方面树立"以学生为本"的理念，把人才培养作为工作的出发点和落脚点，"一切为了学生、为了一切学生、为了学生一切"，着力为大学生的成长成才创造良好的育人环境，提供全方位、全过程的良好服务。据了解，华中师范大学坚持以学生为本的办学理念，扎实推进学生思想政治教育工作，学校形成了大一以"适应、规划"为主题，大二以"学习、实践"为主题，大三以"创新、发展"为主题，大四以"立业、报国"为主题的日常思想政治教育体系。武汉大学突出学生主体地位，建立了以提高思想政治素质和分析解决实际问题能力为目标的理论与实践相结合的教学体系，初步解决了教学内容和教学形式、理论教学和实践教学、第一课堂和第二课堂的有机结合问题。

（二）工作机制经验

高校思想政治教育的工作机制正在逐步健全和完善，在建设过程中形成了一套完整的工作思路和方法，积累了宝贵的经验。具体来说，近年来高校大学生思想政治教育工作机制的成功经验主要有以下几点：

1. 坚持和加强党的领导是根本

只有坚持和加强党的领导，才能坚持正确的政治方向，才能凝聚全党、全省人民的智慧和力量，保证思想政治教育长效机制的行之有效，这一点在任何时候都不能动摇。湖北省各级党委政府和高校高度重视，将思想政治教育摆在了更加突出的位置，列入重要议事日程，进一步加强领导，落实政治责任，坚持管方向、办实事，为学生的健康成长成才提供良好的环境。

2. 坚持组织和协同是关键

有效的组织协同，正确运用策略和方法是我们党克难制胜的法宝。只要在党组织的坚强有力领导下,运用正确的策略和方法,集中力量和智慧,科学协调,精心谋划,搞好协同,就完全可以发扬优势,显示威力,改善态势,占据主导地位。公办高校普遍建立党委统一领导，党、政齐抓共管，各职能部门各负其责的体制和机制。调整或新成立了由党委书记或校（院）长任组长，以学工部、宣传部、团委等相关部门主要负责人为成员的大学生思想政治教育工作领导小组，全面负责大学生思想政治教育工作，进行工作部署，开展指导、研究、协调和督查，确保思想政治教育落到实处、取得实效。

3. 重视思想政治理论课教学是前提

高等学校思想政治理论课是大学生思想政治教育的主渠道，思想政治理论课教学是对大学生进行思想品德教育的主要方式，它起着其他学科所不能起到的独特作用。抓好这项工作，就抓住了用科学理论武装大学生的首要环节，为进一步开展和加强大学生思想政治教育打下了坚实的基础。

4. 加强队伍建设是核心

思想政治教育的队伍承担着思想政治教育的理论传输、思想宣传、理论践行的重要任务。高校思想政治教育队伍更是党的路线、方针、政策的贯彻者和实施者，是推动高校思想政治教育有序进行的核心力量。只有切实加强高校思想政治教育队伍建设，提高队伍素质，才能为加强和改进大学生思想政治教育提供组织保证。

三、从机构建设看高校学生工作机构定位

组织结构是指组织内部各组成部分之间关系的一种模式。它决定了组织中的指挥系统、信息沟通网络和人际关系，最终影响组织效能的发挥。从管理上看，一个有效的组织创造出的价值应大于其个体单独创造价值的总和。在组织中决定人的行为的首要因素是组织结构。结构理论认为，组织结构决定组织功能，功能是结构的表现，只有组织的结构合理，组织的功能才能得到最完全的发挥，我们才可以说组织达到了最佳的效能。由此可见，组织结构的合理与否，直接关系到组织的生存与发展。

高校作为一个相对独立的学术组织，是单位与学科的内在结合，其内部教学、科研活动的展开与运作，以及对外关系的建立，从某种意义上来讲都依赖于高校自身良好的内部组织结构。

高校的组织结构是高校组织内部结构要素在外部诸要素的作用下组成的具有一定关系的形式。高校组织结构的优劣、合理与否直接影响到大学功能的发挥和大学战略目标的实现。

（一）高校思想政治教育组织机构体系的内涵

高校思想政治教育是一项系统工程，它主要包括目标体系、组织机构管理体系、内容体系、原则和方法体系和环境体系共五大系统。整个思想政治教育五大系统的有序运转对高校培养具有创新精神和实践能力的高素质人才，开创高校思想政治工作的新局面具有重要意义。高校的思想政治教育工作就是通过这一体系进行有序的运作，按照党和国家的教育方针，培养德智体美劳等全面发展的社会主义建设者和接班人。

高校思想政治教育的组织机构管理体系是实现系统工程的根本保证。它包括以下三级组织管理机构：

1. 学校党委是思想政治教育工作的领导者和决策者

它的主要职责是：根据我国经济社会发展的实际情况，针对教育领域改革和发展的实际问题，研究思想政治教育的工作方针、主要任务和重要问题，主持制订思想政治工作的总体规划与实施计划，定期分析学生思想政治状况和德育工作状态。

2. 学校行政、教学系统是思想政治教育的具体实施者和执行者

它的主要职责是：根据党委统一部署和要求，明确校长要对学生德智体全面负责的指导思想，以校长领导下的行政系统为主的组织形式和工作形式，从宏观上协调党委宣传部、学生工作部、团委的工作，具体领导教务处、学工处、思想政治理论教学科研部门、教学系部等主要职能部门的思想政治教育实施，通过多种多样的教育途径，整合各种各样教育力量，实行形式多样的教育手段，及时收集反馈意见，把思想政治教育贯穿在教育教学的全过程，落实到科研、管理、后勤服务的各个环节。

3. 以各系部为单位的基层思想政治教育管理系统

日常的思想政治教育和管理主要通过各院（系、部）的辅导员、班主任、导师进行深入细致的思想政治工作和心理辅导工作，从学习上、生活上、工作上、科研上关心学生，了解学生的具体情况，最大限度地抑制和排除那些消极的、不健康的因素，化消极因素和不健康因素为积极因素，全面落实学校思想政治

教育工作计划。

高校思想政治教育的重要任务就是通过不断地建立和完善党委统一部署，与行政、教学系统为主实施有机结合的思想政治教育组织管理体系和工作运行机制，切实形成教书育人、科研育人、管理育人、服务育人齐抓共管的思想政治教育工作的新局面。

（二）高校学生思想教育机构设置情况

高校思想政治教育的组织机构，包括学校党、政、团、思想政治理论课教学部门以及各级学生自治组织等多个组成要素。优化思想政治教育组织管理体系，合理设置组织机构，建立密切配合、动作协调的组织结构体系与职责分明、层次清晰的岗位责任制，是推进高校思想政治教育科学发展的必然选择。

目前高校思想政治教育的机构设置，大体可分为三个层次：领导组织机构、教学科研机构和管理服务机构。

1. 领导组织机构

教育部及各省级教育行政主管部门先后成立了思想政治理论课建设工作领导小组，出台了高校哲学社会科学五年规划，着力于打基础、管长远，着眼于解决实际问题，进一步明确了加强高校思想政治理论课建设的领导体制和工作机制，把思想政治理论课作为加强和改进大学生日常思想政治教育工作的主课堂、主渠道，把思想政治理论课建设作为对高校办学质量和水平评估考核的重要指标、作为高校马克思主义理论学科建设和科研申报立项工作的重要标准、作为评价和衡量学校以及领导班子工作的重要方面，纳入高校党的建设和领导班子评估考核体系。

2. 教学科研机构

为充分发挥课堂教学在大学生思想政治教育中的主导作用，大力加强马克思主义理论学科建设，提升马克思主义理论研究质量和水平，各高校相继建立了与之相适应的、直属学校领导的、相对独立的、与学校其他二级院（系）行政同级别的思想政治教育教学科研机构——马克思主义学院或者思想政治理论，承担全校大学生思想政治理论课教学和科研任务，统一管理全校思想政治理论课教师。并配齐了机构主要负责人，机构主要负责人一般具有马克思主义理论相关学科的学科背景，学历层次高，科研能力强。配备了办公设备、教学用品、图书资料等，满足教学及办公需要。有的高校还对思想政治理论课各门课程小组进行了调整和充实。

3. 管理服务机构

大学生是十分宝贵的人才资源，是民族的希望，是祖国的未来。为大学生成长、成才提供良好的环境，帮助大学生解决实际问题，是每一个高校教育工作者的责任和义务。高校学生的思想政治教育工作需要组织、协调和配合，为此就需要相应的机构来承担管理和服务功能，因而管理、服务机构的合理设置也就成为学生思想政治工作中的重要内容。

当前高校的学生思想政治管理工作，在学校一级成立由校党委和校行政领导下的学生工作委员会，学生工作部（处）为其办事机构，承担全校学生工作管理的主要任务，是高校学生工作最为主要和重要的管理部门，承担大部分学生事务及其管理工作；党委宣传部在学校党委领导下，负责政治理论学习、思想政治教育、精神文明建设，掌握和分析全校师生的思想状况，实施校内外宣传工作；团委作为另一个相对重要的部门主要承担学生校园文化、课外活动、社会实践和学生科研活动（部分高校学生科研工作由科研部门负责）等方面的组织和管理。心理健康教育中心负责对学生进行心理健康教育并提供服务和帮助。学生管理工作的其他职能由相应部门分别实施，如学生的教学和学籍管理由教务处负责（部分高校学籍管理由学工部门负责）；学生的生活住宿管理由总务处或后勤公司负责；学生的招生和就业由招生就业部门负责等。

第三节 高校辅导员工作队伍定位

一、当前高校辅导员的角色冲突

社会角色的扮演一般要经历角色期望—角色认知—角色实践的过程。角色扮演不可能总是一帆风顺的，常常会产生矛盾、遇到障碍和挫折，产生角色扮演的失调现象。目前高校辅导员在角色扮演过程中由于来自校内各方面角色期望的不同，辅导员的社会评价和自我评价不一致，辅导员的认识水平、能力水平与角色需求之间存在差距，辅导员所履行各种工作角色之间存在矛盾，导致高校辅导员角色扮演过程中面临着一定程度的角色冲突。

（一）角色内冲突

1. 不同角色期望引起角色冲突

这里面又分两种情况。一种是来自校内各方面的不同角色期望引起的角色冲突。辅导员的工作性质导致高等院校的各个部门都对辅导员的工作内容和工作方式有着各自的看法，形成了不同的角色期望。然而各方的期望有时是互不协调的，甚至是冲突的，其结果导致辅导员的角色行为发生矛盾，引发角色冲突。最为突出的是学校与学生利益冲突时，辅导员处在协调者位置上往往是进退维谷，既要担心不能按领导的意愿开展工作，使得自己的利益受损，又要考虑到违背学生的意见或利益导致的影响力与个人威信的下降。

第二种是来自辅导员的社会评价和自我评价的角色冲突。辅导员由于自身所处的高校思想政治教育者的社会地位和自身具有的知识素养以及思想政治觉悟，都会对自己有着很高的自我评价，同时也期望得到社会的认同和尊重。就辅导员在高校学生工作中起到的作用来说，理应得到较高待遇的社会地位，但是事实并非如此，现在辅导员普遍处于一个很尴尬的边缘地位。

2. 角色本身的局限引起的冲突

角色本身的局限主要是指辅导员的认识水平、能力水平达不到角色需求。首先，辅导员的主观动机与制度上的角色期望之间的冲突。每一个辅导员对于自己的工作都有着一定的理解，这种理解与角色需要履行的义务往往相悖，这就形成了角色冲突。辅导员必须热爱自身从事的工作，必须爱学生才能真正地扮演好自身角色。然而在实际工作中，好多辅导员却是"身在曹营心在汉"，没有献身于工作的热情，甚至对岗位和教育环境产生了倦怠，迫于形势和就业压力才不得不暂且从事辅导员工作。那么其工作表现必然与辅导员的角色期望相去甚远,角色冲突也就产生。

3. 辅导员角色自身的价值观念、个性与角色职责要求之间的冲突

辅导员地位的特殊性,决定了辅导员在角色承担上具有鲜明的意识形态性,在角色形象上具有示范性。思想政治工作性质要求辅导员注重正面的灌输和引导,辅导员此时更多的是承担着思想传递者的角色,工作中要强调示范性。然而,在人们的价值观多元化日益明显的今天,辅导员的价值观念与高等教育要求其传递的价值观念不可能完全相同。这就会出现部分辅导员为了更好地扮演好自身角色,总是压抑自己的价值观和个性。因此,辅导员在面对不同价值观念或对新旧价值观念冲突而进行调适时,会出现心理冲突而导致自身困惑。

(二)角色间冲突

1. 思想政治教育者与行为规范管理者之间的冲突

思想政治教育工作的性质要求辅导员在开展工作时要把教育与管理有机地结合起来。可是在实际扮演这两个角色时,经常会出现矛盾。辅导员在扮演教育者角色时,主要从事学生思想政治上的教育和引导者,必须得到学生的认可和尊重;另一方面,当辅导员扮演学生管理者角色时就会通过执行强制性的规章制度,使得学生的行为更加规范,这个过程往往会使学生对辅导员产生反感和抵触情绪。这种学生管理中产生的副作用经常会对思想政治教育工作的开展产生不利影响。如果不能很好地处理这些关系,就难免出现角色冲突。

2. 思想政治教育者与心理健康辅导者之间的冲突

我国目前正处于社会转型期,高校在校生的心理问题也日益增多,大学生心理健康教育在高校德育教育中的地位与重要性日益凸显。辅导员由于熟悉学生的实际状况,而且心理健康教育与思想政治教育又有一定程度的相关性,辅导员在做思想政治工作的同时兼做心理辅导,可以说是近水楼台。开展大学生心理健康教育过程中,辅导员无疑扮演着十分重要的角色。但是我们不可以忽视辅导员同时扮演着两种角色时会面临的角色冲突。因为这两种角色间在理论依据、工作中心、工作原则和工作方式方法上都有着本质的不同,所以对于缺乏心理学及其相关的专业理论知识和工作经验的高校辅导员而言,从本质上认

清两种角色的区别和联系，并很好地协调是非常困难的。

二、高校辅导员的角色定位

基于高等教育、高等学校和大学生对于高校辅导员的角色期望，结合辅导员的职能，笔者认为应当从辅导员所承担的教育、服务和管理三方面来定位高校辅导员的角色。

（一）在教育职能上辅导员应当扮演的角色

1. 学生思想政治教育的组织者

作为高校思想政治教育队伍的骨干，大学生的思想政治教育工作是他们的首要任务。思想政治教育内容体系包括思想教育、政治教育、道德教育、心理教育。思想教育是先导，政治教育是核心，道德教育是重点，心理教育是基础。在思想政治教育中，不能淡化政治，削弱思想政治教育的影响力。中共中央、国务院《关于进一步加强和改进大学生思想政治思想教育的意见》指出，加强和改进大学生思想政治教育的主要任务：一是以理想信念教育为核心，深入进行树立正确的世界观、人生观和价值观的教育；二是以基本道德规范为基础，深入进行公民道德教育；三是以爱国主义教育为重点，深入弘扬和培育民族精神的教育；四是以大学生全面发展为目标，深入进行素质教育，促进大学生思想道德素质、科学文化素质和健康素质协调发展，引导大学生勤于学习、善于创造、甘于奉献，成为有理想、有道德、有文化、有纪律的社会主义新人。

在辅导员工作中，要注意我国高校学生工作的政治诉求，坚持以理服人、有理有据，将大道理落到实处，增强思想政治教育的说服力，这是辅导员是否有信服力的关键。辅导员开展思想政治教育工作，就是要将思想政治工作融入到具体的行动中去，在点滴的行动中体现思想政治工作的高度。围绕如何认识社会主义发展的历史进程、如何认识资本主义发展的历史进程、如何认识我国社会主义改革实践过程对人们思想的影响、如何认识当今的国际环境和国际政治斗争带来的影响等重大问题进行深入探讨，适时邀请专家，结合热点问题开设讲座，举行讨论，促进大学生对社会问题的认识，进一步达成共识，将思想政治问题落到实处。

2. 大学生品行的示范者

随着时代的发展和社会的进步，人们的道德水平在不断提高。大学生作为我国未来建设的主力军，其道德素质被寄予很高的期望。但是由于社会转型期影响和大学的不断扩招导致学生素质参差不齐，整个大学生群体的道德素质也是差强人意。高校辅导员，作为高校专职的德育教师，要想做好学生工作除了要发挥教育、引导的作用外，还应起到表率与示范作用，榜样的力量是无穷的。辅导员要具有良好的作风，作风是一个人表现出来的一贯的看问题办事情的方式方法和对待事物的态度，主要表现在工作、思想和生活这三个方面：首先，辅导员在思想上要时刻保持实事求是，理论联系实际，不僵化，不呆板，勇于承担责任，坚持一分为二地看问题，与时俱进，不断发现和解决新问题。其次，工作中要始终具有高度的责任感和使命感，工作要讲究实效，切忌浮夸和形式主义，要达到理论与实践、主观与客观的统一，有方法、有针对性地开展工作。再次，在生活上要勤俭朴实，生活态度要严谨，要自觉遵守社会公德与公共秩序，要遵纪守法，不能自私自利、以权谋私。辅导员是与学生接触最多、时间最长的大学老师，对于学生而言，辅导员的一言一行，都会在学生心中留下深刻烙印。正所谓"其身正，不令而行"。因此，要做好学生工作，辅导员必须对自己高标准要求，要做好表率，起模范带头作用，要敢于对学生说"向我看齐，以我为榜样"，在实际行动中带着学生干，要以身作则，不断加强思想政治品德和形象修养，真正做到表里如一、言行一致、为人师表、以身立教。

3. 思想政治教育规律的研究者

思想政治教育有其自身规律，高校辅导员既是思想政治教育的实践者，又是思想政治理论的研究者，在工作中要时刻总结经验，把实践经验上升为理论，并以科学的理论指导学习和工作实践。作为辅导员，研究高校思想政治教育工作规律应从以下几方面着手：

适应时代发展，探索大学生思想政治教育的目标和内容。随着国内国际形势的变化，高等教育目标的转换、学校功能的转变、大学生自身特点的变化，思想政治工作的内容也要随时调整。依据变化的社会生活，对思想政治教育内容的创新是辅导员队伍需要研究的重点。既要坚持我们党思想政治教育的传统，又要与时俱进地增加新内容。例如，大学生择业观、就业观、科学精神、人文精神、创新精神的养成和教育。同时我们要注意研究目的的层次性，针对不同群体和个体提出不同层次的要求，避免教育目标的一刀切。研究思想政治教育目标与内容的针对性和层次性，真正把适应社会的教育与适应发展个性的教育有机地结合起来，形成符合大学生全面发展的教育目标体系。

研究思想政治教育的科学化、实效性。所谓科学化，就是按规律办事，把实践置于科学理论的指导之下，不断增强实效性。思想政治教育要增强实效性，就必须研究思想政治教育过程中的规律，必须确定思想政治教育的工作原则，要研究工作方法和思维的创新等。还要探寻思想政治工作中各要素之间的关系，找出其中规律，并依照规律开展工作。只有以科学的思维和方法来开展工作，才能得到更好的实效性。

研究辅导员的素质结构和培养方式。高校辅导员作为高校学生工作的一线工作者、高校思想政治工作的主力军，整个队伍的职业素质直接关系到高校学生工作的实效性。辅导员要研究自身应当有什么素质和如何培养这些素质。要以实际工作经验和相关理论为指导，探索出一条加强辅导员素质建设的有效方案以及培养和管理机制。

2. 在管理与服务职能上辅导员应当扮演的角色

（1）学生学习上的导师。我们所处的是一个不断发展变化的时代，我们只有不断地学习、不断地改造自己以取得更好的生存和发展的机会。高等院校只有培养出具有良好的职业道德、较高政治与思想素质、较强创新意识的人才，才能满足不断发展的社会需求。所以高校在学生培养过程中不单要重视智力因素的培养，也要重视培养学生独立学习和获取知识的能力以及自主创新能力。

内因是问题的关键，学生素质提高的过程中，自身努力是根本，客观条件也只有通过主观努力才能达到效果。而学生个体之间学习能力是有差异的，有些能力强的可以事半功倍，而有些学生还存在学习上的障碍。辅导员应当及时了解这些学生学习和生活中的实际情况和困难，对于学生存在疑惑的原因进行理性分析，在第一时间解决学生最为关心、最迫切、最现实的问题。并通过解决问题的过程总结出一套切实可行的合理规范的教育方法，以利于解决学生的疑难，更好地开展工作，指导学生更好地投入到学习中去。

（2）心理健康的辅导者。辅导员要通过与学生思想、情感上的交流和沟通，帮助大学生提高心理素质，抑制不良情绪，培养学生乐观向上的心态和坚韧不拔的毅力，以便使大学生正确地认识自我，在学习生活中形成良好的人际关系，拥有健康完整的人格，这是广大辅导员作为心理辅导者应当做到的。大学生正处在青春期，这一时期心理变化最为激烈，自我意识也逐渐增强，不再习惯于受保护和依赖于别人，期望个性得以张扬。在实际生活中，大学生承载着社会和家庭的高期望，面对着越发激烈的生存与发展的竞争，大学生感受到日益增加的生活压力，各种心理问题也明显递增，如焦虑、强迫、恐惧、缺乏自信等。如不及时加以调节，则会导致严重后果。"马加爵事件"和"刘海洋伤熊事件"等，都在提醒我们，学生心理辅导工作势在必行，辅导员在高校思想政治教育工作的第一线，是大学生的贴心人，要勇于承担大学生心理辅导这一重任。

3. 学生的情感挚友

教育心理学认为，在教育情景中，互动双方的情感关系是学生最终取得学业成就、教师最终实现教育成功的关键。在高校师生的教育教学活动中，学生会因为教师的鼓励、支持更加勤奋学习，而教师也会因为学生的尊重和爱戴而更加热爱教育工作。情感关系是师生关系的调节器。大学生正处于从青年中晚期迅速走向成熟的重要转折期。从总体看，这个时期的大学生情感很大程度上受到理智的制约，情感与理智之间趋于平衡，但还不够成熟和稳定，情感的易冲动性仍然存在。加之当代大学生多数是独生子女，特殊的生活方式和日益加重的校内外竞争和就业压力，使得他们渴望得到一位值得信赖的朋友、一位倾吐心声的对象。辅导员的年龄大多与他们相仿，他们往往愿意把辅导员视为朋友，希望辅导员在学习、生活、人生等方面加以指导，而不是单纯的管束。

辅导员有着成为大学生情感挚友的有利条件：他们与学生朝夕相处，每天把大量精力和时间投入到学生身上，倾听学生的心声，和学生接触最多，具有较强的亲和力，能与学生打成一片；辅导员年龄与学生相近，易于沟通，并且了解大学生的思想和心理特征，懂得大学生教育和管理的一般规律、方法和基本知识，方便他们及时准确地了解和掌握学生的思想动态，想学生之所想，深入学生内心认识学生，与学生心意相通。在工作中要做到老师般的见地与指导，朋友一样的理解，在知情、知心基础上建立起真挚的友情，这样会极大地增强辅导员在学生中的感染力，鼓舞学生自强不息，使得教育效果事半功倍。

综上所述，辅导员角色的把握与辅导员自身的工作性质和工作对象是密不可分的。有什么样的辅导员，就会带出什么样的学生。换言之，辅导员工作直接关系着学生的未来，反映了辅导员在大学生成长过程中的重要性。针对目前高校教育的培养目标和新时期大学生的特点，当学生在思想有障碍时可以给予正确的点拨，当学生在学习上有问题时可以给予正确引导，当学生在品行上有不良表现时可以给予指正，当学生在生活中遇到困难时可以伸出援助之手，在学生成长关键时期给予他们人生经验、人生智慧和精神营养，使他们及早摆正人生航向，顺利成长、成才，才算是真正意义上把握住了辅导员的角色定位。

三、新时期高校辅导员职业素质的要求

（一）政治素质

对于任何人来说，立场问题都是根本问题，它反映了自己所代表的阶级利益和要求的根本态度，在一般情况下，一个人的政治立场取决于本人所属的阶级在社会经济结构中处于的地位。辅导员作为高校思想政治工作者，必须立场鲜明，坚决以国家方针政策为指导，坚决维护党和广大人民群众的利益，在此基础上为高校、为大学生谋利益。

人的信仰是原则性和坚韧性的基础，高校辅导员只有树立了崇高的政治信仰，才能产生强大的内驱力，以锲而不舍的毅力与意志去开展工作。辅导员工作是一项艰苦而复杂的工作，在开展工作过程中难免会遇到各种困难与挫折，只有坚定社会主义信仰，才能不断地克服困难，出色地完成自己的工作。坚定的信念还可以感染大学生，使其产生共鸣，提高思想政治教育工作的效果。

作为思想政治教育工作者，辅导员必须忠于党和人民，必须热爱真理、追求真理，坚持真理，必须公正无私，必须襟怀坦荡、光明磊落、表里如一、言行一致，要有较高的政治修养。

政策和策略在党和国家的工作中起着至关重要的作用，辅导员作为思想政治工作者，必须勤于学习和理解党的政策，并认真执行。只有自己正确地掌握党的路线、方针、政策，不断提高自己的政策水平，才能通过思想政治教育引导大学生更好地学习和贯彻党的政策。在实际工作中，还要根据具体情况，做到原则性和灵活性相结合，创造性地落实党的政策，更好地开展高校思想政治教育工作。

（二）思想素质

辅导员要掌握辩证唯物主义和历史唯物主义的基本观点，树立科学的世界观和方法论。在实际工作中进行世界观的改造，端正思维方式和工作方法，切实提高自身认识问题和分析问题的能力，使自己的主观认识符合客观规律，并运用正确科学的立场、观点和方法来分析和解决大学生的思想认识问题。

作为一名思想政治教育工作者，辅导员要坚持实事求是的思想作风，尊重客观事实，如实地反映情况，一切从实际出发，按客观规律办事。坚决杜绝不顾客观实际的本本主义和主观主义作风。在日常工作中要尽量密切联系学生，多做调查和分析，要及时反省工作中的缺点和不足，以便更好开展工作。

（三）职业道德素质

辅导员的职业道德，是指辅导员在高校思想政治教育执行中应当遵循的道德规范，这些规范应当是与其日常工作密切联系的行为与道德规范的集合。其中包含了社会对于辅导员的角色期望，也包括了辅导员对于社会应当负有的责任和承担的义务。可以说，辅导员的职业道德起着调节其思想与行为的重要作用。具体包括以下几个方面：

1. 热爱学生工作，关爱学生

关爱学生是辅导员开展高校思想政治教育工作的基本要求。辅导员只有用真心来关爱学生，才能得到大学生们的理解和支持，才能够达到以心换心的结果，真正搭建起与学生之间的情感桥梁，只有爱学生并且学会爱学生才能最有效地开展教育工作。辅导员只有热爱学生和热爱学生工作，才能深入学生的学习与生活之中，与其进行心贴心的感情交流，成为学生们的情感挚友和学习生活的导师。教育家苏霍姆林斯基说，"如果你不爱学生，那么你的教育一开始就失败了"。只有爱学生才能真正地把思想政治工作做好做实。一个与学生没有融洽情感的辅导员，是不可能在学生中树立威望和产生深远影响的。

2. 平等待人，团结互助

辅导员工作中很重要的一部分就是学生的事务管理和道德行为教育，而这两项工作都有着很明显的示范性。辅导员要以一个平等的态度来对待每一个学生，要做到一视同仁、平等对待，切不可因为个人的偏好而厚此薄彼，更不可因学生的家境状况好坏而影响对学生的态度。虽然辅导员与大学生分别处于教育者和被教育者的地位，但两者在根本上还是平等的，辅导员要注重说服教育和管理的民主，要尊重学生的意见和建议，做到教学相长，要充分尊重学生的人格和尊严。辅导员之间要精诚合作、相互学习，形成良好的同事关系，以便发挥集体教育的力量。

3. 严于律己，为人师表

"为人师表"体现了辅导员作为教师的示范性，辅导员要以自身的高深思想境界、渊博的学识和得体的言行，来树立一个模范的形象，以此为示范影响学生。学生们可以参考辅导员的言行来规范自身的行为。这就要求辅导员必须对自己严格要求，时时处处成为学生的典范，真正做到严于律己、为人师表。

（四）文化素质

高校辅导员的文化素质更侧重知识层面和学识层面，强调知识结构的构建、知识面的广博。辅导员应当有合理、完善的知识结构。知识结构由三个方面构成，即理论知识、专业理论与专业知识。具体来说，要掌握思想政治教育的专业理论和专业知识，了解思想政治教育专业的历史发展，了解中外思想政治教育的成功经验；要掌握教育学、心理学的基本理论和基础知识，掌握教育规律，特别是素质教育的规律；要具有广博的人文科学知识，了解中国的历史和中华民族的文化传统，了解政治学、社会学、管理学、法学、史学等多门学科的知识，并注重在思想政治教育中运用这些知识；要具有一定的科技知识、外语知识、计算机知识和网络知识，了解科技发展和网络时代对人的素质要求。

（五）心理素质

高校思想政治教育工作的对象是大学生，必然涉及他们的心理活动，受到学生的心理过程和心理特征制约，这不仅决定了思想政治教育者要了解教育对象的心理特征，而且从事这项工作时，自身也要有健康的心理状态和较好的心理素质，遵循心理活动的科学规律，增强心理承受能力，发展积极的个性心理，养成身心愉悦、情绪热烈、气质优良、性格稳重、意志坚定、动机正确、行为端正的心理品质。具体包括以下几个方面：

1. 坚强的意志品格

意志作为人的心理品质，是指人们以既定的目的来支配、调节行为，以果敢、坚持的毅力和精神状态来克服困难。辅导员作为思想政治教育者，必须具有强烈的事业心和进取心，对学生思想政治教育要有高度的热情和主动负责的精神，保持对思想政治教育坚定的信念和自信心。同时，辅导员要有强烈的责任心和荣誉感，把改造自己的主观世界和客观世界当作自己的重要任务和使命。如此，才能在实际工作中产生克服困难的勇气，在困难面前，具有坚韧的忍耐力和坚定的毅力，面对失败与成功、顺境与逆境，都能沉着应对，善于控制自己的情绪，保持乐观。

2. 开放稳重的性格

性格是人表现在态度和行为中的相对稳定的个性特征，具体表现在对现实稳固的态度以及与之相适应的行为方式。辅导员的性格对于沟通辅导员与学生之间的感情起着至关重要的作用。所以，辅导员要在平时注重培养自己开放、稳重而富有吸引力的性格特征，在教育实践中做到一丝不苟、踏实认真，在待人处事中做到开朗热情、诚恳友善、风趣幽默、宽容大度、品行端庄、严于律己、宽以待人。

3. 良好的心境

心境是一种比较持久的、稳定的，影响人的整个精神活动的情绪状态，对人的生活和工作有很大的影响。一般地说，积极、良好的心境有助于充分发挥自己的积极性与创造性，提高工作效率，克服遇到的困难；相反，消极、不良的心境容易使人厌烦、悲观、消沉、孤僻。因此，高校辅导员应当学会做心境的主人，使自己保持乐观、开朗的良好心境，以利于有效地开展工作。

4. 广泛的兴趣爱好

思想政治教育是一门艺术，尤其在高校中开展思想政治教育工作时采取寓教于乐的方式能够显著提高思想政治教育的吸引力和感染力。因此要求我们广大辅导员具有广泛的兴趣爱好，以便在学生工作中与他们打成一片，寓教育于娱乐之中，使思想性与娱乐性融为一体，通过健康活泼的集体活动潜移默化地影响大学生的思想政治品德，达到提高思想政治教育效果的目的。

（六）能力素质

广义上说，能力也是一种素质。能力是以人的生理和心理素质素质为基础，在认识和实践过程中形成、发展的完成某种任务的能动力量，是体力和智力的有机结合、物质与精神的动态统一。辅导员应当具有以下几种能力：

1. 教育引导能力

辅导员要善于做思想政治工作，统一学生思想，能较好发挥党团组织、班委会、学生会的作用，把学生组织发动起来，开展各种有益于学生身心健康的活动。既要牢牢掌握班级管理的主动权，又要充分发挥学生的积极性和主动性。同时要善于发现典型、培养典型，总结经验，以点带面地开展工作。要善于帮助学生养成好的习惯，摒弃不良行为和习惯，通过各种卓有成效的活动，使学生的综合素质得以提高。辅导员要具有较强的政治理论水平，在思想教育过程中具备说理疏导的能力。首先，要用理论和政策说服人。其次，要用事实说服人，要用典型说服人，运用大家看得见、摸得着的典型示范引路，就能使人信服，集体正气就会不断上升。

2. 组织管理能力

辅导员应当具备较高的领导管理能力，调动学生积极性，提高凝聚力。要任人唯贤，根据大学生自身特点，充分调动其积极性、发挥其才能，还要建章立制，从实际出发，科学制订管理和工作计划，贯彻学生管理制度。

当代学生主体意识鲜明，强调个性发展，而且各自的学习、生活能力不一，思维也更活跃，价值观也各不相同。辅导员在工作中要善于把握长远和全局，统筹安排，抓住重点和关键环节，有针对性地开展工作。

辅导员由于工作场所、环境和工作对象所在场合的不断变化，因此要善于在不同的场合采用相应的表达方式。

3.服务学生的能力

首先，指导学生学习和选择专业课程的能力。其次，指导学生就业的能力。学生学习的最终目的，是为了更好地就业和服务社会。辅导员应当在学生日常管理中，帮助学生进行生涯规划和就业指导，使其提早重视和提前准备，以便更好地就业。再次，开展大学生心理健康教育的能力。新时代，大学生在学习、生活、就业等方面遇到的挫折和困难越来越多，面临的心理压力越来越大，也产生了各种心理问题和障碍。为应对此种情况，辅导员必须系统掌握心理学知识，提高解读和校正大学生心理问题的能力。

4.应对突发事件的能力

辅导员是和学生接触最多的教育者，在对学生进行日常管理过程中将会遇到许多突发事件，要准确把握形势，引导事态向好的方向发展。这需要辅导员在日常生活中处处做有心人，积累生活经验，敢于面对各种复杂局面，做到胸有成竹，不打无准备之仗。在情况发生时，又能从现实出发，对原有的决策、方案和意见进行及时修改和补充，因势利导，把工作做好、做实。

第四节　高校学生工作观念定位

长期以来，我们的高等教育本质上是"以教师为中心的教育"，学生在此过程中基本上是处于被动地接受知识的地位。"以学生为中心的教育"理念在国外一些大学已经受到关注并得以推行，但在国内显然还没有得到教育界的广泛认同，甚至还存在这样和那样的误读。

一、"以学生为中心的教育"——关乎大学办学的核心理念

目前高等教育界似乎已有共识,大学办学不能仅为一些类似论文、科研项目与成果、重点实验室之类的指标所驱动。大学的办学核心应是围绕"培养什么样的人"及"如何培养人"。一所大学,如果不解决办学核心理念的问题,即便在一些显性指标上能追求"卓越",那也只是"失去灵魂的卓越",其发展也不可能持续和长久。

"以学生为中心的教育"旨在培养能够自由全面发展的人。之所以提"以学生为中心的教育",乃是因为传统的教育模式都是以教师为中心。不仅教学的体系和课程内容是由教师制定的,教与学的活动(包括实践活动)也是在教师给定的框架中进行的。在这种情况下,学生的自主和能动意识受到很大限制,其创造意识也受到抑制。如何使学生"自由发展",如何使学生更好地实现从必然王国到自由王国的飞跃,如何使学生成为既有益于社会又最适合他"自己","以学生为中心的教育"就是答案。

"以学生为中心的教育"是一种从教育意义上的真正对人的生命意义的尊重。既然以学生为中心,就不是把学生当作被动接受知识的机器,而是把学生作为教育活动的主体。

"以学生为中心的教育"是真正地从根基上认识高等教育。是从人的存在、生命的意义之根基上认识教育。从这个基点看,是真正从学生"成人"的目的,而非仅仅从学生"成人"的手段上认识教育。

"以学生为中心的教育"是学校对学生大爱的真正体现,是真正以学生为本的体现。这样的教育要求教师站在学生的立场、从学生的角度进行教育活动,要求教师对学生有真正的爱。反之,"以教师为中心的教育"恰恰是教育者过度"有我"的表现,即使教师主观上有一份对学生的爱,如果只是以自己为中心,也是一种扭曲的爱。由此可见,"以学生为中心的教育"实则是从更深的层次上认识教育,因此它自然是教育的核心理念问题。

二、"以学生为中心的教育"——关乎大学精神与文化

人们认识到大学精神与文化的重要性，甚至认为当今中国高等教育的问题是大学精神的缺失。其实，精神缺失或"精神虚脱"恰恰是因为大学未能从根基上、从本质上认识高等教育。而"以学生为中心的教育"，正是从根基上、从本源上去认识高等教育。

对大学精神有不同的理解，或者说人们常常从不同的视角去看待大学精神。从教育的目标和对象上看是"人本"，从教育行为与活动上看是"求是"，从教育活动的特质与表象上看可能是"自由"与"独立"，等等。但无论从哪个角度看，"以学生为中心的教育"都是大学精神的良好体现，即是说它从多方面都体现了大学精神。"以学生为中心的教育"是真正的以学生为本；"以学生为中心的教育"旨在挖掘学生的潜能，驱动学生的好奇心，绝对有益于"求是"；"以学生为中心的教育"更能在学生身上体现出自由独立之精神。

文化对于一所大学而言也至关重要，它往往和学校的传统有关。学校很多人以及一些校友都谈到，以前培养的人干活不错，但创新和领导精神不够，培养出的学术领袖、政界领导、企业家都不太多。可以设想，如果今后推行"以学生为中心的教育"，我们的毕业生肯定能够更加自由全面地发展，肯定能够更有个性，更能彰显本色。我们的学校文化中肯定也多一些自由、独立、个性、活跃、引领的色彩。

三、"以学生为中心的教育"——关乎学校未来发展的战略

每一所大学都重视其发展战略。大学，尤其是研究型大学，通常都重视学科建设，重视研究平台的建立，重视重大研究方向的确立，重视人才引进，等等。但如果仅限于此，而不重视教育模式的转变，那就是战略的重大失误。

从长远看，影响一所学校声誉的最重要因素不是论文、平台、获奖等，最重要的因素是它的毕业生在社会上的总体表现，或者说是它培养的社会杰出人才的总体状况。人们之所以认为哈佛、耶鲁、北大、清华是杰出的，不是因为

它们发表了多少优秀论文、获得多少科研成果，而是因为在各个领域都活跃着它们的杰出毕业生。所以，学校的发展战略应该更加重视人的培养。

如果推行"以学生为中心的教育"，使学生在学校期间能够自由发展，能够最大限度地发挥自身的潜能，未来学生就能够对社会有更大的贡献，这才是学校办学的宗旨和目的。

四、对"以学生为中心的教育"的误读

"以学生为中心的教育"并非不以教师为本。一些人以为强调以学生为中心固然是以学生为本，却忽略了以教师为本。的确，"以人为本"主要体现在学生上，学校应该一样地关注、关心教师的方方面面，"以学生为中心的教育"丝毫不否认更不排斥对教师的人文关怀。在教育活动中强调"以学生为中心"，是从教育者的角度而言的。对于教育者而言，以学生为本恰恰就应该是"以学生为中心的教育"。

"以学生为中心的教育"并非是对学生的放任。除了传授知识外，教师的启迪和引领作用较之"以教师为中心的教育"模式更为明显，因为教师的作用对于学生而言更有针对性。正是因为有针对性，启迪和引领才能真正发挥作用，而做到对学生有针对性，只有"以学生为中心的教育"。

"以学生为中心的教育"并非只是一个教学方法问题。教学只是教育中的部分活动。不仅在课堂教学中，在学生的实践活动中、课外活动中以及学生的自我教育和自我学习中，教师都应该尽可能推行"以学生为中心的教育"。此外，这种模式要求教育者真正"以学生为中心"，要求教育者从过度"有我"向"无我"的转变。由此而导致的变化必将波及课程体系与内容、教学方法、实践环节、教育管理、教育文化等。

"以学生为中心的教育"并非忽略对学生基础和共性知识以及基本道德的培养。基本道德、共性知识等是人类的文明成果，将之传授给学生是教育者的责任。只不过在传授的过程中，教师更应该站在学生的立场，从学生的角度，更有针对性地施予学生，如此方能有更好的效果。这正是"以学生为中心"的意义。

"以学生为中心的教育"并非不要求学生适应社会的需要。这种教育模式当然有利于培养学生的个性，但并不意味着学生可以天马行空、独来独往。教育者也要引导学生适应社会的需要，真正融入社会。

　　"以学生为中心的教育"并非弱化教师的作用，并非否定教师在执行教育理念和教育活动中的主导作用。恰恰相反，这种教育模式对教师的要求更高了。不仅要求教师更具爱心，教师的教学或教育活动更具艺术性，同时教师的工作量也更大了，因为他们必须面对千差万别的个体。如果无差别地面对学生群体，自然轻松许多，但那就不是真正的"以学生为中心"了。在庆祝清华大学建校100周年的大会上，其教师代表李艳梅教授讲得非常好："对于教师而言，每名学生都是唯一，都需要你去发现、去欣赏、去雕琢。我总是微笑地面对学生，希望他们也微笑着面对人生、充满信心地迎接未来。"这句话也在一定程度上说出了"以学生为中心"的教育真谛。教师对每个学生要做到"去发现、去欣赏、去雕琢"。教师的主导作用和学生的主体作用，看起来似乎是矛盾的两方面，却完全可以统一在"以学生为中心"的教育活动之中。

第三章 高校学生德育教育

第一节 虚拟生存与大学生德育教育话语

德育教育话语作为一种实践性言语活动,是教育主体间通过言语互动对德育教育内容进行描述、传递、评价、建构的符号系统,是对大学生进行德育教育的重要载体。虚拟生存的出现和发展,为德育教育话语的实践创新提供了难得的机遇,但同时也给德育教育话语带来严重的冲击和挑战。在虚拟生存视域下,传统德育教育话语弱化、话语失效等现象严重影响了大学生德育教育的实效性,德育教育话语创新已成为时代发展的必然要求。进行德育教育话语创新,必须更新话语理念、丰富话语内容、拓展话语传播途径、转变话语方式、提升主体话语能力,不断增强德育教育话语的传播力和影响力,构建适合德育教育发展的话语模式,提升德育教育话语的整体功效,最终实现德育教育的价值旨归。

2014年5月4日,习近平总书记和北京大学师生座谈时指出:"青年学生要修德,加强道德修养,注重道德实践。道德之于个人、之于社会,都具有基础性意义,做人做事第一位的是崇德修身。"2016年12月,习近平总书记在全国高校思想政治工作会议上特别强调,要坚持把立德树人作为中心环节,把思想政治工作贯穿教育教学全过程,实现全程育人、全方位育人,努力开创我国高等教育事业发展新局面。习近平总书记的论断为大学生德育教育赋予新的时代内涵,为高校人才培养工作提出明确的目标。

新时期,随着互联网技术的迅速发展和日臻完善,"人类的生存方式正在发生重大的变革,这种变革以虚拟生存的崛起为重要标志。虚拟生存正在以空前的力度和速度改变着人们的思维方式、交往方式、认知方式和日常生活，并日益成为人们的一种新的生存形态"。这种数字化生存以其即时性、交互性、共享性和隐匿性等特点，成为大学生获取知识、实现人际交往和表达个人意愿的重要方式。

虚拟生存的出现和发展，突破了传统德育教育所受时间和空间的限制，丰富了德育教育话语内涵，拓宽了德育教育话语空间，但也使德育教育话语面临弱化、失效，甚至解构的威胁。面对虚拟生存给德育教育带来的双重境遇，大学生德育教育需要在把握多元化沟通交流需求的基础上，适时地做出转型、创新，形成推动德育教育工作改革创新的合力，适应德育教育主体间的发展进程，逐步实现德育教育话语自觉，构建适合人才培养的德育教育话语模式。

一、德育教育话语内涵阐释

要诠释德育教育话语的基本内涵，有必要厘清话语等有关概念。话语是一种极为复杂的符号系统，从词源学考察，汉语语境中的话语有"说话、讲演和论述"之意。在现代英语中，话语对应的词为discourse。据曼弗雷德·弗兰克（Manfred Frank）考证："'discourse'源自于拉丁语discursus，而discursus反过来又源自动词discurrere，意思是'夸夸其谈'。"在英语语境中，discourse（话语）"可以作名词或动词用。作名词用时，主要指交谈、辩论、正式讨论、语段、谈话等；作动词用时，主要是指讲述、著述、交谈"。从话语的最初含义可以看出，话语是语言应用功能的具体体现，它源于语言实践，是在人们的交往过程中所呈现出来的具体言语行为。诺曼·费尔克拉夫（Norman Fairclough）认为，话语是对主题或者目标的谈论方式，包括口语、文字以及其他的表述方式。而米歇尔·福柯（Michel Foucault）认为，"话语是一种更为宏大的历史进程中的语言实践"。可以看出，语言实践是话语的本质体现。作为一种具有具体指向的言语行为，话语广泛存在和运用于人类交往实践的各个领域，它对于反映与构建社会关系、确立人的主体性地位都具有重要作用。

话语作为一种普遍的实践性言语符号，在不同的领域具有不同的内涵，形成具有学科特色的话语体系。从某种意义上讲，德育教育就是德育教育话语的表达过程。所谓德育教育话语，是指在德育教育实践中，教育者与受教育者通过言语互动而进行的用以交往、宣传、灌输、说服，以及描述、解释、评价、建构教育内容和主体间思想观念、价值取向和行为表征的言语符号系统。德育教育话语的内容要通过一定的话语形式来实现，话语形式包括实践话语和文本话语。实践话语是教育主体在不同话语语境中所描述和传递的言语表达。文本话语是实践话语元素的积淀，是对实践话语的抽象描述。德育教育过程中的实践话语和文本话语这两种话语形式的有机结合，构成德育教育话语体系。

德育教育话语是一个动态的发展过程。从发生学的角度看，德育教育话语是在德育教育实践过程中形成的，经过一定的积淀之后逐渐形成德育教育话语意识。从某种意义上讲，德育教育话语意识的出现是德育教育话语真正形成的标志。德育教育内容的传播就是依赖于教育者与受教育者之间的话语沟通而实现的。因此，德育教育话语的一个重要使命就是正确地描述德育教育内容，实现教育者与受教育者之间话语的有效沟通，促进德育教育话语的良性、健康发展。

二、虚拟生存视域下大学生德育教育话语的现实境遇

（一）全球性多元话语泛化削弱传统德育教育话语的影响力

全球化作为当代国际交往的一种方式，改变了传统社会封闭、内生的文化发展空间，在多样化的文化差异中促进各种文化自我反省与更新，使各民族的文明成果在相互交往中成为人类共有财富，形成以世界整体意识为基本特征的全球性话语体系。在"文化全球化"（culture globalization）话语场域中，由于"德育教育话语与全球性话语在理论层面上具有某些相通性，德育教育话语可以广泛地汲取世界各民族文化话语资源"，不断拓展和充实自己的话语内涵，为德育教育的创新发展提供了有益的借鉴。但正如任何事物都具有两面性一样，全球性多元话语的生成和发展在为德育教育话语拓展新空间的同时，也将其置于复杂多变的多元社会话语环境中。一方面，德育教育话语作为一种区域性话语系统，相对于全球性话语而言是弱势话语，处于弱势地位，必然遭遇全球性话语的渗透、解构，造成德育教育话语边界模糊，加剧了与异质文化话语的碰撞、

对抗，使传统德育教育话语面临同化或解构的威胁。另一方面，囿于"传统德育教育话语的解释容量难以适应现代社会多样性思潮的话语表达，难以适应大学生日益加强的个性价值诉求和人的全面发展的内心需求"，传统德育教育话语陷入低效，甚至失效的境地。在宽松、开放、多元的全球性话语环境中，德育教育面临前所未有的话语困境。正如 L. 斯维德勒所说："我们可以越来越清晰地看到，当代各种文化和教育的所有层面上所面临的最大挑战是如何创造性地对付多元的世界观和视角彼此相碰撞而产生的强大的影响。"

（二）网络话语的飞速发展降低传统德育教育话语的吸引力

科技的进步和网络技术的发展使知识与信息的传播与持有发生革命性变革，由过去传统的单向性一维传播为时下立体的多维网状传播所取代。"作为一种新兴的传媒方式，网络所代表的虚拟世界，大大拓展了教育的生活领域"，拓宽了人们的交往视野并给人们带来全新的话语空间，重新定位人们在话语场域中的位置关系，促使话语双方主体间关系的形成，从而不断拓展大学生德育教育话语的广度和深度。但是，"网络平台的自由平等与双向互动，打破了传统的话语传播壁垒，互联网成为教育者和被教育者平等对话的工具，这种无屏障和去中心化的传播方式，在很大程度上解构了传统的话语交往模式"，改变了话语内容的传播路径，突破了教育者原有知识结构所限定的范围，使传统的德育教育话语解释力匮乏或不足，从而逐渐失去原有的吸引力。另外，网络话语的飞速发展部分地消解了德育教育话语主体的关系结构，教育者作为主导意识形态话语内容"把关者"身份的式微，使传统德育教育话语内容的真实性、有效性难以得到保证，客观上消解了教育者所营建的话语语境，传统德育教育话语功能弱化，甚至失效，德育教育话语发展面临的风险增加。

（三）主流意识形态淡化减弱传统德育教育话语的辐射力

德育教育话语具有非常强的意识形态性，有着明确的价值导向。中国特色社会主义建设的伟大实践形成道路、理论、制度和文化四位一体的理论基础，奠定了中国特色社会主义道路自信、理论自信、制度自信和文化自信的理论基石。以四个"自信"为核心的主流意识形态话语为大学生德育教育内容注入新的内涵。在全球化交往环境中，传统德育教育中的马克思主义意识形态性话语同西方社会所主导的"西化"话语接触、交流、渗透、碰撞，各种话语之间的角力进一步加剧了德育教育话语冲突。特别是在社会转型背景下，教育主体价值观念的多样性是导致德育教育话语面临挑战的最主要因素，教育主体间的思想观念、价值取向、生活方式等方面发生巨大变化，尤其是随着文化全球化进程的不断深入，在"自由民主""政治民主""普世价值""文化中立"等旗号下，一系列淡化主流意识形态的现象，诸如新自由主义、民主社会主义、历史虚无主义、后现代主义、非理性主义等社会思潮的话语正迅速泛滥、蔓延。在与各种社会文化思想潮流话语的碰撞、对决中，传统德育教育话语权逐渐遭到不同程度的消解或压制，加之传统德育教育话语的滞后和解释力不足，使我国德育教育的"主流话语"在抗衡西方"自由话语"的过程中陷入被动，造成德育教育的方向性变得愈加模糊，德育教育话语所承载的价值存在的合理性受到冲击，德育教育话语在大学生德育教育实践中的价值功能无法实现，从而影响了德育教育话语功能的发挥。

三、虚拟生存视域下大学生德育教育话语创新的建构路径

（一）更新话语理念，建构德育教育的新范式

理念创新是德育教育话语创新的灵魂。在教育实践中，话语理念是由话语主体关系、话语内容、话语方式等来体现和落实的。在传统德育教育中，话语主体间的关系是一种话语持有者与接受者的恒定状态；话语内容由预设性话语和权威性话语所组成。在新媒体创设的话语环境中，要实现德育教育话语的良性发展，应以发展的视角重新审视和理解话语主体和话语内容，更新话语理念。一是树立平等对话理念。要坚持以人为本，转变传统的单向灌输的话语理念，将传统高度概括的控制式话语、劝导式话语转变为贴近大学生实际的平等式话语、对话式话语，消除话语霸权，促使受教育者话语权的回归，确保教育者与受教育者都享有平等的话语权，进而创新教育者与受教育者之间的平等对话机制、相互尊重机制，以及教育者的话语引领机制等。二是树立话语和谐共生理念。和谐共生是德育教育话语发展的价值指向。德育教育话语和谐共生是德育

教育话语和谐发展与良性共生的有机结合。构建和谐发展的话语观，需要调整话语主体间的关系，丰富话语内容，转变话语方式，尽可能形成科学的话语合力；构建良性共生的话语观，就是话语间性、话语内容、话语语境、交往方式之间相互协调、相互促进，并耦合在一个话语整体中。通过话语和谐发展与良性共生的互补，最终实现和谐共生的德育教育话语新范式。

（二）丰富话语内容，重塑德育教育的新体系

内容创新是德育教育话语创新的基础。德育教育作为一项具有明确价值取向的社会实践活动，应注重话语内容与教育主题、教育环境以及教育主体认知能力的有机结合，体现德育教育话语的实际效果，强调德育教育话语内容的应用性和社会适应性，反映德育教育话语在受教育者思想引导中的实践特色。在虚拟生存视域下，实现德育教育话语内容的创新，需要在继承和扬弃传统德育教育话语内容的基础上不断优化整合，并结合当前的社会发展环境和大学生的实际需求，积极借鉴网络话语、传统文化话语等话语资源，不断丰富德育教育话语内容。具体而言，首先，要推进传统德育教育话语内容的现代性转换与革新。通过对传统德育教育话语内容重新梳理、整合和提炼，挖掘传统德育教育话语精华，不断延长传统德育教育话语的解释链条，拓展其内涵和外延，并赋予其鲜明的时代特色，推动传统德育教育话语转向，实现德育教育话语的再生产。其次，要善于从中国特色社会主义的伟大实践，以及大学生的现实世界和虚拟世界中汲取新话语资源，"要大胆借鉴网络话语中的一些健康、有益、良性的话语，借鉴一些符合大学生群体的话语内容和话语形式"，从中找到它们之间的契合点，并将这些话语资源吸收到德育教育中，从而丰富和发展德育教育话语资源库。最后，还应吸纳中国传统文化的话语精髓，以及其他人文社会学科与现代科学发展的最新话语成果，并批判性地继承，使其为我所用，提升德育教育话语的文化内涵，扩大德育教育话语的内容含量并建构新的话语体系。

（三）拓展话语传播途径，开辟德育教育的新平台

话语的传播和应用，是德育教育话语体系的一个重要组成部分。"传播信息越多，趋同程度越高，而传播越少，趋异程度越高。"通过形式多样的传播载体加强对德育内容的传播，是促进大学生对德育教育理解与认同的重要方式。

在互联网时代，德育教育内容的传播和普及，需要积极开发和利用有效的传播载体，来增强德育教育的吸引力、影响力和渗透力。

从实践经验看，推动德育教育话语传播需要做到：一是构建科学的话语传播渠道。在大众传媒时代，德育教育话语内容在主体间的传播需要借助一定的载体和平台，它既可以借助传统的言传身教、报纸杂志、广播电视等媒介，也可以借助QQ群组、博客等网络社区，以及新兴的微博、微信等新媒体平台，以此促进德育教育内容的传播与广泛接纳，拓宽大学生德育教育话语的辐射空间，建立结构有序、覆盖全面的德育教育传播网络，提高话语传播的广度和效度，走出话语传播的困境。二是建立有效的话语反馈机制。德育教育话语的反馈机制调节各个环节的发展与演进过程。话语传播者可以从受教育者的反馈中，了解到其对德育教育内容的接受程度，了解受教育者的话语兴趣点和需求点，检验创新后的德育教育话语传出的知识信息效度，为德育教育话语创新提供依据，提升德育教育话语的整体功效，切实推进德育教育话语创新和发展。

（四）转变话语方式，探索德育教育的新模式

方法创新既是促进德育教育话语创新的重要途径，也是衡量德育教育话语创新发展水平的一个重要尺度。科学合理的话语内容只有使用喜闻乐见的话语方式表达出来，才能提升话语内容的趣味性和有效性。在当前的教育环境中，德育教育话语方式的创新，可以在坚持德育教育核心话语的基础上，通过话语建构方式的优化和话语表达方式的更新来实现。具体地讲，一是优化话语的建构方式。德育教育的良性发展需要消除话语霸权，促使教育者与受教育者享有平等的话语权，实现教育主客体间的平等交流；应重视教育主体间的话语差异，不断创新话语的表达方式，实现教育者与受教育者的有效沟通；还要推进德育教育话语与其他学科话语之间，以及德育教育话语中的历时话语与即时话语的共生发展。二是更新话语的表达方式。多元的话语表达方式是提升话语吸引力的重要方法。教育者应充分重视新媒体这一信息传播的媒介，摒弃传统的从概念、定义等纯理论解读的方法，以及传统的控制式、劝导式等话语方式，采用交互式、参与体验式、辩论式、对话式等多元话语表达方式。当前，最具实效性的话语表达方式是对话式，这种话语方式"表征着教育者与受教育者之间是

一种民主交往关系，双方拥有平等的话语权，教育者与受教育者可以采取自愿、自由的方式展开对话，并且这种对话不是封闭式而是开放式的，双方都能敞开各自心扉进行真诚交流，相互之间更易达成真正的理解与共识"，最终实现教育者与受教育者"共情境"的和谐共生状态。

（五）提升主体话语能力，构建德育教育的新机制

一是培养教育主体的话语创新思维。在德育教育过程中，教育主体应善于通过思维活动不断察觉和把握话语创新的问题，发现德育教育话语体系的实有状态与应有状态之间的差距，实现有效的创新，并最终达到德育教育话语的目标状态。教育主体还应拓展自己的思维模式，推动创新和参与、接受创新的客体相互配合，打破教育者与受教育者之间信息不对称的状态，完成教育主体创新思维由单向思维向双向思维、一维思维向多维思维的转变，更好地实现全面的创新。

二是培育教育主体的话语能力。当前，德育教育发展的阶段性特征和"立德树人"的现实需要，亟待提升教育主体的话语能力和话语实效。教育主体要进一步落实"育人为本，德育为先"的理念，不断学习与德育教育相关的理论知识，遵循德育教育工作规律、教书育人规律，以及学生的成长规律，不断提升德育教育教学的科学化水平；还要适应全新的网络教育环境，掌握基本的网络知识和操作技能，熟练地运用网络话语这一新的传播媒介，提升德育教育话语的感染力，实现师生间的有效沟通，消除话语鸿沟，切实提升现代德育教育话语的实效。

第二节　体育精神与大学生德育教育

体育精神是所有运动健儿的信仰，它不仅代表着当今时代体育发展的整体风貌，还代表着公正公开的竞争规则，顽强拼搏、永不放弃的竞争态度，是所有体育事业人员共同的努力方向。对于大学生来说，体育精神也是德育教育中重要的组成部分，它能够树立规则意识，培养大学生不轻言放弃、勇往直前的

意志品质。为此，本节采用文献资料法等研究方法，以体育精神的内涵为切入点，就体育精神对大学生德育教育的培养展开研究，以期通过体育精神来提高当前大学生的思想道德水平。

高效率的高校体育教学会给大学生未来的发展带来很多好处，大学生进行适当的体育锻炼不仅能提高自己的身体素质，还能缓解紧张的学习压力，所以越来越多的高校开始重视高校体育的授课效果。体育精神是体育活动的体现，同时也是大学生德育教育过程中的重要组成部分。因此，在高校体育教学中，教师应把体育精神教育与德育教育联系起来，这样才能在提高大学生身体素质的同时培养他们的道德素质。

一、体育精神内涵的概述

体育精神是人们在体育运动逐渐发展过程中形成的一种文化意识，它能够体现体育运动中蕴含的精神和文化，表现运动员的精神风貌，展现着体育人的无穷智慧和努力，从某种程度上来说，体育精神可以激发运动健儿的竞技状态和竞技水平，有了体育精神的出现，体育运动被提升到一定的境界。

体育精神有利于增进世界各国人民的团结，是运动员的最高信仰，正是因为体育精神的存在，各国运动员才能够公平公正地进行各种体育竞技比赛和体育运动，即使赢得了比赛也不骄傲，没有赢得比赛也不气馁，而勇于拼搏，不轻言放弃，这正是体育精神的体现。

体育精神并不单单是作为一种理论供大学生学习，它要通过不同的体育运动展示出来，让运动员和观众都能体会到体育精神的存在，通过比赛来展现公平公正、勇于拼搏的体育精神，不仅激励着运动健儿为国争光，还能够鼓励所有中国人民为中国梦和自己的梦想而努力奋斗。

二、体育精神对道德层面的体现

（一）体育健儿为国争光体现爱国主义

在体育运动的发展过程中，涌现了无数为国争光的体育健儿，他们为国家带来了无数的荣誉，使中国逐渐成为一个被世人所认识的体育强国。他们每天重复着枯燥的训练，过着宿舍和训练馆两点一线的生活，很少有休息和陪伴家人的时间，为的只是不断提升自己的专业技能和竞技水平，使自己保持最适合参加比赛的竞技状态，即使身体满是伤病也依然坚持，在世界级的各大比赛中取得不俗的成绩，为国家争光，这种体育精神的展现正是受到了爱国主义的鼓舞。

（二）勇于拼搏体现了不懈奋斗

体育运动能够磨炼人的意志品质，体现出人们为了胜利勇于拼搏的精神，在体育竞技比赛中，运动员为了自己所属的团队努力拼搏，争取取得更好的成绩，这样的体育竞技比赛能够培养大学生的拼搏精神和对胜利的渴望，这种可贵的精神正是大学生在追求梦想的道路上所必须具备的，能够不断激励他们为梦想不断前进、努力学习，所以体育精神中包括的勇于拼搏精神激励着大学生为追求自己的梦想而奋斗。

（三）尊重规则体现了公平意识

为了使体育竞技活动更加公平，国际运动委员会为各项体育运动制定了相应的规则，规则的存在能够使体育运动更加有秩序，为最后的胜负提供了一定的依据。当然规则的存在不单单是为了分出胜负，它能够使整个体育运动的过程更加平等，运动员们能够站在同一平台比赛。对于大学生来说，学习尊重体育运动的规则能够培养他们的公平意识，加深对公平状态的理解，意识到规则的作用，以便更加顺利地对大学生建立公平意识。

（四）团队协作是集体主义的重要体现

体育运动中包含许多团体运动，如篮球、排球等球类运动。这些运动都属于团队运动，需要各个队员之间相互配合，每名队员都需要发挥各自的长处，与队友互相沟通，不能在运动中只想着展示自己，要懂得与队友配合，一个人的成功并不是成功，只有队员之间相互合作，最后队伍取得成功才算真正的成功。这样的体育运动能够锻炼学生的团队合作能力，让学生们明白配合的重要性，有利于学生集体主义精神的培养。

（五）永不放弃体现了坚忍的意志品质

坚持体育运动能够不断提升自己的身体素质，同样有些体育运动对身体素质的要求比较高，如游泳、长跑等是对体力和心肺功能都有一定要求的有氧运动，这些对体力要求较高的运动需要我们学会坚持。一般来说，长跑的最后几百米都是靠意志力拼下来的，当体力被耗尽之后，意志力能够支撑我们完成剩下的运动量，意志坚定的人往往可以坚持直至整个运动结束，而意志力薄弱的人可能会选择半途放弃。体育精神提倡永不放弃，这种精神是坚持不懈的体现，能够培养人的意志品质。

三、以体育精神对大学生进行德育教育的途径

（一）集体观看较为重大的体育赛事

对当代大学生来说，进行德育教育是非常重要的，德育教育主要包括爱国主义情感、集体主义和意志品质的磨炼，教师不仅应注重体育活动的实践，还应通过其他方式进行体育精神的传递，进而做好德育教育。教师应组织大学生观看奥运会等重大赛事，通过观看运动健儿在赛场上的飒爽英姿，来体会体育运动的魅力，并从比赛中感受运动健儿的爱国主义情感，从而激发其对国家的热爱，通过观看运动健儿为国家拼搏的过程，激励自己不断拼搏努力，为梦想不断奋斗。

（二）适当开展多人参与的体育活动

为了进一步发扬和传递体育精神，教师应针对学生的课堂状态创新教学内容和教学方式，可以适当开展多人体育活动，如组织班级排球友谊赛、拔河比赛，2人3足跑等需要多人配合的体育活动，不仅能够让中学生充分享受体育课堂的时间，还能够让学生意识到队友之间互相配合的重要性，让学生在体育活动中培养自己的集体意识，在今后的学习和生活中学会以大局为重，增强大学生的集体荣誉感，让学生学会为班级荣誉着想。

（三）借助体育活动培养规则意识

随着教育改革的不断推进，在体育教育的过程中对大学生进行德育教育的做法被越来越多的教育者提倡，体育活动不仅能够放松学生紧张的学习情绪，还能让学生学习体育精神，在体育精神中悟出做人的道理。任何一项体育运动都是讲究规则的，没有规矩不成方圆，在平时的学习和生活中，大学生要时刻树立规则意识，尊重规则，而进行体育活动恰好能培养大学生的规则意识，减少早退、迟到及无视课堂纪律等不尊重规则的情况出现。

（四）适当开展与体育运动有关的竞赛

体育分为两种，分别是竞技体育和全民体育。一般来说，竞技体育属于为国争光的运动健儿的专有名词，通过紧张刺激的比赛形式决定排名；而高校体育课大多普及全民体育的运动形式，倡导学生在体育课堂上锻炼身体，虽然这种教学方式对学生的身体素质提升是十分有利的，但不适合融入德育教育，教师应适当改变教学方式，在一定程度上加入竞技体育的运动方式，适时开展体育竞赛，培养学生之间良性的竞争关系，以便大学生能够更好地朝着目标努力。

（五）面向高校学生推广体育文化

现阶段，各大高校对体育文化的推广强度还不够，许多学生无法切身体会体育精神的内涵。在德育教育过程中，光凭理论知识的讲解是远远不够的，还需要在实践活动中让学生真正体会到提高自己思想素质的重要性，体育活动作为德育教育的载体，能够让学生切身体会品质培养的过程，意识到德育教育的重要性，所以，各高校应大力宣传推广体育文化，让体育文化影响每一名大学生，以此促进德育教育的发展。

体育精神是引导大学生参与体育运动的主要动力，在高校体育教学中通过体育精神的培养，将更有利于培养大学生良好的思政品质及更加全面地发展自己。因此，在高校体育教学中，教师在授课过程中要让学生认识到，体育精神是德育教育中不可缺少的部分，并借助各种体育活动来向学生传授体育精神，让学生们认识到体育精神教育的重要性，深刻理解并努力发扬体育精神，在大学里树立规则意识，遇到困难不轻言放弃，让学生在体育精神中不断体会人生的道理，将体育精神融入德育教育。

第三节　微信公众平台与大学生德育教育

在信息大爆炸时代，微信成为当代大学生最为重要的网络学习和社交工具。截至 2016 年 3 月，微信用户人数达到 6.97 亿，其中 18~25 岁年龄阶段的用户比例达到 45.4%。而正处于 18~22 岁这一黄金时期的大学生，接受新兴事物能力强，且有着强烈的交友需求，无疑成为微信的主要用户群体之一。微信不仅扩大了大学生的社交范围，而且拓展了他们获取知识的渠道。微信公众平台是开发者或商家在微信公众平台上申请的应用账号，该账号与 QQ 账号互通，通过公众号，商家可在微信平台上实现和特定群体的文字、图片、语音、视频的全方位沟通、互动，形成一种主流的线上线下微信互动营销方式。自 2012 年推出以来，凭借其交流的及时性、推送内容的真实性、绑定服务的实用性、受众范围的广泛性等特点，受到大学生的青睐，同时也为大学生德育教育提供了拓展教育方式、传播道德价值的新载体，为高校思想政治教育搭建了与时俱进的平台。

一、微信公众平台在大学生德育教育中的作用

（一）群众基础为大学生德育教育开创新的教育平台

90 后大学生是大学校园的主体，他们敢于颠覆主流和传统，更加注重个性化，是新型技术的主要传播力量和应用者。微信公众平台因其操作的简便性、人际交流的高效性、内容推送的丰富性、消息推送的针对性等特点，符合青年学生的消费观念、生活方式和交流习惯，深受青年学生的追捧和热爱。大学生德育教育工作者普遍接受过高等教育，善于接受新兴事物，这为微信公众平台在大学生德育教育中应用提供了良好的群众基础。

高校微信公众平台是结合学校实际情况建立的，其发布的内容、信息与学生日常生活、学习、工作息息相关。目前，各高校微信公众平台发布的内容涉

及校园新闻、场馆服务、学生活动、通知公告、心理健康、求职就业等内容，这些内容都是学生密切关注的，学生对这些内容具有强烈的需求性与依赖性。因此，微信公众平台成为学校与学生沟通强有力的桥梁与纽带，使之前学生对思想政治教育形式内容的抵触心理得到最大限度的减少。

（二）双向传播模式有效提升大学生德育教育的针对性与效率性

在传统的大学生德育教育模式下，往往是凭借一张嘴、一本书、一块黑板、一支粉笔来进行。对大学生来说，这样的教育模式只是单向的上对下的填鸭式教育，没有足够的吸引力和感染力。而具有图文并茂、内容活泼、寓教于乐的微信公众平台，为大学生德育教育提供了新型的教育方式与手段。

微信公众平台在大学生德育教育中突破了传统"学校—学院—辅导员—班干部—学生"的教育模式，高效地完成了学校至学生教育的直接传达。这种教育模式并非单一的上对下的关系，而是一种双向互动的传播教育模式。在推送内容的同时，学校可以在平台中对所接受的内容进行意见的表达，收到信息反馈之后，亦可以根据实际内容有目的性地发送相应信息作为补充，以达到更好的德育教育效果。教育传达时间的大幅度缩短，使得德育教育的目的性、准确性提升，有效避免了中间环节带来的迟滞性并减少传递误差。

（三）为传统德育教育增添了新的教育内容、方法和手段

以微信为主的自媒体平台冲破了传统的德育教育在空间、时间上的限制，通过文字、图片、视频等技术手段，为德育教育提供了一个更加开放、自由和参与程度更高的互动平台，丰富了德育的载体，拓展了大学生获取信息的渠道，易引起大学生内心层面的认同。高校创建的官方微信公众平台，打造了一个虚拟的网络环境，使得教育者在隐匿其身份的情况下，摆脱了与学生面对面的沟通紧张之感，拉近了教育者和被教育者之间的距离。

在高校微信公众平台的教育下，学生可以轻易地表达自己的看法，容易引起学生心理层面和态度层面的积极转变，教育者也可以随时随地地开展德育工作。但值得注意的是，虚拟的微信公众平台教育方法，并不能代替传统的实际的德育教育方式。因为虚拟的网络世界并不能完全表达感情，会让人感受到一丝冷漠。这就需要辩证地看待现实中的德育方式同虚拟的德育方式，应将二者

有机结合，重视微信公众平台在大学生德育教育中的应用，但传统的教育方式也不能摒弃。

二、微信公众平台在大学生德育教育中应用的原则

微信公众平台为大学生德育教育提供了良好的平台，其完善的功能、鲜明的特点为德育教育奠定了良好的基础，但微信公众平台在大学生德育教育中应用时应注重以下几个原则：

（一）注重双向性原则

微信公众平台最大的特点就是双向性，即学生—学校之间的双向性。高校建立微信公众平台之后，其推送的内容不能放任不管，而应当注重学生的主动关注及其反馈。同时学生可以自由选择所关注的内容，只有被学生接受并认同的内容，才是高校微信平台存在的基础。因此，学生关注与希望学生关注如何达到统一，认同与被认同才是根本。

（二）注重服务性原则

高校微信公众平台是大学生德育教育的重要载体之一，其另一个重要功能就是服务作用。学生工作是管理育人工作，更是一种服务育人工作。微信公众平台作为德育教育的载体、方式和手段，其本质是为学生服务，在运用微信公众平台进行德育教育的同时，应始终坚持以学生为主，以学生的需求、困惑和心理状态等为主要关注内容，及时进行答疑解惑，坚持以学生为本的服务理念。

（三）注重内容丰富性

创新教育方法是实现大学生德育教育目的的必然要求，在新时期，利用微信公众平台进行大学生德育教育，必须有的放矢，针对不同的问题采取不同的方法。如果仅是将传统的教育方式采用拿来主义照搬到高校微信公众平台，这不仅不能引起大学生的普遍认可，教育效果不明显，甚至还会引起反作用。

在实践中应将德育教育的内容普遍融入日常的微信互动环节，不断淡化教育者的角色，充分考虑受教育者的内心需求，这样才能摆脱传统的填鸭式教育模式，更好地实现德育目的。在微信公众平台德育教育中，要根据学生的性格

特点，根据不同的事件特点对应处理，使学生个体得到尊重，有利于受教育者发挥主动性和自我教育性，也有利于个性的塑造和发展。

三、微信公众平台在大学生德育教育中应用的认识和思考

（一）注重互动性，促进师生之间情感交流

微信公众平台作为当今主流的互动交流媒介，在大学生德育教育中能够突破传统的以教师为教育主体、学生为被教育者的被动式教育方式，使教育者和被教育者真正在互动、平等的情况下进行沟通、交流。

微信公众平台提供的交往方式相对于课堂教学、班级例会、个别谈话等方式，显得更为轻松、和谐、愉快，教育者可以随时随地关注到学生的心理活动状态，学生也可以根据平台所发布的内容，了解老师们的最近动态，二者之间不再是对立的关系。在平台的互动留言中，教育者和被教育者在互动中了解彼此的观念、意见和感兴趣的话题。教育者可以根据留言内容及时给予一定的评论、肯定，使二者在交流和沟通的过程中建立起信任和合作，进而拉近距离，提升师生的情感互动。

（二）注重心理辅导，提升德育教育方式

当前，微信已成为学生表达情感的重要平台，学生往往通过微信朋友圈将自己的思想以文字、视频、图片的形式进行表达。微信公众平台具有一定的虚拟性，教育者可以通过与学生互加关注，及时了解学生最新状态，并将相关内容在微信公众平台上进行疏导。这样，有利于打开学生心扉，进而缩小心理差距，将不能说的秘密、故事公开，去除学生心中的"疙瘩"，降低心理风险。

（三）注重学生参与，广泛提升微信公众平台关注度

在高校微信公众平台运行过程中，学生运营参与必不可少。在此期间，可以将学生作为平台信息的采集者、编辑者、发布者，同时又可以将其作为信息的接受者。

学生运营者对学生群体近期关注的热点问题更为了解，在信息收集、整理过程中更接地气，能普遍提升阅读量。同时，通过"学生运营，服务学生"的原则，实现静默认同及身边感染，让学生成为教育者的一部分。通过微信公众平台开展大学生德育教育，就要充分发挥学生群体本身的力量，通过对少部分学生的教育实现引导大多数学生群体教育的目的，更好地实现学生自我教育、自我管理和自我服务的"三自教育"理念。

（四）注重学习借鉴，充分吸取他人所长

对大学生德育教育工作者而言，在繁忙的工作中抽出时间学习和考察校外德育教育经验的机会较少，因此在学习时间和提升方面存在一定的局限性。微信公众平台作为一种开放的教育模式，为大学生德育教育者提供了学习的舞台。

大学生德育教育者应根据自身微信公众平台德育教育的特点，添加其他兄弟单位甚至是社会上德育教育做得好的公众号，随时随地了解他人所长及其先进的工作方式与方法，得到一定的提示与启发，以便进一步发挥高校微信公众平台德育教育的优势。

第四节 社会情绪与大学生德育教育

随着心理学和认知神经科学的发展，我们对影响社会生活和人们行为的社会情绪的认识也不断深入。通过分析几种主要的社会情绪，我们总结出学校在对大学生进行德育教育时，重点需放在培养亲和性情绪、消除攻击性情绪两个方面。遵循社会情绪规律进行引导时应做到五点：激发自豪情感，避免盲目自大；培养感戴意识，积极回馈社会；区分羞耻内疚，鼓励知错能改；合理疏导愤怒，提高自身修养；克服嫉妒情绪，杜绝幸灾乐祸。以上启示在操作性层面对培养学生健康正确的、与社会主流价值相适应的道德素养提供了建议。

党的十八大提出社会主义核心价值观，并从个人行为层面凝练了"爱国、敬业、诚信、友善"的价值准则，这既是公民基本道德规范，同时也为当代大学生道德品质教育提供了指导思想。如何在操作层面上落实这一指导思想，切

实提高大学生的道德素养，可以从社会学、心理学、教育学等多角度进行实践总结和经验探讨。

"爱""敬""诚""善"传承于中华文化精髓，早在春秋时期，孟子便提出"四端"说，认为"恻隐之心""羞恶之心""恭敬之心""是非之心"是社会政治生活的基础。而在当代心理学研究中，"爱""敬""诚""善"包含于社会情绪这一概念之中，并在道德生活和社会生活中发挥着重要作用。社会情绪（social emotion）指在社会交互中产生，并对人的社会行为或倾向产生影响的情绪反应。人的行为很多时候是非理性的，受到需求、冲动、好恶等情绪因素的驱动。早在20世纪末，美国就开始开发专门的社会情绪学习（Social and Emotional Learning，SEL）课程并在全球推广，旨在发展技能、态度、价值观以获得社会情绪能力。随着心理学和认知神经科学的发展，我们对影响社会生活和人们行为的社会情绪的认识不断深入，已经积累了不少的研究，对已有结论进行梳理和总结，将有助于为大学生的德育教育工作提供崭新的视角和有效的建议。

Rudolph等人在总结前人的基础上，归纳出在社会生活层面有重要意义的情绪大约有23种：敬畏（awe）、蔑视（contempt）、感戴（gratitude）、厌恶（disgust）、同情（sympathy / compassion）、尴尬（embarrassment）、内疚（guilt）、自豪（pride）、羞耻（shame）等。研究者们根据引起社会行动的性质不同进一步将社会情绪分为亲和性情绪和攻击性情绪。亲和性情绪，如内疚、感戴，能够有效促进个体的亲社会行为，有利于人际和谐和社会稳定；而攻击性情绪，如愤慨、嫉妒，则增加个体的攻击性行为，对个体心理健康和社会长远发展有不利的影响。在对大学生进行德育教育时，从培养亲和性情绪、消除攻击性情绪两个方面同时着手，才能取得最好的效果。

一、社会情绪研究在培养亲和性情绪方面的启示

Rudolph和Tscharaktschiew从功能的角度，进一步将社会情绪分为正性情绪和负性情绪。具体而言，正性情绪可以鼓励亲社会行为不断持续，如自豪、同情、感戴等；而负性情绪，如内疚、羞愧、厌恶等，则会抑制不恰当行为的

产生，并改变或调整个体当前的不当行为。从某种角度上讲，无论正性情绪还是负性情绪，对于个体和社会都存在一定的积极意义，对促进社会文明和发展起着重要作用。由于产生机制和作用不同，我们进一步对主要的几种情绪进行分析，总结出在进行德育教育时应注意的事项。

（一）激发自豪情感，避免盲目自大

自豪情绪通常被认为是正向积极的情绪，能激发对自身和社会群体的积极认知，并促使个体产生更多的有社会价值的亲社会的行为表现。然而，当前研究者普遍认同自豪具有两个维度，真正自豪特质的个体通常表现出合作性、宜人性、情绪稳定以及责任心等人格特征，极容易做出合作、助人等社会行为，更少做出负性道德行为。而自大自豪特质的个体更容易出现慢性焦虑、侵略、敌意和其他一系列反社会行为，如吸毒和轻微的犯罪行为等。

当个体将取得的成就归因于自身努力或能力时，会体验到自豪情绪，但也很容易走向自大的误区。在对大学生进行德育教育的过程中，要充分引导学生体验个体成就，形成积极自我评价，同时要兢兢业业、脚踏实地，避免盲目自大。

（二）培养感戴意识，积极回馈社会

感戴是指个体能够识别他人在其积极体验过程中所给予的恩惠或提供的帮助，并且能够带着感激之情对此做出反应的一种普遍化倾向。研究者提出三个决定感戴程度的因素：助人者的意图、助人者帮助他人需要承受的代价和受助者对帮助的需求程度。一个人如果以自我为中心，低估他人的好意和付出，视他人的恩惠为理所当然，感戴就无从谈起，甚至当他人没有及时提供帮助或提供的帮助达不到预期水平时，不但没有感激反而心生怨恨。因此，德育教育要善于引导学生捕捉生活中的点滴、感受生活中渗透的关爱与恩惠。

不仅如此，还要积极引导青少年知恩于心，体恩于情，践恩于行，知恩图报，把感戴认知和感戴情感转化为感戴行动。例如，受到帮助要对别人的帮助真诚道谢，通过感谢信等文字表达谢意。同时，不仅对给予自己恩惠的个体以回报，还应培养社会情怀，鼓励大学生参加义务献血、志愿者活动和环保卫士等公益活动以回馈社会、服务大众。

（三）区分羞耻内疚，鼓励知错能改

羞耻和内疚是相似的两种负性社会情绪，涉及一定的负性自我评价并伴随着回避表现，但两者存在一定的区别。首先，从自律意义上讲，内疚比羞耻对人的行为将产生更持久而深远的影响。羞耻是比内疚更公开化的情感，是个体在公开的暴露和反对中产生的，而内疚代表着良心受到冲击后产生的更私人化的体验。其次，从心理健康的角度，内疚的个体主要针对某种特定行为，后悔事情本身，而羞耻常伴随有个人无能、缺陷和失败感，后者对个体心理健康发展极其不利。最后，从归因的角度来看，羞耻之人通常认为自己受到了伤害，可能并不认为自己对事件负有责任；而内疚之人更多的是意识到自己伤害了他人，并应该对某件事情负有责任。

神经科学研究者考察了内疚相关的神经活动与补偿行为之间的关系，发现补偿行为可能由内疚引发。由此，我们在对大学生进行德育教育时，当学生做出诸如作弊、撒谎等不道德行为时应注意教育方法，避免公开羞辱学生，伤害学生自尊心，而应更多激发学生的内疚情绪，鼓励学生以实际行动弥补错误。

二、社会情绪研究在消除攻击性情绪方面的启示

（一）合理疏导愤怒，提高自身修养

从心理学上讲，愤怒是个体的目的不能达成或者一再受阻，从而逐渐积累紧张而产生的情绪。愤怒情绪对于还处在青春期的大学生来说比较常见，通常会对学生的身体健康以及人际关系产生破坏性影响。高攻击行为者尤其是高冲动攻击行为者，大多存在情绪调节方面的缺陷，不能很好地疏导愤怒情绪，最终导致做出违反国家法律或道德规范的事情。

长远看来，愤怒情绪的调控依赖自身修养的加强和容忍程度的提高；短期而言，愤怒情绪的调控需要培养和掌握一定的认知行为技巧。因此，可以通过心理健康教育课程和团体辅导等方式，在大学生群体中普及认知重构、积极暂停、放松训练等技术，让学生通过不断地训练和实践来提高情绪自控能力。

（二）克服嫉妒情绪，杜绝幸灾乐祸

嫉妒是因他人优于自己而产生的一种愤怒、焦虑、背叛和痛苦综合的情绪体验。在嫉妒之下，还有一种更为内隐性的情绪，即当他人，尤其是嫉妒对象遭受不幸时体验到的一种快感，即幸灾乐祸。嫉妒和幸灾乐祸常常产生于个体将自己与他人进行社会比较的过程中，这可能使人丧失正确的判断能力，导致不当的伤人或伤己行为。

随着对此类社会情绪研究的深入，德育教育工作者逐渐开始重视对此类内隐性攻击情绪的引导。对嫉妒类情绪进行疏导时，首要任务在于培养正确的自我意识。通过心理健康等课程以及课堂外学生活动让学生对自己的长处短板都充分了解，充分发挥自我优势，并不断提升自己的其他能力。另外，培养学生的长远眼光，开阔眼界，豁达心胸，悦纳自己，同时不要急功近利，计较一时一刻的得失。

当前我国民众的社会情绪总体上是积极健康的，但随着改革的深化和经济的发展，价值观模糊、社会信仰缺失和社会压力等社会问题助长了大学生攻击性的社会情绪。如何践行"爱国、敬业、诚信、友善"的社会主义核心价值观，培养亲和性情绪并消除攻击性情绪，需要社会、家庭和学校三位一体形成合力。对于担负着引导学生形成正确社会情感、树立正确社会价值观导向重要职责的大学教育而言，学校和教师应通过理论学习提升自身引导水准，遵循社会情感发生发展规律，积极把握学生各种不同的社会情感的特征，进行有意识、有针对性地引导，最终让学生形成健康正确的、与社会主流价值相适应的社会情感价值，成为真正德才兼备的有利于社会进步的储备人才。

第五节　红色文化与大学生德育教育

红色文化是中国共产党领导中国各族人民在革命斗争和建设实践中所形成的伟大革命精神及其载体，是加强高校思想政治理论教育的优质文化资源。发扬红色文化的德育功能有利于探寻红色文化在大学生德育教育中的时代价值，

探索新时期高校思想政治教育的新途径、新方法。

红色文化是我国革命时期产生的特有的文化形态，近年来随着社会主义现代化建设事业的深入发展，特别是社会主义精神文明建设的迅速发展，红色文化的作用更加凸显，红色文化是高校开展思想政治工作的重要载体和有效途径。

一、红色文化的内涵及特点

红色文化是中国共产党领导人民在革命建设、改革阶段形成的历史遗存、革命精神和优良传统，是中国共产党和中国人民宝贵的精神财富和独特的政治资源，是以爱国主义为核心的民族精神的凝聚，是中国先进文化的载体，是马克思主义中国化的历史见证，是社会主义核心价值体系的重要精神源泉，是开展红色旅游的重要载体，也是高校辅导员进行思想政治教育的鲜活内容。红色文化具有鲜明的特点：

（一）红色文化具有独特性

红色文化是在中国革命、建设、改革年代特定的历史环境下形成的，是中华民族宝贵的精神财富和物质财富，是中华民族传统文化精神与时代精神的有机结合，具有时代的记忆和烙印，是独特的文化资源，是中国历史文化遗产的有机组成部分，是具有独创性和特殊性的一种资源。

（二）红色文化具有文化性

它具有文化遗产价值，既是物质遗产，也是非物质遗产。它既有红色文化的精神层面的内容，如韶山精神、井冈山精神、长征精神、延安精神、西柏坡精神、雷锋精神、载人航天精神等，又有非物质文化的内容，如歌曲、歌谣、曲艺、诗歌、绘画、故事、传说等。还有体现其物质文化层面的内容，如纪念遗迹、事件遗存、建筑遗存、革命文物等。

二、红色文化在大学生德育教育中的重要作用

红色文化是民族文化的天然构成，蕴含着丰富的革命精神和厚重的历史内涵，是大学生进行思想政治教育的优质资源，具有重大的思想政治教育价值和

德育功能。因此要积极利用红色文化资源开展大学生德育教育,培养大学生的爱国主义精神,提升大学生的思想政治素质和道德素质,传承红色理想信念。

(一)红色文化是大学生社会主义核心价值观教育的重要载体

社会主义核心价值观教育是高校辅导员思想政治教育的重要内容之一,通过红色文化把社会主义核心价值观融入大学生的思想政治教育的全过程,使社会主义核心价值观成为大学生普遍理解接受、自觉奉行的价值理念。

红色文化是中国共产党领导人民在新民主主义革命、社会主义革命和现代化建设阶段形成的历史遗存,是一部展现中国共产党领导中国人民争取民族独立、实现国家富强的奋斗史。习近平同志讲过,"忘记历史就是背叛",然而我们的很多大学生对我们国家和民族的历史不了解、不熟悉,我们要通过弘扬红色文化促进大学生的近现代史教育。

(二)红色文化是大学生理想信念教育的重要载体

理想信念是一个国家和民族奋勇前进的精神动力,习近平总书记也强调:"理想信念是共产党人的精神之'钙',没有理想信念,理想信念不坚定,精神上就会'缺钙',就会得'软骨病'。"理想信念是红色文化的核心内容之一,遥想1927年的"四一二"反革命政变,面对"白色恐怖",我们的革命先烈强忍泪水掩埋烈士遗体继续战斗。是什么支撑他们继续战斗——共产主义理想信念。改革开放以来,各种思潮涌入中国,社会价值观日趋多元化,大学生的思想易受影响和波动,我们要通过红色文化坚定大学生的社会主义价值观和理想信念。

(三)红色文化是提升大学生近现代史观的重要载体

高校学生党建工作是高校党建的重要组成部分,是大学生思想政治教育工作的重要抓手,对党员的培养和管理起着重要的作用。大学生党员是我党新生骨干的重要来源,也是党员干部的后备力量。大学生党员素质的高低不仅关系到大学生的整体面貌,也影响大学生党员的整体形象,还关系到我们国家"两个百年目标"的顺利实现,关系到整个中华民族的伟大复兴,关系到党和国家的前途和命运。红色文化涵盖了中华民族的革命史、建设史,凝聚了中华民族的民族感情、革命精神、坚定信念和崇高理想，红色文化丰富的历史遗存为学生党建工作提供优质的教学资源，增强了思想政治教育的吸引力，利于学生党员主动接受。

三、红色文化在大学生德育教育中的实现路径

（一）加强高校校园红色文化建设

高校在德育教育中要有针对性地引导大学生对红色文化的认同，将红色文化教育落实到日常的德育教育中。高校要通过设立专门的管理部门，将红色文化融入校园的文化进程，同时可设立相关的教育目标和实施细则，为红色文化的校园文化建设提供指导。在高校的校园环境中，校风建设和校园环境都会对大学生产生某些潜移默化的影响。因此在校园建设中加入红色文化理念的建筑物、塑像，定期开展"红色文化主题班会"和以红色文化为主题的实践活动，在校园文化建设的方方面面展现红色教育理念，让大学生在校园日常生活中逐渐内化红色精神。

（二）贯彻落实红色文化进课堂

高校思想政治理论课是大学生思想政治教育的主阵地，而红色文化涵盖了思想政治教育的主要内容：道德规范教育、爱国主义教育和理想信念教育。因此，思想政治理论课程的教育内容要与红色文化进行有机结合。在具体教育教学实施过程中，结合各门课程的教学特点和时代要求，开展红色文化专题教育，尤其在新生中重点安排红色文化专题教育，在思想政治教育的实践课中更要注重与红色文化的融合，将红色文化教育渗透到思想政治理论教育的全过程。

（三）通过暑期学生"三下乡"活动增强红色文化教育的实践性和实效性

各高校每年都会组织学生进行暑期"三下乡"社会实践活动，组织学生到革命老区学习革命传统、服务老区人民。大学生通过到革命老区进行暑期"三下乡"社会实践活动可以把自身所学专业知识与扶贫帮困和感受升华对红色文化的认知进行有机的结合，如某医学院校的学生通过"为革命老区送医送药"

活动，使学生既服务革命老区群众又在实践中得到锻炼和提高。这些活动的开展，有力地促进了红色文化教育由感知上升到认知，由感性上升到理性，真正地入心；有利于达到教育目的，实现教育目标，增强教育针对性和实效性。

（四）积极利用网络弘扬红色文化

在互联网时代，网络已成为高校辅导员进行思想政治教育的重要阵地。在弘扬红色文化中，我们可以借助网络资源，特别是校园网络平台，如开发移动 App 平台，建立具有思想性、知识性、时代性、服务性的红色文化传播媒介，让红色文化真正融入大学生的思想政治教育中去。

（五）在学生活动中弘扬红色文化

在学生活动中通过寓教于乐等形式让学生在潜移默化中接受教育，如在重要的纪念日举行红色歌咏比赛、红色诗歌朗诵比赛等，组织学生观看红色经典影视作品和开展红色文艺活动等，形式可以多样化，贴近大学生的生活，让学生在活动中接受红色文化和革命精神的教育和熏陶。

第六节　奥林匹克精神与大学生德育教育

奥林匹克精神所倡导的理解、友谊、团结和公平竞争对于当代大学生正确树立世界观、人生观和价值观具有重要的意义。在当代大学生的德育教育中，要充分挖掘和运用奥林匹克精神价值意蕴，通过弘扬奥林匹克精神，增强大学生抵御市场经济的负面影响，以及社会不良现象的能力。

奥林匹克精神蕴含着深刻的教育价值和教育意义，特别是 2008 年北京奥运会后，奥林匹克精神对当代大学生全面发展的感召力更加深刻。本节就奥林匹克精神对大学生德育教育的作用进行论述。

一、奥林匹克精神赋予大学生德育教育的时代性

奥林匹克运动是国际性的运动，它是集体育精神、民族精神和国际主义精神于一身的世界级运动盛会，象征着世界和平、友谊和团结。奥林匹克已成为

全世界人类的一种共同的愿望、一种共同的期许、一种共同的祝福。它随着时间的流逝而不断地升华，不断地增添新的内涵，成为人类不断创新、不断增长的宝贵精神文化遗产。在高校中弘扬奥林匹克精神已成为时代发展的需要。高校大学生正处在成熟，面临人生关键选择期，单纯、可塑性强，他们是祖国的栋梁，是国家走向富强的中坚力量。大学是传播知识的殿堂，同样是人才培养的训练基地。奥林匹克运动以其特有的运动形式强烈地感染世人，影响深远，对升华大学生的精神境界具有重要作用。奥运赛场不仅是一个充满汗水和欢乐、掌声与鲜花的赛场，也是一个满载泪水与艰辛、失望与遗憾的赛场。从1932年刘长春中国奥运第一人到2008年中国奥运会第一次；从1984年许海峰第一块金牌到2008年中国奥运会金牌数世界第一；随着中国实力的增加，从"敏感词"到体育强国，体育事业的发展伴随着中国社会主义现代化建设的发展进程，是实现中华民族伟大复兴的精彩写照。

奥林匹克精神不仅仅是为了推动竞技体育的发展，还是为了把奥林匹克精神融入教育当中，秉承奥运精神，提高公民素质，创建一个不断创新的学习型社会。全国大学生思想政治教育工作会议强调，要培养千千万万具有高尚品德和良好道德修养的，具有丰富理论知识和高尚道德情操的社会主义现代化建设接班人。改革开放以来，我国经济不断发展，人们的生活水平也越来越高，当代大学生大多都是独生子女，很多都缺少吃苦耐劳和艰苦奋斗的精神以及自强不息、勇于拼搏的勇气。因此必须加强当代大学生的思想品德教育。奥林匹克的精神内涵正好是对大学生进行德育教育的宝贵资源。高校应该采用多种方式来加强大学生的德育教育，促进大学生身心的健康发展和正确世界观的形成。当代大学生的校园生活离不开体育教育，而体育教育以奥林匹克精神为指导，通过体育教学、体育比赛和各种体育活动来表现。将奥林匹克精神贯穿到德育教育当中，让大学生在接受奥林匹克精神教育的同时促进德育教育的发展。

二、奥林匹克精神增强大学生德育教育的时效性

奥林匹克精神是一种"更快、更高、更强"的自我挑战精神，无疑具有"正能量"的特质。奥林匹克运动会是一个诞生传奇的地方，有一种力量叫作"正

能量"，有一种感动叫作坚持。譬如，德里克·雷德蒙德在巴塞罗那奥运会400米半决赛中，右腿肌肉撕裂，忍着疼痛，一跳一跳地完成最后的比赛，全场65000名观众自发为这位象征着奥林匹克精神的运动员鼓掌加油。23岁的独臂姑娘娜塔莉亚帕蒂卡用自己顽强的斗志获得了奥运会单打冠军，征服自己，征服了全世界。人们总是习惯记住冠军，但是完全具备冠军水准的王皓，却用另一种多少有点儿心酸的方式让人们永远记住了他：三次与奥运会金牌擦肩而过。王皓的一句"尽力了，没有遗憾"体现出一个成熟男人的豁达，一个真正英雄所表达的人生感悟。这些故事远比胜负更令人难忘。2012年伦敦奥运会口号"激励一代人"，被认为是史上最为低调的口号，它尝试着用体育精神去引导现在成长于互联网时代的年轻人。在伦敦奥运会上，90后成了奥运会的点睛之处，这批90后身上散发出来的潜质，注定了他们未来的成功。当前，作为90后在校大学生，由于各种现代技术的蓬勃发展，他们视野更加开阔，接受新鲜事物的能力更强，同样，也更容易受到网络技术的负面影响。由于现代生活条件的变化以及社会风气对经济利益、物质享受的推崇，当代大学生的世界观、人生观、价值观偏离了轨道。所以，作为高校教育工作者，要提高大学生德育教育工作的针对性和时效性，提高学生的社会责任感、创新精神和实践能力，只有想学生之所想，急学生之所急，因材施教，才能把德育教育真正落到实处。奥林匹克精神的"正能量"无疑是一种典型的励志案例，和谐包容、追求进步、团结友谊的奥林匹克精神为塑造青年大学生健全的人格提供了很好的载体。

三、奥林匹克精神对大学生德育教育的作用

（一）奥林匹克精神培养大学生的人格、文化修养和爱国热情

奥林匹克最基本的精神就是爱国主义精神，从旧中国运动员自费参加奥林匹克到新中国运动健儿为国争光、奋勇拼搏，无一不是爱国主义的具体体现。对祖国的热爱是他们拼搏的动力。每当奥运健儿在接受媒体采访时都会流露出对祖国的热爱和民族自豪感。尤其是当我国运动健儿获得金牌后伴随着五星红旗的冉冉升起，此时大学生也同样欢欣鼓舞、热血沸腾，对祖国的热爱和崇敬之情油然而生，也成了对大学生进行爱国主义教育的理想课堂。

奥林匹克精神之所以有强烈的号召力，是因为它唤起了人们的爱国主义情感。爱国主义情感升华到大学生的精神世界能够促进德育教育的顺利开展，能够激励大学生对祖国的热爱，满腔热忱地去实现自己的理想，报效祖国，从基础做起、从自身做起，努力学习、踏实做人，为实现中国特色社会主义建设而努力奋斗。

（二）奥林匹克精神培养大学生拼搏进取、勇于创新的精神

奥林匹克有一句名言叫"更快、更高、更强"，这是运动员勇于向困难挑战、向自我挑战、向极限挑战的精神。勤奋是一种积极向上的精神风貌和不断进取的态度，一个人的成功固然与学识、机遇、天赋和环境有很大的关系，但关键还是要看自己是否勤奋。没有勤奋进取的精神，就算其他条件再好也无法获得成功。拼搏是一种精神状态，能让人们发挥自己的最大潜能，在奋斗的过程中体会成功的喜悦。其实人生就是勤奋拼搏的过程，通过拼搏和奋斗得到的东西才会更有价值。

对于奥林匹克运动员来说，他们勤奋拼搏，永不言败，不管最后的成绩如何，都是我们的英雄，也是奥林匹克精神的崇高体现。这种精神激励着当代的大学生在科学探索的道路上不断奋勇向前。在大学的科研学习中一定会遇到很多困难，这就要求大学生发扬奥林匹克精神，奋勇拼搏、永不言败。不能遇到困难挫折就轻言放弃、逃避，缺乏拼搏意识。要用奥林匹克精神鼓励当代大学生勇于超越自我，与自己竞争。

（三）奥林匹克精神能让大学生正确看待名利

对于奥林匹克运动来说，胜败固然是比赛的焦点，但赛场上不断变化的竞技过程更加能体现体育的魅力。对于运动员来说，胜利固然值得祝贺，但是失败了仍然值得尊敬。当代大学生就要有这种积极参与的思想，不论成败，努力拼搏，正确看待名利，不断增强积极参与的理念和淡泊名利的思想，这种精神潜移默化到大学生生活的各个领域，形成一种高贵的精神品质，这样能够让大学生在走向社会以后从容应对各种挫折和困难。

（四）奥林匹克精神能够培养大学生的团队合作意识

奥运会的五环旗环环相扣，象征着五大洲运动员的团结和友谊，凭着这种协作精神，我国的运动健儿取得了一次又一次的优异成绩，让世界刮目相看。作为当代的大学生，也要加强合作意识和团队精神，发挥集体的力量攻破一个又一个的难关。当今社会随着信息化的发展，人与人之间的协作越来越少，大学生的团队协作意识也有所下降，很多人都漠视群体，以自我为中心，因此团队精神正是大学德育教育的重点，要学习奥林匹克精神，发扬团结合作的集体主义思想理念，让大学生的德育教育全面发展。

总之，利用高等教育向大学生大力弘扬奥林匹克精神，提高大学生的德育教育水平，对促进大学生的思想道德素质和崇高精神品质具有重要的作用。高校的德育教育要利用奥林匹克精神来加强大学生的爱国主义教育，增强大学生的中华民族的民族自豪感和凝聚力，将大学生培养成具有高尚道德情操的社会主义合格建设者。

第四章 高校学生理想信念教育

第一节 高校大学生理想信念教育现状

一、大学生理想信念的现状

大学生是中国特色社会主义事业未来的建设者和接班人,其理想信念的现状直接决定着全面建成小康社会乃至中国梦的实现效果。然而,当前一部分大学生存在政治信仰模糊、社会担当弱化、价值选择错位、进取精神失位、坚强意志缺位的情形,加强大学生理想信念教育迫在眉睫。

(一)政治信仰模糊

坚持马克思主义的指导地位,坚持中国特色社会主义道路,增强大学生的道路自信、理论自信、制度自信,是实现国家复兴的题中应有之义。然而一些大学生对此漠然视之,缺乏远大的理想信念;部分大学生不能正确看待当代社会转型时期出现的社会问题,通过网络发表抨击社会主义的言论;一部分学生入党动机不纯,存在严重的功利主义倾向。这些都是政治信仰模糊的典型体现。

(二)社会担当弱化

近些年来,就业市场竞争日趋激烈,大学生就业难的问题日益凸显。应促使大学生摒弃"60分万岁"的错误理念,转向更加注重自我发展、自我提高、自我完善的维度上来。然而,受传统"学而优则仕"的思想束缚,很多人在读书就业上存在着功利主义倾向,将读书就业作为出人头地、光耀门楣的基本出路,而不是把个人理想与社会理想、国家进步、社会发展有效联系起来,不把报效祖国、服务社会和人民作为自身发展的基本责任。

当个人利益与国家利益、集体利益发生冲突时，一部分学生仍然倾向于选择个人利益、家庭利益，偏重于个人理想的实现，体现了社会责任感的淡化。

（三）价值选择错位

受多元化价值观影响和不良社会思潮的冲击，部分缺乏社会阅历和抉择力的大学生在确立人生理想和目标时出现了迷茫和困惑，价值取向失去了必要的文化和应有的道德约束，这种现象应引起高校教育工作者高度重视并深刻反思。

（四）进取精神失位

在大学阶段，能否形成求新、求变、求实的进取精神，决定着大学生的未来职业和人生发展。然而，有些学生把"金榜题名"当作实现人生重大理想的借口，用"得过且过"思想指导自己的学习行为方式，不积极主动参加社团和社会实践活动，使个人发展失去了探索真知、历练技能、孵化德行的最佳机遇。

（五）坚强意志缺位

远大理想信念的形成过程，实际上是知、情、信、意、行均衡发展并实现内在转化的过程。其中，坚定的意志表现为一个人自觉克服一切困难和障碍的毅力，为远大理想的实现提供厚实的内生动力。只有具备顽强的意志、行动的勇气和执着追求的精神，才能为实现远大理想提供动力源泉。可是，部分大学生面对激烈的社会竞争和日益增多的不确定性因素，意志力发生动摇，遇到问题和困难便产生强烈的心理依赖，甚至养成绕开走、拖着办的行为习惯。

二、大学生理想信念问题的成因

对于处于成长黄金时期的大学生来说，存在理想信念问题是可以理解的。要正确引导大学生健康成长、合理成才，必须对其理想信念存在偏差的成因进行深入分析，提出有效的解决对策。

（一）信息技术环境的严峻挑战

在信息化社会背景下，信息技术所构建的理想信念环境如同一把"双刃剑"，既为丰富大学生理想信息教育带来丰富的内容和便捷的载体，实现了师生之间信息共享、互动沟通的便捷化；同时，信息技术环境的"负能量"同样不容忽视。负面信息的教育干扰使原本缺乏心理承受能力和价值评判能力的大学生极易受不良信息的污染，进而产生不符合主流意识形态的价值评判标准。

（二）社会转型时期的思想冲击

社会转型时期，多种所有制形式形成的利益群体多元化，反映公私兼顾、合理利己的健康向上的思想意识与极端利己主义的思想意识相互混杂，使大学生的思想行为和价值取向呈现复杂化态势；受市场经济体制机制不完善、社会主义法制不健全的影响，部分大学生的利己主义、拜金主义思想膨胀，导致诚信缺失、道德滑坡；此外，一些学校管理者和教育者也有追求短期效益与名利的行为倾向。这一切都影响着大学生的思想意识和价值追求目标，使部分大学生产生了实用主义、功利主义倾向。

（三）理想信念认识的现实偏差

理想信念犹如一面旗帜，为生命添色，为人生导航。然而，有些大学生认为理想信念和精神境界追求必须转变成可实现的目标才能起作用。这种缺乏对理想信念精神实质的认识，模糊了理想引领现实、超越现实的本质特征，必然导致理想与现实之间失去必要的空间和张力，绝不会为个人与社会的文明进步提供动力源泉。

第二节　高校大学生理想信念教育理论

当今社会形势下，人才是世界经济发展的顶梁柱，一个具备良好心理素质和硬件技术的全能人才更是供不应求。高校在培养全方面人才的基础上更应加强思想政治教育和专业素养教育。而理想信念又是高校大学生思想政治教育的核心部分，是大学生学习和生活的精神力量。伴随着互联网的普及和各种潮流的熏陶，当代大学生的理想观念已经与世界、经济和人文接轨。树立正确的理想信念也需要结合个人心理和社会实践。理想信念是一个思想问题,更是一个社会实践问题。坚定正确的理想信念是将来大学生步入社会并适应实践活动的重要心理基石。

下面从高校大学生理想信念的基本特征和突出问题进行了解和分析。

一、高校大学生理想信念的建立

理想对于当代年轻人来说是一个烘托主观动力的词,一个人会因为有自己的理想追求而为之充满动力,学习和认识一些自己觉得有用的知识。理想信念正是扎根在人的思想中,促使人们做出某种积极的应急动作的一种信念。可以说,理想信念是一个人思想观念的核心。当代大学生是一个庞大而又特殊的群体,高校的大学生一般都是80后及90后群体。这些人群正好赶上独生子女政策,性格方面有些叛逆和特立独行。他们当中理想信念的树立一般比这个大学时期要早,但是在大学时期理想信念会随着学校的教育、接触人群思想观念及社会经验的丰富程度而趋于成熟。所以大学时期才是树立良好的理想信念的关键期。这里可以分为微观概念和宏观概念两个方面。

(一)大学生理想信念树立的微观概念

高校大学生一般都是选择自己感兴趣的专业或是将来发展很有前景的专业来学习。这样就提到了个人微观主义对树立大学生理想信念的影响。因人而异,这个时期的大学生能够较好地认识自己所在学校的专业等级及自身的作业水平,能够根据自身的条件和兴趣来设定自己的理想。因为对社会形势及实践活动缺乏充分的认知,他们往往把理想信念建立在个人现实生活中的切身体会和个人利益的实现程度上,而往往缺乏社会的关注和未来社会发展的方向性。

(二)大学生理想信念树立的宏观概念

高校大学生所接受的是高等教育,高等教育从高级知识传授和思想政治的教育两方面完成教育目的,致力于培养出正确的世界观、人生观和价值观。从宏观概念上理解高校大学生的理想信念,不难看出,这个时期的大学生由于互联网经济的迅猛发展,接触的信息面比较广,这对树立他们的理想信念有很大的帮助。可以通过社会经济文化层次的需求，提升自己的理想信念。通过社会实践和社会人文信息的吸纳做出正确的选择。

二、高校大学生理想信念的主要方法

树立正确的理想信念离不开社会的教育。对于高校来说，加强高校德智体美劳教育，做好大学生的思想品德教育工作，积极组织大学生在社会中的公益活动，对大学生树立个人理想信念有所帮助。同时，加强学校学术文化和专业技术水平，推动学术文化和科学研究成为学校经济支柱性产业。积极开展国内外人文交流让中外文化相互借鉴，使中国文化得到传承和发展。再者，多召开运动会和社团活动，提升学生的学习兴趣和业余生活质量，给大学生创造一个健康和谐积极的生活学习环境。

思想政治理论教育是以马克思主义为核心的教育理论，大力发展高校的人文经济社会科学的教育，以全面提升大学生的思想观念。加强对学生的心理健康教育和思想品德教育，本着以人为本的教育理念积极探索理想信念教育的有效策略。同时，搞好现代高校的大学生理想信念教育，需要把理论知识结合社会实际，自主启发学生树立正确的价值观和理想信念。切实加强高校大学生的理想信念教育是确保有中国特色的社会主义现代化进程顺利进行的必要条件。

综上所述，理想信念是人生旅途中的一个重要的座右铭，是人们对未来的追求和向往，更是当代大学生的奋斗目标和政治立场的体现。高校大学生在投入社会工作之前能够树立正确的理想信念，并坚定信念完成学业和个人修养，在其步入社会后会实现自我价值的提升。高校大学生想要坚定正确的理想信念，就需要提高认识，转变观念，采取切合实际的措施。全方面加强大学生的理想信念教育，结合高校大学生理想信念的基本特点和问题，社会、个人和教育机构应该积极正确地看待这个问题，社会和教育机构应结合自身条件完善教育理念，使大学生坚定理想信念，从而培养出社会主义全面发展人才，促进现代化社会经济和精神文明的发展。

第三节　高校大学生理想信念教育架构

新时代的到来预示着实现伟大梦想，必须进行伟大斗争、建设伟大工程、推进伟大事业。高校教育更是肩负培养大批高素质劳动者和技能人才，为经济社会发展做出重要贡献的重任，而大学生也是全程参与"两个一百年"实现的生力军，因此，他们的理想信念教育教育尤为重要。本节从新时代的视域下探讨"基于传统文化的历史纵深""源于个人发展的未来贯穿""借助新媒体的网络联通""依托课改平台的创新体验"的立体高校大学生理想信念教育架构。

一、新时代的含义

2017年10月18日，在中国共产党第十九次全国代表大会上，习近平郑重宣示："经过长期努力，中国特色社会主义进入了新时代，这是我国发展新的历史方位。"这一宣示，概括了中华民族的伟大飞跃，坚定了中国共产党的时代使命。这一宣示，明确了旗帜，更预示了未来。这是基于改革开放近40年进程和十八大以来取得辉煌业绩的基础上，站在党和国家事业发展的视域下做出的科学宏观研断。

二、新时代与高校大学生理想信念教育

（一）新时代与高校教育

新时代美丽中国梦有了落地的时间表。从2020年到2035年，"基本实现社会主义现代化"，其中，"生态环境根本好转，美丽中国目标基本实现"；从2035年到本世纪中叶，"把我国建成富强民主文明和谐美丽的社会主义现代化强国"。《职业教育法》颁布20年来，职业教育快速发展，办学活力持续增强，建成全球规模最大职业教育体系，培养了大批高素质劳动者和技能人才，为经济社会发展做出了重要贡献，党和人们也寄予厚望。在《推进职业教育现代化座谈会》上，中共中央政治局常委、国务院总理李克强做出重要批示。

批示指出：加快发展现代职业教育，对于发挥我国人力和人才资源巨大优势、提升实体经济综合竞争力具有重要意义。所有这一切都表明我们高等职业教育的责任重大。

（二）新时代与高校大学生理想信念教育

高等职业教育在助力中国梦实现过程中的作用和地位毋庸置疑。但是近几年来，高校学生的生源素质明显下降，受多元文化价值观及西方思潮的影响，许多大学生重技能轻德育，理想信念淡薄，公德意识缺失，规矩意识低下，职业操守水平不高等都直接影响社会主义建设人才的品质。

理性信念教育是关乎我们培养方向和为谁培养人的大问题，也是坚持社会主义办学方向的大问题，值得我们思想教育工作者重视。新形势下思想政治教育困难更大，新时代理想信念教育更具挑战性，更需要我们去探索。

三、新时代高校大学生理想信念教育路径架构

（一）基于传统文化的历史纵深

中华传统文化一直是我们民族血脉的滋养，也是我们民族基因传承的精神符号。它在我们理想信念教育中的价值是挖掘不尽的。习近平强调，我国有独特的历史、独特的文化、独特的国情，决定了我国必须走自己的高等教育发展道路，扎实办好中国特色社会主义高校。我们要向历史纵深探求传统文化，汇总家国利益的平衡与取舍，培养家国情怀，从而树立崇高的共产主义信念。社会读书热，央视的诗词大会，《朗读者》等阅读节目都为我们提供了思路。在理想信念教育的过程中，我们要借助传统节日以及校园文化艺术节等平台，通过宣传、弘扬、体验传统文化的活动来进行理想信念教育。

（二）源于个人发展的未来贯穿

职业教育就是就业教育。对于学生而言，选择职业院校最直接也是最具诱惑力的就是动手能力的培训及高就业率的保障，学生的学习动力也来源于此。习近平指出，思想政治工作从根本上说是做人的工作，必须围绕学生、关照学生、服务学生，不断提高学生的思想水平、政治觉悟、道德品质、文化素养，让学

生成为德才兼备、全面发展的人才。那么我们就以此为切入点进行理想信念的教育。让他们的注意力放在自身的发展来得更直接，再从跟个人与国家民族的关系角度引申开去，将个人梦想与中国梦联系起来的时候，我们的教育也就有的放矢。我们要在教育的过程中着重讲清楚个人的发展和价值的实现离不开社会的宏观大环境。从实现"两个一百年"奋斗目标的历史维度，深刻阐述青年学生成长成才必须肩负的使命担当，进行理想信念的渗透就水到渠成。

（三）借助新媒体的网络联通

网络育人是信息数字化时代思政教育的重要载体和途径。因此推动思想政治工作传统优势同信息技术高度融合是大思政格局下必须要攻克的课题。习近平在全国网络安全和信息化工作会议上指出，要加强网上正面宣传，旗帜鲜明坚持正确政治方向、舆论导向、价值取向，用新时代中国特色社会主义思想和党的十九大精神团结、凝聚亿万网民，深入开展理想信念教育，构建网上网下同心圆，更好凝聚社会共识，巩固全党全国人民团结奋斗的共同思想基础。我们要引导师生强化网络意识，树立网络思维，提升网络文明素养，创作网络文化产品，传播主旋律、弘扬正能量，守护好网络精神家园，让网络变成宣传育人的介质。

（四）依托课改平台的创新体验

高校思政教育的实效性差及重要性是催生大思政格局的缘由。要深入实施"高校思想政治工作质量提升工程"，切实破解高校思想政治工作存在的重点难点问题，为青年学生的健康成长创造良好条件，就必须依托课改以应对新形势的挑战。观念的改变、教学方法方式手段的创新落足点都是让学生有更多的获得感。陈果的理性思考，江南大学唐忠宝的幽默脱口秀，上海大学的音画时尚、人机互动等都是课改的创新尝试与体验，都广受学生的好评和喜爱，这些创新体验对于理想信念的教育是积极的探索和尝试，很有借鉴意义。

第四节　高校大学生理想信念教育路径

一直以来，理想信念教育都是大学生思想政治教育的核心内容，但在新时代背景下，社会的转型升级、思想的多元化发展、不同文化的交织融合都给理想信念教育带来了新的契机和挑战。为此，本节主要从大学生理想信念教育的重要性入手，并结合新时代的特征，指出了当代大学生理想信念方面的问题，最后有针对性地提出了大学生理想信念教育策略，这无疑具有非常重要的现实意义。

高校生作为大学生群体的一部分，其主要肩负着学习职业技术和生产实践能力的重任，所以他们的理想信念不仅直接决定了自身的职业生涯发展和高校的人才培养效果，而且对国家的发展和社会的进步有更深远的影响。因此中共中央国务院于2019年10月14日重新发布了《关于进一步加强和改进大学生思想政治教育的意见》，该意见强调，"大学生是十分宝贵的人才资源，是民族的希望，是祖国的未来。加强和改进大学生思想政治教育，提高他们的思想政治素质，把他们培养成中国特色社会主义事业的建设者和接班人，对于全面实施科教兴国和人才强国战略，确保我国在激烈的国际竞争中始终立于不败之地，确保实现全面建设小康社会、加快推进社会主义现代化的宏伟目标，确保中国特色社会主义事业兴旺发达、后继有人，具有重大而深远的战略意义"。把理想信念教育作为大学生思想政治教育的核心，就是想通过理想信念教育的途径，来帮助大学生获得积极、健康、向上的价值观和精神态度，进而成为一名德智体美劳全面发展的社会主义合格建设者和可靠接班人。

一、大学生理想信念教育的重要性

（一）为中华民族伟大复兴提供人才支撑

实现中华民族伟大复兴是近代以来中华民族最伟大的梦想，特别是在思想、文化、政治、经济等领域逐渐全面开放的时代背景下，我国社会恰好处于转型升级的关键时期，这一时期急需富有理想信念的大学生来作为实现中国梦的生力军，从而肩负起实现中华民族伟大复兴的重任。

（二）提高高校思想政治教育的质量

立德树人是高校开展各项工作的基础，而大学阶段是学生学习知识、提高能力、树立价值观的关键时期，学生具有鲜明的个性特点，而且接受新知识的能力强，但同时也容易受到不良思想和文化的侵蚀。所以，加强高校大学生理想信念教育，就是要帮助大学生达到扬长避短的目的，通过一系列的思想政治教育措施，来巩固其具备的主流意识形态，并牢牢把握"以人为本"的思想政治教育理念，帮助大学生尽快树立起正确的世界观、人生观和价值观，最终提高高校思想政治教育的质量。

（三）促进大学生的全方位发展

如果说知识和能力的培养是提高大学生的外在表现力，即有利于其职业发展，那么理想信念教育则是提高大学生的内在表现力，即有利于其全方位发展，并在大学生成长过程中起到保驾护航的作用。具体而言，世界观、人生观和价值观都与一个人的理想信念紧密相关，因此只有让大学生具备了正确的理想信念，才能帮助其全面分析问题和解决问题，并且让理想信念成为指引自身思想和行为的准则。

二、高校大学生理想信念教育的基本路径分析

理想信念是一个人成长的"指路航标"、思想的"定海神针"、精神的"中流砥柱"、行动的"内在引擎"。战争年代，老一辈无产阶级革命家胸怀共产主义理想，不畏牺牲，抛头颅，洒热血，缔造了中华人民共和国。新中国建设时期，全国人民坚定"摆脱贫穷、强国富民"的理想信念，不畏艰难险阻，撸起袖子加油干，使中国逐步摆脱了贫穷，走上了富裕文明的康庄大道。可见，没有理想信念就没有方向、没有动力、没有勇气。当下，在以和平与发展为主题的大背景下，每个中国人，特别是当代大学生更应该坚定"实现中华民族伟大复兴

中国梦"的理想信念，努力学习，健体、强德、增智，积极做好准备，在走上社会后，投身于以"国家富强、民族振兴、人民幸福"为目标的伟大战役之中。

（一）以社会主义核心价值观为根本，加强理想信念教育

社会主义核心价值观从三个层面高度概括了国家的价值目标、社会的价值取向和公民的价值标准，是中国特色社会主义建设时期最基础、最根本、最核心的理论体系和价值取向。树立社会主义核心价值观对个人确立正确的理想信念具有重要的培育、指导和引领作用。一名大学生只有把社会主义核心价值观听于耳、记于心、践于行，才能树立正确的理想信念，才能明确人生的航向，才能聚集干事创业的不竭力量。因此，在对大学生进行思想品德教育时，要突出社会主义核心价值观教育，不仅使每名学生认识、理解社会主义核心价值观的社会价值、具体内容、深刻内涵，而且要正确引导学生，时时刻刻以社会主义核心价值观为思想和行为导向，正确认识和处理好集体和个人的关系，不断增强社会责任感和历史使命感，做一名学识渊博、品行端正、信仰坚定的社会主义事业接班人。

对大学生进行社会主义核心价值观教育，大致可以分为以下三个阶段：一是增强大学生对社会主义核心价值观的理论认同，引导大学生全面、完整、深刻认识和理解社会主义核心价值观的丰富内涵，不仅要知晓社会主义核心价值观的本义，还要深刻理解社会主义核心价值观的灵魂、主题、精髓和基础。要通过远追、深挖、细研等方式方法，掌握哪些是国家的价值目标，哪些是社会的价值取向，哪些是公民的价值标准，明确国家的价值目标、社会的价值取向和公民的价值标准之间的内在联系。例如，理解"文明"一词，就要追溯我国五千年文明的历史渊源，弄清当下的文明与历史时代文明的区别与联系，弄懂实现我国当下文明的现实基础，真正做到学懂、弄通。二是增强大学生对社会主义核心价值观的情感认同。这里所说的情感认同，是指大学生在学懂弄通社会主义核心价值观的来由、内涵、导向、价值的基础上，对来自各方面的信息加以分析、评价、推理、判断、选择，使大学生对社会主义核心价值观产生更加深刻的理性认知，从情感层面理解它、接受它、信任它、喜欢它。三是增强大学生对社会主义核心价值观的行为认同。这一阶段，学校和教师要引导大学

生，把社会主义核心价值观作为"航标灯"，用于指导自己树立正确的理想信念，并以此为价值标准，指导和约束自己的思想和行为，在生活、学习和社会实践活动中，不断规范自己的日常行为，把社会主义核心价值观统领下的理想信念内化于心、外化于行。

（二）以自我价值实现为契机，加强理想信念教育

理想信念不仅是大学生成长的指南，也是大学生实现自我价值必备的先决条件。因此，学生在校期间，学校和教师对大学生进行正确的理想信念教育也是使其顺利就业、实现自我价值的重要途径。对于每名大学生来说，他们最关心的就是毕业以后实现自我价值，教师在教育学生获得专业知识的同时，还要加强对大学生自我价值实现、就业技能等方面的指导和引领，并以此为途径，强化其理想信念教育。一是要引导大学生树立科学的价值观。学校和教师要引导大学生透过各种纷繁复杂的社会现象，认清社会本质，看清社会主流，学会用马克思主义的立场、观点和方法分析、研究社会现象、社会问题，汲取正能量、汇聚正能量、传播正能量。要学会把自我价值的实现融入社会发展、国家富强和民族振兴的伟大事业中，使大学生懂得只有融入社会、国家、民族价值的之中，才能真正实现自身价值，就像一滴水只有放入大海之中才不会干涸一样，也只有这样，才能真正意义上实现自我价值。二是要引导大学生明确理想信念的导向作用。理想是一个人对自己未来的谋划和设想，是一个人对自己未来的憧憬和愿望，是一个人对自己未来设定的方向和目标。理想对于一个人的成长、发展具有举旗定向的作用，就像灯塔一样指引着一个人的前行方向。对于大学生来说，理想的目标越是明确，达成理想的愿望越是强烈，前进的动力就会越大，步子就会迈得越快，成功的概率就越会高。信念是理想的支撑，是克服困难的勇气，是披荆斩棘的干劲。在达成理想的进程中，如果把每位大学生比作一艘航船，把理想比作胜利的彼岸，那么信念就是这艘航船的船桨，它会为大学生劈波斩浪、不断前行提供源源不断的动力。三是要引导大学生把自己的理想信念融入社会需求之中。社会在不断发展进化，对人才的需求也在不断发展变化。大学生是社会的大学生，应该顺应社会的发展需求。学校和教师应引导大学生，为了实现理想信念和自我价值，要不懈努力，从点滴做起，从小事做起，从现

在做起，以只争朝夕的精神、脚踏实地的作风、坚韧不拔的毅力，不断增长才干、提升能力、开阔眼界，主动适应、对接社会需求。

（三）以社会实践活动为载体，加强理想信念教育

社会是对大学生进行理想信念教育的"大课堂"，学校要通过各种渠道，创建社会实践活动基地，搭建学生锤炼平台，让大学生在参与社会实践活动的过程中，悟初心、明使命，坚定理想信念。在社会实践活动中，一是要把育人放在首要位置。对于大学生来说，参加社会实践活动，不仅可以使他们学会验证、应用所学知识，把所学知识实践化，而且可以使大学生正确认识生活、认识社会、认识自我，正确预判、评价、审视自己的思想、学识和能力，针对社会发展需求的大前提、大背景、大方向，摒弃以"大公司、大机关、大城市、高职位、高起点、高待遇"为中心的择业观和自我价值观，进而在社会实践中不断强化理想信念。二是要加强实践基地建设。让大学生走进偏远边穷地区，进企业、进社区、进学校，通过校企合作、社区体验、援助支教等方式，让大学生不断增强社会使命感和责任感；可以让大学生重走"抗联路""长征路""老区路"，体会革命军民的坚定信念和坚强意志；可以让大学生进城市、进国企、进新区，感受昂扬向上的时代气息，激发大学生实现理想信念的斗志。三是要强化对大学生社会实践的跟踪评价考核，鼓励大学生在社会实践活动中不断完善自我、提升自我、超越自我，并通过跟踪考核，引导大学生正确评价自己，不妄自菲薄，不好高骛远，不随波逐流，寻求能够实现自己理想、体现自身价值、服务奉献社会的岗位，到最艰苦的地方去，到最需要自己的行业中去，到最能发挥自己能力的岗位上去。

第五节　高校大学生理想信念教育载体

理想信念教育载体是指能够承载或传递理想信念教育方面知识或信息的物质形体。当前，大学生理想信念教育载体包括理论载体、实践载体、新媒体载体等。进行高校大学生理想信念教育可以依托理论载体，对大学生进行理想信

念教育；借助实践载体，深化大学生理想信念教育；凭借新媒体载体，落实大学生理想信念教育。

大学生理想信念教育，是大学生思想政治教育的重要内容，是大学生树立崇高的社会主义和共产主义理想的重要方面。近年来，高校大学生普遍呈现出实践动手能力较强但理论素养相对不够、较有主见但易受外界舆论影响、正向道德观认同感强但较难将固有的道德认知转化为实际行动的特征。对于理想信念教育方面的内容，大学生虽然能够从表面上接受，但是真正能贯彻落实到实际行动、指导自身实践的并不多。很多理想信念教育方面的内容，大学生们表现为浮于表面，并没有从内心认可，甚至还有部分大学生产生逆反心理，认为理想信念教育的内容过时、烦琐、迂腐。

基于部分学生的上述心理，高校大学生理想信念教育面临困境。要解决高校大学生理想信念教育中存在的一系列问题，必须依托理论载体、实践载体、新媒体载体采取相应的举措。进行高校大学生理想信念教育载体研究，能够提高高校大学生理想信念教育的实效性，能够深化高校大学生思想政治教育，能够坚定高校大学生的社会主义认同感。

一、理想信念教育载体的含义

理想，是人们在实践中形成的、有可能实现的对未来社会和自身发展的向往和追求，是人们的世界观、人生观和价值观在奋斗目标上的集中体现。

信念，是认知、情感和意志的有机统一体，是人们在一定的认识基础上确立的对某种思想或事物坚信不疑并身体力行的心理和精神状态。

理想信念，是主体的人在对未来社会和自身发展预设的基础上，运用自身的智慧和行动改造自然界、社会和人类，并且坚定不移的一种心理态度和精神状态。

理想信念教育载体，是指能够承载或传递理想信念教育方面知识或信息的物质形体。当前，大学生理想信念教育载体主要包括理论载体、实践载体、新媒体载体等。

二、大学生理想信念教育载体的类型

（一）理论载体

大学生作为祖国未来的栋梁，他们是否认同社会主流价值观、是否拥护社会主义制度、是否认同共产主义的最高理想，直接关系到祖国的未来。在对大学生进行理想信念教育的过程中，我国高校较为普遍的方法是依据马克思主义理论课和思想政治理论教育课中系统的理论体系对大学生进行理论教育，同时辅之以校园讲座、校园文化建设等途径，潜移默化地对大学生进行理想信念教育，使主流的价值观内化为大学生内在的信念。

（二）实践载体

实践是认识的最终目的，是检验认识正确与否的唯一标准。大学生理想信念教育实践载体，主要以各种活动作为支撑。从广义上来讲，大学生理想信念教育实践载体包括党团活动、社团组织活动、调研活动、公益活动、纪念活动、评选竞赛活动、文体活动。在对理想信念认知的基础上，只有付诸实践，才能使理想信念教育取得实效。

（三）新媒体载体

新媒体是在新的技术形态下出现的媒体形态，如数字报纸、数字广播、数字电视、手机短信、网络、触摸媒体等。在信息技术迅猛发展的时代背景下，大学生学习、生活、休闲的各个方面都与新媒体密切相关。新媒体克服了以往理论教育单调、乏味、枯燥的问题，将理想信念教育的内容蕴含于新媒体之中，将新媒体的声、色、光、影技术用来表现理想信念教育的相关内容，形式更为活泼生动、传播速度更快、互动性更强、教育效果更好，能够有效地避免刻板说教。

三、进行高校大学生理想信念教育载体利用的途径探析

（一）依托理论载体，对大学生进行理想信念教育

大学生理想信念教育是否有成效，关系到祖国的未来，关系到社会的稳定，关系到我国共同理想和最高理想的实现。高校占据着思想理论的最前沿，主流价值观在这里得以传播和彰显。

发挥理论载体在大学生理想信念教育方面的作用：首先，从国家层面，要牢固掌握主流话语权在高校"两课"（马克思主义理论课、思想政治教育课）教材中的应用。主流话语权会传播主流意识形态，服务于一定的社会需要和社会环境。其次，从高校层面，高校要以国家政策为导向，思想政治理论课教师和哲学社会科学教师要在以文本为核心的基础上结合自身实际采取活泼多样的方式对大学生进行理想信念教育。同时，高校教师要随时注意发挥自己的表率作用，行为世范，用自己高尚的理想信念去感染学生。再次，从高校大学生的层面，大学生要加强自身的理论素养，多读一些马克思主义的经典著作、多关注周边的时事政治、多以敏锐的视角来观察周围，将理论运用于实践，达到知行合一。

（二）借助实践载体，深化大学生理想信念教育

实践是认识的最终目的。脱离开实践，一切理论都仅仅停留在书面上，而无法成为行动的动力。借助于权威文本承载的理想信念教育方面的信息，高校会对大学生展开思想理论方面的教育，但理论教育的效果能否最终落到实处，还需要看高校大学生能否将已有的知识构架中的理想信念教育方面的知识转化为实际行动，达到知行合一。这就需要高校大学生行动方面的力量。比如，高校可以通过党团活动、社团组织活动、调研活动、公益活动、纪念活动、评选竞赛活动、文体活动等多样形式，让高校大学生广泛地参与到这些活动中，让他们在活动中领略奉献的快乐，获得奉献的成就感，达到自我价值和社会价值的统一，从而深化对理想信念的认识。

（三）凭借新媒体载体，落实大学生理想信念教育

新媒体具有传播速度快、互动性强、内容涵盖面广的特征，它消解了群体之间的边界，任何人、任何时间、任何地点都可以通过新媒体交流。高校的大学生，作为信息技术条件下的最大受益者，"人人有手机""随时随地上网"已经成为现实，他们不仅可以随时通过新媒体工具关注国家的动态，而且可以随时查看各类新闻。融合了声色光影技术的新媒体传播手段，传播形式更为丰富多彩，通过画面、声音等技术更容易让人们在一种潜移默化中接受理想信念方面的某些认知，新媒体载体的存在可以提高理想信念教育内容的传播效率。高校的思想理论课教师、哲学社会科学教师、辅导员、共青团干部等也能通过新媒体工具开展有效的教学、班会、研讨会等，同时能通过网络论坛、即时聊天工具等了解学生的思想动态，对高校的大学生展开教育和引导。

理想信念教育是思想政治教育的核心和灵魂，也是确保思想政治教育卓有成效的重要方面。通过理论载体、实践载体、新媒体载体，高校进行理想信念教育的路漫长且遥远。将理论载体作为先导，新媒体载体作为手段，实践载体作为最终目的，高校大学生的理想信念教育会为夯实大学生理想信念教育的知、情、意、行打下坚实基础！

第六节　高校大学生理想信念教育矛盾特殊性

从分析国内理论界关于大学生理想信念研究成果的三个特点：高度重视理想信念对大学生的成长成才、突出关注大学生理想信念现状和积极探寻大学生理想信念教育对策入手，指出当前高校大学生理想信念教育矛盾特殊性研究是薄弱环节。阐述高校大学生理想信念教育矛盾特殊性研究的必要性和当代价值。希望能深化到对于不同类型、不同层次、不同区域的高校大学生的特殊性研究，从而揭示高校大学生群体理想信念现状及教育的特殊性。通过在大思政背景下反复实践和不断检验，引导高校大学生树立科学的理想信念，成为中国特色社会主义事业的合格建设者与接班人。

一、当前思想政治教育理论界关于大学生理想信念研究概述

从我国近些年的研究来看,国内学者们关于大学生理想信念的研究成果主要呈现以下三个方面的特点:

第一,高度重视理想信念对大学生的成长成才重要性研究。王晖曾经在《学校党建与思想政治教育》中发表的一篇名为《新时期加强大学生理想信念教育的对策》一文中论述了高校大学生思想政治教育的核心内容和重要内容之一就是关于理想信念的教育。大学生的理想信念教育会直接关系着高校大学生整体思想道德素质的提升,从长远来看,也关系着大学生人生未来的前进方向和发展方向。孔一霖曾经在《改革与开放》中发表的一篇名为《大学生理想信念与思想政治教育》的文章中认为,大学生的理想信念是大学生对美好未来的向往追求,也是激励高校大学生在人生路上勇往直前的精神动力。赵妍在《法制博览》中发表了一篇名为《大学生理想信念与思想政治教育》的文章中强调,理想信念是大学生成长的方向标,理想信念有利于实现自身的价值。张艳在《思想政治教育研究》中发表的一篇名为《当代大学生理想信念现状与教育对策研究》中指出,加强大学生理想信念教育是民族复兴的要求,是促进社会健康有序发展的条件,是高校德育工作的核心,是大学生成长成才的关键。这些提法和观点无论是在理论上还是实践中都形成了高度的认知。

第二,突出关注大学生理想信念现状研究。如吕述华在《井冈山大学学报》（社会科学版）中发表的一篇名为《大学生理想信念现状调查研究——以江西省为例》中认为,当前大学生理想信念现状总体上呈正向,但也存在一些令人担忧的地方,部分大学生理想信念缺失或模糊、注重个人理想追求、理想信念具有实用性和功利性,多数大学生接受理想信念教育机会较少、缺乏思政教育第二课堂建设、思政理论课程教学效果不佳、思政教育实践教学基础薄弱、校园文化建设存在不足等。学者陈胜伟在《学校党建与思想教育》中发表了《多元文化背景下大学生理想信念教育面临的挑战和对策》,指出:"在多元文化的冲击下,当代大学生的理想信念状况总体是好的,他们积极向上、热情阳光、充满朝气,但也有不少大学生出现政治信仰迷惘、价值取向模糊、文化素养缺

失、职业追求缺乏等方面的问题，具体表现为重视物质享受、精神生活空虚；不满社会现状、责任意识缺乏；过度崇尚自我、处事心态浮躁；追逐时尚潮流，文化素养缺乏；道德意识淡薄。"丽华、杜光强在《黑龙江高教研究》中发表的文章《多元文化背景下大学生理想信念教育的现状与对策》中总结出存在的现实问题："多元文化冲突，大学生理想信念观念淡化；实用主义、拜金主义抬头；教学内容单调，缺少情感体验；政治信仰迷茫，宗教暧昧现象日益严重。"通过深入分析，阐明导致问题产生的主要因素是社会、家庭、学校和学生个体等四个主客观方面。这些研究充分把握了大学生理想信念的一般性特征，对于理想信念教育具有普遍性的意义。

第三，积极探寻大学生理想信念教育对策的相关研究。张荣、张春指出受多元文化冲击背景下大学生理想信念教育的基本策略："加强学生党建工作，充分发挥其在加强大学生理想信念教育中的优势导向作用。建设学习型辅导员队伍，为实现大学生理想信念教育目标提供人才保障。优化传媒载体，充分发挥网络的理想信念教育功能。"陈胜伟提出大学生形成科学理想信念的关注点在以下四个方面："弘扬社会主义核心价值体系，抵制西方腐朽思潮冲击；创新理想信念教育模式，强化学生政治信仰；完善网络媒体监控体系，正确引导社会舆论；加强校园文化氛围建设，注重人文素养教育。"翁丽华、杜光强给出的方案是："把时代精神作为贯穿大学生理想信念教育的主线；建立大学生理想信念教育工作队伍立体化网络；坚持学生自我教育与相互教育的统一；加强网络教育和管理。"学者兰华则认为提升和加强的对策有："创新理想信念教育的教育内容；创新理想信念教育的教育手段；营造大学生理想信念教育的环境；大力开展社会实践活动。"陈佳、张春梅提供的原则和思路为："以主流意识形态教育为主，兼顾文化发展的时代特色；以富有民族特征的教育为主，兼顾受教育者的可接受性；以富有时代特征的教育为主，兼顾受教育者的多样性。"这些思路和对策是高校大学生理想信念教育的经验总结和理论概括，具有很强的指导意义。

如前面所述，我国理论界诸多学者从不同角度和层面分析了理想信念的重要性，研究了大学生理想信念现状及教育策略。但研究仍存在一些不足之处：

大多数研究是理论研究，是一般性研究，对高校特定大学生群体的特殊性研究相对较少，尤其是缺乏实证调查和数据分析的研究，针对性和现实性无法满足当前教育的客观需要。

二、高校大学生理想信念教育矛盾特殊性研究的必要性

经过10多年的快速发展，高等职业教育已成为我国高等教育的重要组成部分，全国高校大学生的数量大概接近大学生总数的50%，这一群体无论是基础、知识、成长的环境、心理还是培养的理念、模式，与本科高校的大学生都具有显著的差异。适用于一般大学生群体的研究成果对高校大学生有一定的指导意义，但缺乏针对性，因此，探寻具体针对高校大学生理想信念教育矛盾特殊性研究就显得尤为必要。

当前国家对高等职业教育定位的特殊性：高校教育和普通高等教育相比无论是人才培养理念、培养模式，还是培养目标都具有特殊性。为服务建设现代化经济体系和教育强国的迫切需要，国务院出台的《国家职业教育改革实施方案》明确提出："职业教育与普通教育是两种不同教育类型，具有同等重要地位。"新时期的现代职业教育实现了低质规模扩张阶段向高质量发展的跨越，由模仿普通本科教育办学理念、模式向产教融合、校企合作的培养模式转换，并形成具有鲜明职业教育人才培养的特色教育类型。这一模式是"根据企业工作岗位需求，开展学徒制合作，联合招收学员，按照工学结合模式，实行校企双主体育人"。为促进地方经济社会发展和提高国际竞争力提供优质人才资源支撑，为确实提高高校生的培养质量，落实国家职教改革方案，决定在全国所有职业院校实施"学历证书+若干职业技能等级证书"制度试点工作。当前，全国高校对于"1+X证书制度"试点工作正在有序进行，极大丰富了高校人才培养培训和评价模式。《国家职业教育改革实施方案》对高校教育培养人才的目标做了进一步的明确："要培养服务区域发展的高素质技术技能人才，重点服务企业特别是中小微企业的技术研发和产品升级。"

高职大学生的特殊性分析：（1）学生来源的特殊性。高职大学生主要来源目前有五类：第一类是高考成绩达不到普通本科高校录取线的学生；第二类

是上了本科（原三本院校）院校录取线，但家庭经济困难承担不了高昂学费的学生；第三类是"三校生"（职高、中专、技校生）通过"三校生"考试升入者；第四类是五年制大专生，这部分学生初中毕业后直接选择高职院校就读；第四类是高职院校通过自主招生考试录取的高中毕业生；第五类是2019年全国高校扩招100万的学生，这类学生群体更加复杂。（2）学生基本思想行为特征。相对而言，高职大学生的"思想单纯化、思维简单化、学习动力弱化、人生阅历的浅表化、行为方式的幼稚化"，缺乏自信心，自卑感强，自律意识差、心理问题多，理想信念模糊，导致高职大学生三种类型学生比重大，分别为在校疗养型、游戏型、佛系型。（3）学生来源区域特点。主要是四多：农村学生多，边远县份学生多，贫困学生多，少数民族学生多。（4）学生学风特点。学习主动性差，不爱理论学习，校园内呈三少三多：图书馆人少，教室人少，自习室人少；宿舍人多，校外闲逛的人多，参与社团活动的人多。（5）学生的人生期望值特点。谋生希望强烈，个人价值实现意愿较低，个人、家庭、社会责任感相对不高。

三、高校大学生理想信念教育矛盾特殊性研究的当代价值

高校大学生是否有科学的理想信念，不仅关系他们的个人成长成才，更决定着他们背后普通或贫困家庭的未来命运，在相当程度上，也决定着我国新经济形态下普通劳动者的基本技术水平，所以，高校大学生理想信念教育特殊性研究的当代价值更加凸显。对于高校大学生来说，科学的理想是推进他们前进的方向、目的，信念是促进他们成长过程中的动力。在中国特色社会主义新时代，高校大学生更应该冲破社会世俗的迷雾。思想政治教育工作者就要从政治理想、社会理想、职业理想、生活理想、道德理想等方面强化教育和引导，帮助高校大学生树立正确的世界观、人生观、价值观，激励他们通过努力奋斗改变自己、家庭的命运，勇担社会责任，不断为中国特色社会主义共同理想的实现而坚持不懈、努力奋进。

理论的最终归宿是实践。从研究者20多年从事思想政治理论教育研究的

实践看，改变了以往研究者偏重大学生理想信念现状及教育对一般性高校的普遍性研究，专注于高校大学生这一特定群体。从揭示高校大学生群体理想信念现状及教育的特殊性着手，整合社会、家庭、学校、企业的力量，在大思政背景下反复实践和不断检验，树立克服困难的信心，从而引导高校大学生树立科学的理想信念，成为中国特色社会主义事业的合格建设者与接班人。

第五章 高校学生积极心理学教育

第一节 积极心理学与大学生心理健康教育

积极心理学是心理学领域发展的重要突破，它强调了人类积极性格的塑造和作用，主张普通人建立积极的心态，以促进个人的进步和发展，为社会和谐发展做出贡献。积极心理学从研究原则上重视人的积极品质，避免了心理研究总是趋于负面问题讨论的传统思路，使心理研究能够为普通人的积极健康和生活服务。因此在大学心理健康教育中，积极心理学显示出其独特的优势和特点。

一、积极心理学在大学生心理健康教育中推广的意义

在当前的大学心理健康教育中，仍然以传统的心理疾病预防和矫正为主要的教学目的。一方面造成学生对心理健康教育形成抵触情绪，另一方面也不利于心理健康教育的广泛开展。而积极心理学对于普通学生有着一定的教育和宣传价值，对于促进全体学生积极健康心理的培养具有重要意义。

（1）积极心理学为大学心理健康教育重新设定了目标。普通个体在学习和生活中，即使心理健康上没有出现明显的问题，但是其他方面的原因可能导致学生的意志和心理长期消沉，对于其学习和发展造成不利的影响。而传统的心理教育没有对相关的问题进行充分的重视和研究，导致大学心理健康教育存在不合理的问题。对此，积极心理学主张对于普通人应建立积极预防的心理健康教育体系，促使学生能够在正常生活中感受自身的价值，促进学生积极心理的培养，使学生能够主动挖掘自身的闪光点和潜力，促进学生综合素质的提高和发展。

（2）积极心理学充实了高校心理教育的内容。在传统的大学心理及健康教育中，学校和教师关注的重点都是心理可能存在异常的学生，导致学校的心理健康教育无法对其他多数学生造成约束和影响。积极心理学增加了心理健康教育的目标和途径，促使学校的心理健康教育关注的学生群体更加多样和全面，促进所有学生积极心理和健康生活方式的养成，为学校的心理教育拓展了教学目标和教学内容，使高校的心理健康教育能够更有效地施行。

　　（3）积极心理学是大学心理健康教育的创新。在传统的心理健康评价体系中，往往注重对学生负面情绪和心理的排查和调节工作，导致学生可能受到教学内容长期的暗示和影响，在心理上出现波动和变化。积极心理学创新性地提出为全体学生树立积极的心理观念，促使学生接触到的心理教育内容更加多元，有效克服负面情绪，使自身的心理健康状态得到提升。

二、积极心理学在大学心理健康教育中的应用策略

　　（1）增加学生在积极心理上的体验。人的心理容易受到周围环境和其他人的行为的影响而产生微妙的变化。对此，在大学心理健康教育中，教师应该充分运用心理暗示这一特点，增加学生的积极心理体验，以促进学生在心理上保持积极主动。例如，在课堂教学中，教师要多举一些积极的生活实例，保持课堂氛围的轻松愉快，促进师生之间的平等和尊重等，使学生能够获得轻松愉快的学习体验，并为学生的积极学习和生活提供动力和帮助。除了心理和行为上的暗示，教师还应该教会学生有效克服心理消沉的方法，消除学生内心的焦虑，减轻学生的心理压力，促使学生以积极的方式调节自身的负面情绪。

　　（2）通过高校环境对学生的心理状态进行调节和暗示。学生的心理状态和周遭的生活大环境有着密切的联系，因此学校和教师应该注意对教学环境的构建，促使学生在大环境中保持积极进取的态度。此外，学生较高的环境适应性也是其心理调节能力的重要体现，对此，学校要对刚入校的学生给予特别的关注和引导，促进新生养成积极的学习和生活心态，为学生在学校的长期积极发展奠定基础。在高校生活中，集体主义文化是学生必须面对的问题，一些学生乐于在集体活动中找到自身的价值和定位，从而保持积极的心理状态。部分

学生则可能对集体活动保有抵触情绪，在活动中感到不自然，使自身的学习和生活更加焦虑。对此，学校和教师应该谨慎制订集体活动计划，使不同的学生能够在活动中找准自身的定位，在校园活动中保持积极的心态。为了提升大学环境对学生心理的暗示和影响力，学校和教师可以以下几方面进行参考。例如，通过营造积极的校园文化对学生的心理进行影响，促使学生不断正视自身的状态，控制和培养自身的情绪；还可以促进学生和校园、社会、家庭等多元环境保持密切的联系，使学生能够在不同的环境中实现对自身情绪的及时改变和调节，使学生的学习压力和焦虑得到及时的宣泄，提升学生积极的情感体验和自控能力。

积极心理学对大学生心理健康教育有着重要的影响，一方面其改变了传统的教学思路，另一方面也改变了教学的具体内容和目的。对此，学校和教师应该对大学心理健康教育进行更详细的研究，促进教学质量和效率的提升，促进学生健康心理的培养和发展。

第二节　基于积极心理学的大学生心理品质培养体系的构建

积极心理学作为心理学科中的分支，主要从积极的角度来深入探究人们的心理健康情况，当前已经成为心理学主要的发展趋势。从积极心理学的角度出发，研究大学生群体的心理健康情况也有了新的方向，将传统模式中针对大学生心理问题实施的主动干预逐步调整为通过积极心理疏导的模式。本节基于当前积极心理学的发展情况，深入探究大学生群体的心理健康情况，提出构建大学生积极心理的培养方案。

随着教育水平的不断提高，越来越多的高校将目光转移到学生的心理教育之上。如何有效地引导大学生构建起积极的心理体系，不管是对于高校培育高素质人才，还是对于学生自身的心理发展甚至是社会的进一步前行都具有实际意义。积极的心理素质能够经由后天培养而来，经过不断地训练可以让大学生逐步构建起积极的情绪管理体系、认知评定体系以及积极的行为管控体系。将积极心理学有关的理论知识添加到高校大学生心理教育之中，能够突破原有的心理教育模式，解决消极干预的问题，确保大学生培养起优秀的心理素质体系，真正达成大学生心理教育的目标。

一、积极心理学的基本内容

（一）研究积极情绪

积极心理学主要研究积极的心理情绪在人们日常生活中发挥的效用。从积极心理学角度来说，消极的心理态度可以看作是人们面对外界危险构建起的第一道警戒线，其会将人们带入到战斗状态，由此来打破或远离危机。反观积极的心理态度，则会拓展人们的眼界，提高自身对外界的包容程度以及自身的创造水平，能够让人们拥有更加健康的体魄，获取更加优质的人际交流，例如，兴趣的产生会引发探索全新信息的动力，同时也会让人们产生向前发展的期望；满意的产生会让人们认可当前的生活环境，同时还会将此环境同自身和社会中的全新论点进行有机融合；自豪的产生会让人们渴望将此情绪同他人分享并期望在未来谋求更大的成功；爱的产生会让人们出现同爱的对象一起生活并探索全新世界的想法。

（二）研究积极人格特质

积极的人格特质作为积极心理学中最基础的部分，在积极心理学之中，主要探究了多达 24 种积极的人格特质，其中涵盖有乐观、自信、成熟的防御体系等。而最为核心的特质有勇敢、仁爱、智慧、正义、节制以及精神卓越等。在积极心理学当中，将幸福的产生归结为人们可以找寻自身的优点和积极的人格特质，同时还可以在日常生活中展现出来。

（三）研究积极组织系统

积极心理学也将主要的研究方向集中在社会文化背景方面，认为社会文化背景同心理素质、人格特质、创造水平、情感态度以及心理治疗有着密切关系。一个积极的组织体系包含有积极的子系统，其中积极的小系统涵盖了稳定的社区关系、高度负责的社交媒体、良好的家庭环境以及教育水平较高的学校；而积极的大系统则包含有民众具有的责任意识、道德水平等。积极心理学还探究了产生天才的外部条件、创造水平发展同人们幸福生活指数的关系。

二、构建大学生积极心理品质培养体系

（一）培养学生积极的情绪体验

积极心理学一个主要的研究方向便是积极的情绪体验，主要将能够引发个体出现接近性行为或者行为趋势的情绪都划归为积极情绪，表现为个体对过去回忆的满足并幸福地享受现在，同时对未来具有乐观期望的心理状态。（1）培养大学生群体的主观幸福感，哈佛大学的导师沙哈尔提出幸福的产生应当是快乐同意义的深度融合。使得学生可以在日常活动中找寻幸福、享受幸福、分享幸福，最为核心的便是在普通生活中挖掘出生活的意义。（2）强化大学生对于自身情感态度的调节水平。著名的心理学者Gross在发表的情绪调节理论中着重强调了外部环境对个体心理产生的影响，同时也对环境选择、情境调整给出了指导方案。因此大学生应当主动地去搭建起能够引起积极情绪的外部环境。（3）认知作为个体情绪体验中相当关键的要素，差异化的个体在应对相同的环境刺激时，即使认知能力相同也会出现不一样的情绪体验。

（二）培养学生积极的人格特质

积极心理学的目标主要是探究并培养个体的人格特质和积极的心理素质。（1）训练学生构建起积极的思维方式，树立积极的心理品质。将积极心理特质的养成提高到比消极心理特质在应对困难时更加核心的位置，整体来看属于一种逆向思考的模式。从相互的讨论交流中培育起积极向上的思维模式，潜移默化地让学生将优秀的人格特质划入到自身心理体系之中。（2）从三观等方面专门培育学生积极的心理特质。例如，在培养积极的价值观时，学校可以组织相关的性格活动，清晰地将性格特质进行分类并确定相应的性格词语，将其制作成海报张贴在校园之中。此外还应当按时在校园通信网络中讲解性格词语和对应的意义。教师和学生针对这些性格特质和实际应用进行探讨。（3）将"爱"

作为起始点，培养并提升学生积极的心理素质，强化实践能力。可以利用感谢信或者爱心救援等活动来让学生树立积极的心理特质。

（三）构建积极的心理健康组织系统

积极的社会组织也是积极心理学中较为重要的一环，它不单单是培养人格特质的基础，还是个体出现积极体验的本源所在。积极的社会组织涵盖国家、企业、家庭以及学校等诸多方面，其在学校中主要发挥的作用为构建优质的教学氛围。根据有关研究结果可以发现，大学生获取认可和支持最多的渠道是来源于家人和朋友，而教师的认可普遍较少。积极心理学主要提出搭建积极的外部环境以及积极的组织体系，不仅包含有积极的个人环境，还有积极的组织体系等，一个稳定的组织系统也是大学生心理能否健康发展的关键所在。（1）构建起学生发展的积极环境，将个体、家庭、校园以及社会有效结合起来，构成多维的互动模式。（2）制订出从家庭到校园再到社会组织的学生培养方案，主要包括个体情感、内心独白、爱心互助以及成果分享等，并让学生同家人和老师进行良好沟通。（3）真正将学生互助组织的效用发挥出来，架构出班级—班委—宿舍—同乡等学生关系结构。（4）对于支持体系来说，最为核心的是校园心理咨询组织，其应当有效完成学生的心理引导并给与相应的咨询服务，确保学生可以获取高质量的心理辅导。

（四）积极的心理干预策略

积极心理学还主张搭建起行之有效的心理治疗方案，将积极心理学的核心理论作为基础，构建起具体的心理治疗方案，强调心理治疗过程中个体应当将注意力投入在养成积极心理特质方面，主要是让患者通过强化自身的积极心理素质来突破心理疾病的束缚，或者防止心理问题的发生。（1）在校园中建立危险防范体制，将班级中班委、舍长以及党员群体作为核心，构建起心理危机的报警体系，利用积极心理学中的基本理论，将学生好友的作用发挥出来，尤其是在心理危机警示方面发挥应有效果，主动关注个体的心理情况。（2）通过积极心理治疗的方案完成心理咨询，比如，让个体尽可能享受美好的一天、完成送祝福训练以及完成好事等活动。上述练习均需要个体深入思考并分析自身出现幸福情绪的事项，加强个体在面对积极事情时的认知水平。（3）完成心理弹性的干预方案，其主要是建立在积极心理学之上。强化学生的心理弹性，可以有效调整学生的认知思维，并降低个体出现心理问题的概率。（4）发挥积极心理学辅导人员的作用，通过团队在情境之中的引领并辅助个体获取更加深入的心理体验。

综上所述，积极心理学作为心理学研究的新方向，它的工作目标体现了社会意义上的博爱和人性，是与人类发展的目标相一致的。我们深信，积极心理学理念指导下的大学生心理健康教育，将会极大提高大学生的心理健康水平，使他们过上更丰富、更有意义的生活。

第三节　基于积极心理学的大学生心理危机干预策略探究

以某高校心理普查中低年级到高年级大学生心理危机比例大幅提升的事实，反思当前大学生心理危机干预的问题与困境，从自身、家庭、学校和社会等层面全面、客观分析大学生心理危机问题的成因，力图构建基于积极心理学的大学生心理危机干预机制，为有效防止大学生极端心理危机事件的发生提供了创新思路。

随着社会的高速发展与进步，大学生心理问题呈快速增长趋势，各高校根据情况开展相应工作并建立多级防御机制，但实际效果并不理想。如何走出大学生心理危机的困境，基于积极心理的视角构建以培养积极心理品质为核心的心理危机防御机制，能够有效推动培养大学生健康人格特质的教育进程，切实提高大学生应对心理危机的能力，有效防止大学生极端心理危机事件的发生。

一、大学生心理危机的现状及问题

心理危机是指个体在遇到突发事件或面临重大挫折和困难，当事人自己既不能回避又无法用自己的资源和应激方式来解决时所出现的心理反应。针对个体在危机状态出现的一系列负面情绪、生理、认知和行为反应，目前各高校按教育部要求成立专门的心理健康教育机构，配备专、兼职心理健康教师，对心理危机对象力图实现早发现、早干预的工作机制，但在实际操作过程中依然面临着许多困难和挑战。

（一）大学生心理危机现状调查情况

笔者使用SCL-90自评量表对某高校5295名大学生进行调查发现，一年级学生1585人中心理异常人数为275人，占测试总人数的17.35%；二年级学生1389人中心理异常人数为265人，占测试总人数的19.08%；三年级学生2087人中心理异常人数为454人，占测试总人数的21.75%。存在心理问题的学生中，一年级学生最突出的症状依次为：强迫症状（40.50%）、人际关系敏感（36.50%）、焦虑（18.86%）、恐怖（16.59%）、其他（16.47%）；二年级学生最突出的症状依次为：强迫症状（39.96%）、人际关系敏感（28.37%）、焦虑（20.81%）、抑郁（19.01%）、其他（21.31%）；三年级学生最突出的症状依次为：强迫症状（43.65%）、人际关系敏感（31.34%）、其他（25.26%）、焦虑（24.77%）、抑郁（22.28%）。通过进一步分析发现，大学生普遍存在心理危机，三个年级的症状主要集中在强迫症状、人际关系敏感、焦虑、抑郁和其他等，且从低年级向高年级学生人数比例呈增长态势。

（二）大学生心理危机干预的问题与困境

1.心理危机人数呈不减反增态势

从某高校心理测试结果中可以看出，心理危机人数和症状从低年级到高年级呈增长态势。现在各高校都非常重视对大学生心理危机的干预，新生进校后就开展心理健康普查筛选工作，对心理异常学生建立心理档案并持续跟进，然而，大学生的整体心理健康水平并未得到显著改善，反而出现了心理危机人数呈增长态势。

2.过分关注个别学生及消极特质

以往大学生心理危机干预重点关注少数个别学生，主要服务对象为具有情绪困扰、行为失调、适应困难以及有自杀倾向的个体。为防止这类学生发生极端事件，往往把工作重心放在所谓问题学生身上，忽视对其他学生应有的关注与支持，然而，心理危机干预并没有抑制心理问题的滋长。

3. 心理危机干预机制流于形式

虽说各高校都做好了针对大学生心理危机的干预机制和预防措施，但基本处于消极被动、疲于应付的状态，好多后期跟踪都流于形式，没有真正起到对有心理问题学生的有力支持或援助，导致高校心理危机干预工作无法做到位。

4. 社会支持系统参与度较低

个体依靠自己的力量无法成功应对心理危机时，社会支持系统能够有效化解心理压力。大多数存在心理危机的学生普遍存在强迫症状、人际关系敏感、焦虑、抑郁等，大多数人都不善于主动寻求帮助。缺乏必要的社会支持，得不到应有的帮助、关心和肯定，必定会使学生在没有能力应对问题时产生更强烈的失败感，引发更严重的心理危机。

二、大学生心理危机的成因分析

随着社会转型与竞争的激烈，大学生心理危机日益凸显。面对问题和困难，很多大学生采取逃避的方式，上课玩手机、刷微信、沉迷于网络游戏，甚至逃学旷课。要实现对危机对象早发现、早干预，必须深入研究大学生心理危机产生的成因，探索大学生心理危机干预的创新机制，使大学生在成长成才的路上健康发展。

（一）自身原因

从某高校心理测试数据中得知，大学生心理危机症状主要集中在强迫症状、人际关系敏感、焦虑、抑郁和其他等问题，调查反映出相当一部分学生出现网络成瘾、自控能力差、人际关系紧张、不懂换位思考等问题，遇到问题缺乏求助意识，又不愿经历改变的阵痛，极易产生心理危机。

（二）家庭原因

任何一场危机事件背后均隐藏着心理危机，失败的家庭教育让孩子错失建立规则与自律的最佳时机，特别是父母感情不和、父母离异、单亲家庭的孩子及留守儿童更容易产生冷漠、焦虑、抑郁、敌对、恐怖等消极情绪，缺乏安全感，容易陷入严重失衡的心理危机状态中。

（三）学校原因

目前高校的心理危机干预体系重点关注具有强迫症状、人际关系敏感、抑郁、焦虑等症状的少数群体，况且在实际操作中较难对其通过一两次心理辅导来达到促进人格塑造和心理潜能开发的咨询效果。由于大学生心理健康状态是个动态变化的过程，心理危机会出现越抓越多的状况，甚至衍变成心理障碍的推手。

（四）社会原因

通过某高校心理测试发现，因子分超过常模较突出的部分有三个：强迫症状、人际关系敏感、焦虑，这与价值观缺失、竞争压力过大、对未来考虑过多有直接关系。一旦情感和需求得不到满足，容易出现更严重的心理危机，甚至出现自残、自杀或伤害别人的行为，形成社会不稳定的诱因。

三、大学生心理危机干预的策略

从积极心理学的理论视角，把大学生心理健康教育课程与其他具有培育积极心理品质的课程整合到人才培养方案中，实现全员育人导师制贯穿人才培养全过程。充分利用家校合作的社会支持系统和大数据网络动态预警，构建对学生具有生命意义教育引导的多级预警防御机制，将关注重心更多倾向于培养具有积极乐观心理的学生，增强大学生心理危机的防御能力，努力寻求减少与化解大学生心理危机的策略，从而有效提升大学生心理危机干预的主动性和实效性。

（一）目标与定位

将心理危机干预重点放在心理健康群体和心理危机个体良好的心理状态方面，用积极的心态解读心理现象，激发其内在的积极力量和优秀品质，加强对学生具有生命意义的教育与引导，对学生进行健康人格特质的培养，从某种程度上增强学生的自信心、主观幸福感，帮助个体成长和自我实现，构建积极向上的育人环境，这也是心理危机干预的有效途径。

（二）内容与要求

把培养个体积极乐观的态度，塑造健康人格的内容体现在人才培养方案的课程体系和心理辅导中，激励人本身的积极因素，通过开发人的潜能，激发人积极的心理力量，让其学习方式和生活方式、思维方式都发生一定的变化，培育出个体积极的心理品质，让个体拥有健康平和的心理状态和合理的思维模式，促进大学生群体的身心愉悦和健康成长。

（三）方法与途径

1. 构建心理危机"四级"预警防御体系

为了能够及早预防，及时、有效地干预并快速控制心理危机突发事件，要建立健全学校心理中心、院系心理辅导站、班级心理委员、宿舍联络员四级预警防御体制。实施异常情况逐级汇报制度，完善应急处理预案，建立应急处理快速通道，形成信息搜集、评估、反馈、防治的心理危机干预机制，降低、减轻或消除可能出现的对他人和社会的危害。

2. 思政与心理危机干预联动的"三观"正向引导

世界观、人生观和价值观统称为"三观"。大学生处于塑造"三观"的关键时期，学校应充分利用思政课程贯穿所有学期的契机，加强对学生的"三观"教育，培养学生平和的心态、乐观的性格、坚毅的意志品质、豁达的人生态度与正确的自我归因，帮助危机中的个体走出困境，提高其心理健康水平，塑造健康人格，为他们的健康成长奠定坚实的思想基础。

3. 人才培养方案与全员育人课程整合的生命教育辅导

在大学生心理健康教育、大学生性与心理健康、大学生职业生涯规划、大学生安全教育、大学生思想政治教育等课程中加强对生命意义教育的引导，培养学生健康的人格。人才培养方案与全员育人导师制实现无间隙的课程整合，培养大学生积极的心理品质、积极的人格特质、积极的情绪体验和积极的生活态度，通过个体自身的积极力量来面对生活中的问题，提升个体心理健康水平。

4. 构建基于社会支持系统的家校共同体提升学生积极心理品质

良好的家庭、学校和社会环境能够提供积极的心理氛围，面对突发事件能够有效地引导学生积极乐观地面对挫折，帮助学生解决心理上的困惑和烦恼，从而激发自身内在的积极力量和优秀品质，有效预防心理危机的发生。

5. 捕捉基于大数据的心理危机信息网络动态预警

信息技术的普及和发达使电脑和手机变成大学生必需的学习和生活工具，学生在门禁系统、图书管理系统、食堂用餐管理系统、学生考勤系统、学生学籍管理系统、微信、微博、QQ、网络购物等活动中产生很多反映集个性、情绪变化的实时心理资料，这种方式提供了一种网络动态预警机制，为分析其是否需要进行心理危机干预提供更精确的依据。

总之，在大学生心理危机干预中引入积极心理学，建构培育积极乐观态度和积极心理品质的心理危机干预机制能够有效防止大学生极端心理危机事件的发生，构建美好和谐的校园。

第四节 浅谈积极心理学视野下的大学生心理健康教育

目前，大多数教师在开展大学生心理健康教育活动中通常是采用这样一种模式——介绍某一种心理问题，分析该问题的定义与危害，并总结克服该问题的方法，这明显偏离了激发学生积极心理素质的子目标。

一、积极心理学视野下的大学生心理健康教育优势

（一）拓展学生心理健康教育知识视野

开展积极心理学视野下的大学生心理健康教育活动，从正向角度激发学生的积极心理因素，有助于引导学生了解阳光心态和积极情绪，如乐观、自信、自律、内省、谦虚等，从而有效拓展学生心理健康教育知识视野。学生在学习

积极心理因素的同时会逐步消除自身与心理健康教育课程的隔阂，将关注负面心理因素的倾向转移到激发个人潜能与培养健康积极的心态领域。

（二）创新大学生心理健康教育方法

开展积极心理学视野下的大学生心理健康教育，有助于弥补传统教育模式的缺陷，创新大学生心理健康教育方法。目前，很多教师在开展积极心理学视野下的大学生心理健康教育过程中，为学生组织了各种有趣的体验活动，如"信任背摔"游戏、"安全防卫"游戏，从而有效培养了学生之间的信任感，提高了学生的安全意识，使学生的责任感得到了加强。

（三）奠定社会人才教育基础

从发展视角来看，大学生心理健康教育属于一种长远性教育活动，塑造学生积极健康的心理素质有助于辅助大学生实现个人价值，从而为培养社会发展所需要的人才奠定良好的基础。而且，积极心理学主张以人为本，提倡积极人性，强调关注人的积极心理因素，发展人的潜能。在这一系列主张的引导下，学生很容易形成积极健康的心态，步入就业岗位之后，他们能够积极应对各种压力与问题。

二、积极心理学视野下的大学生心理健康教育方案

（一）发挥积极心理因素，增强学生的自控能力

基于积极心理学视野，顺利开展大学生心理健康教育活动，教师应充分发挥与挖掘学生的积极心理因素，不断增强学生的自控能力。在教育过程中，教师应尊重学生的情趣爱好与个性天赋，引导学生在发挥个人优势的同时潜移默化地增强自控能力与自律意识，学会自省。此外，教师应注意进行必要的引导，告知学生：一个人自控能力的强弱体现在其有意识或者无意识地在日常活动中和工作中表现出的习惯上。所谓的"自控能力"特指一个人善于自我支配和自我调节的能力，它是个人对自身的心理和行为的主动掌握，是个体自觉地选择目标，在没有外界监督的情况下控制自己的行为，抑制冲动，抵制诱惑。这样有助于有效培养学生的自控能力，教导学生恪守规范与道德行为。

（二）引入故事，提升课堂活力

提升大学生心理健康教育乐趣，培养学生对该课程的学习兴趣，教师应注意创新教学方法，适当引入经典故事，以此提升课堂活力，让学生在快乐学习中形成良好的心态。例如，在解析"谦虚"这一美德的同时引入科学家爱因斯坦的故事，爱因斯坦曾经为一个夸奖他学识渊博的人画了一个小圆和一个大圆，接着说："在物理学这个领域里可能我比你懂得知识略多一点儿，正如这个小圆。然而，物理知识是无边无际的，小圆的周长有限，与外界的接触面较小，而大圆与外界接触的周长大，所以会感到自己的未知东西更多，就会更加努力地去探索。"这个故事说明，只有谦虚好学、虚怀若谷，才能容纳真正的学问和真理，不断完善自我，获取成功。

（三）做好正面引导教育工作，完善心理健康教育评估体系

全面提升积极心理学视野下的大学生心理健康教育效果，教师应做好正面引导教育工作，引导学生树立自信心，逐步形成乐观、健康的心态。与此同时，教师应注意完善教学模式，努力实现心理健康教育多元化，促进该学科与其他学科的有机结合，从而有效提高教育效果。例如，促进心理辅导和文化教育工作以及德育工作的有机结合，以此培养学生健康的心理，提高学生的文化素养和品德修养，引导学生逐步形成正确的价值取向，将学生培养成有文化、有道德、有理想、有纪律的"四有公民"。此外，教师应重视完善心理健康教育评估体系，从微观层次来分析，大学生心理健康教育评估主要包括心理辅导教育、心理活动体验教育和心理辅导组织管理的综合评估。在评估过程中，教师应全面了解学生的具体问题与兴趣爱好，然后，针对具体问题予以疏导教育，根据学生的兴趣爱好进行正确的引导，发扬学生的优点与天赋。一个月之后，教师可以对学生进行心理测试，并根据测试结果，进一步完善大学生心理健康教育评估体系，以此提高学生的心理健康素质。同时，教师可以定期开展体验式心理活动，如"阳光心理活动""心理信箱""校园心语"等，引导学生自行创办关于大学生心理健康教育的墙报、画廊、手册与板报等，使学生在参与心理健康教育活动的同时逐步形成积极、乐观的心态，并针对体验式活动效果做好评估工作。

综上所述，做好积极心理学视野下的大学生心理健康教育工作，塑造学生

积极、健康、乐观的心理品质，教师应充分发挥积极心理因素，增强学生的自控能力；适当引入有教育意义的故事，以此提升课堂活力；全面做好正面引导教育工作，不断完善心理健康教育评估体系。

第五节　积极心理学视角下的大学生心理健康教育探索

积极心理学这一概念最早出现在 20 世纪末的西方心理学界，从 80 年代开始，我国高校的心理学教育就开始运用这种教学方法。在积极心理学视角下，应该注重人的人格培养和情感体验，大学生心理健康教育是为了及时矫正其心理问题，引导其走向正常的生活与学习道路，所以，将积极心理学引入大学生的心理学教育十分必要。

积极心理学兴起于 20 世纪 80 年代的美国。当时，美国兴起了一场以研究人的品质为目的的运动，一些美国心理学家将积极的心理因素如快乐、幸福、乐观等作为研究的切入点，将人的良好品格和积极的态度作为心理学的研究重点，这就是积极心理学兴起的背景。积极心理学研究的创始人是美国当代著名的心理学家马丁·塞里格曼（Martin E.P.Seligman）、谢尔顿（Kennon M.Sheldon）和劳拉·金（Laura King），他们认为："积极心理学是致力于研究普通人的活力与美德的科学。积极心理学主张研究人类积极的品质，充分挖掘人固有的、潜在的、具有建设性的力量，促进个人和社会的发展，使人类走向幸福。"从某种程度上来讲，对人们行为有创造性的、积极的、满足的因素进行的研究就是积极心理学研究。

积极心理学的对立面并不是消极心理学，心理学本身的研究范畴就是一种偏中性的态度，与快乐、悲伤没有关系，积极心理学只不过是对消极心理学研究的一种补充，在传统的心理学研究领域，对消极的心理现象研究较多，但是，在现代社会中，人们的生活节奏越来越快，物质生活不断丰富，但精神世界却在逐渐空虚，心理问题不断涌现，人们更多地在追求精神上的幸福感以提高生活的质量，所以，在这种形式下，积极心理学的研究就显得尤为重要。从目前研究的范围来看，积极心理学的研究领域一般有三个方面：第一是从个人的主观感受出发，研究他们主观意识中的幸福感、满足感，对过去和现在的幸福进行比较分析；第二是研究个人能力，一般是个人的工作学习能力，看待问题、分析问题的能力，爱的能力以及对未来的洞察力等；第三是从社会层面进行分析研究，人生活在社会中，要有积极的心理首先得建立积极的家庭、学校和社会环境，这样才能有助于人的健康发展。

一、积极心理学的特点

积极心理学主要是提倡人们要有积极的生活态度和心理状态，它关注人优秀的品质、健康的心态，从客观的角度研究人的优点，并用客观的心态去看待遇到的问题，不断激发人类潜在的积极特质，赋予他们不断前进的动力，最终让他们感到幸福。在关注人类优秀品质的同时，人的价值和生存发展方向是其关注的重点，它将心理学传统的关注重点转向积极的一面，体现出更多的人文色彩，不断提升人自身的价值所在。在研究的同时，科学的研究方法是积极心理学研究的重要手段，所以，科学性也是积极心理学的一个重要特点。

二、积极心理学的作用

在传统的认识过程中，心理学是针对心理有问题的人进行的研究，但这只是片面的看法，普通人的心理也需要被关注，他们也需要更好的心理状态，积极心理学就具有积极的增进功能，它能够刺激人的兴奋状态，让人们不断被积极快乐的东西所吸引，从而不断培养幸福感和满足感，让人们生活得更加幸福和快乐。预防是心理学研究的一个重点，更是积极心理学关注的一个重点，心理疾病的产生正是因为疾病发展前期没有注意该问题导致病情的集中，所以预防心理疾病是关键，积极心理学的另一个作用就是有积极的预防作用，如果人们了解积极心理学的内容，在遇到问题之前他就会想积极的一面，也能及时客观地解决问题，而不是一味消沉和抱怨，影响心理疾病的治愈。在出现心理问题之后，积极心理学有积极的治疗作用，它能够不断地培养病人树立乐观的生活观念,掌握人际交往的技巧,乐观地看待问题并进行冷静的处理,不抱怨过去,努力改变现状,积极地面对未来。在心理疾病诊疗的过程中,诊疗成功的患者大都是根据积极心理学的方法痊愈的,而且一般都没有后遗症出现。

三、我国大学生心理健康教育中的积极心理学研究现状

我国高校心理学专业对积极心理学的研究至今也有二三十年的时间,尤其是最近几年,随着高校对心理学的重视,积极心理学的研究取得了很大的成果,在解决大学生心理问题上做出了突出贡献。但是,即使研究有一定的成果,在现实大学校园中仍然存在着很多问题,尤其是有心理疾病的大学生做出的一些恐怖行为给现在的积极心理学教育带来了考验。

(一)大学生心理健康教育的目标不一致

心理学是一门中性的学科,没有好坏之分,但是从我们认知的角度来看,心理学的研究范畴又分为积极心理学和消极心理学,消极心理学是在有了心理疾病之后对其进行治疗和干预,而积极心理学主要起到一个防范和引导的作用,为了让人们的心理状态呈现最佳状态,让人们的潜力不断得以开发,生活更加幸福。如今的高校心理学教育更加偏向于消极心理学的教育,目的是为了治疗已经有心理问题的学生,这种心理学的教育方法直接忽视了学生的心理发展过程,对学生的心理需求不重视,缺乏积极的引导。

(二)大学生心理健康教育偏重医学研究

从我国高校开设心理学课程以来,在解决大学生心理问题方面取得了不小的成就,对促进大学生的心理健康有一定的积极作用。但是因为传统心理学教学目标的问题,消极心理学成了心理学教育的重点,所以,高校教育者都将教学的重点偏向于问题心理的研究上,如焦虑、忧郁、自卑等情况,教育的对象也是仅仅限制在有心理问题的学生身上,只是对他们出现的问题进行研究分析,不去过多地关注他们心理的发展过程和未来发展情况。在课程设置上,大部分高校的心理健康教育学习都采取选修课的形式,或者以简单的讲座形式,在心理辅导过程中,也是个别的诊疗式方法,讲座内容多是针对消极心理问题展开,

在讲授的过程中会渲染消极心理的危害性。心理学的教学体系也不够完善，没有完整科学的知识体系，这样势必会让教师和学生更多地关注消极的心理或者不健康的心理状态，而忽视了积极的心理因素，这种干预性的教学方式不利于学生心理的积极发展。消极心理学的教学模式直接否定了心理学的中性特质，忽视了人更需要的积极心理因素的引导，过多地注重医学层面上的"治疗"，而忽视了对心理问题的预防和积极引导，积极的心理学更应该关注学生优秀品质的培养，而不是去改变现有的品质特征。

（三）大学生心理健康教育对象有限

目前，高校的心理学教育关注点在消极心理学方面，研究的理论基础也是消极心理学，他们通常认为只要消除心理疾病就是健康的象征，但是从心理学的角度来看，仅仅是没有心理疾病并不代表就有健康的心理状态。所以，心理学教育过少地关注学生本身的心理状态，尤其是多数学生的心理现状。在具体的操作中，高校的心理健康教育很多情况下处于被动的状态，他们几乎不会主动去引导学生，而是等有问题的学生寻求帮助，再进行针对性的诊疗，这种单一性的救助方式并不能让学生具有主动解决心理问题的能力，他们更不知主动去寻找勇气、乐观、幸福等积极因素的方法，大学心理健康教育的局限性，使大多数学生并不能从中学到积极的东西，甚至出现了谈"心理"色变的地步。

（四）大学生心理健康教育师资良莠不齐

目前，高校心理健康教育师资队伍良莠不齐一个原因是教师数量不足。普通高校心理学教师的数量较少，而且专业的心理学教师更少，尤其是在一些工科院校更是如此，很多学校都让学生辅导员承担心理学的教学责任，在入职筛选中，他们会尽量选取有心理学和教育学背景的应聘者担任辅导员，但是这些教师在成为辅导员之后，由于工作大都比较繁重，所以还是有很少的人会关注每个学生的心理状况。另一个原因是高校的心理学教育处于一种孤立无援的地步，只有极少数教师在进行学生心理问题的解决，其他的教师或者家长、社会都对学生的心理问题漠视，通常情况下他们根本发现不了学生心理存在的问题，所以，亟须建立完整的心理学教育体系，让每个人都关注心理问题，而不是把责任推给仅有的几个心理学教师。

四、对大学生心理健康教育中积极心理学的探索

（一）建立清晰的积极心理健康教育的目标

高校应该转变心理健康教育的教学目标，将之前的消极心理的教学目标转变为积极心理学的教学目标，要逐渐培养学生乐观积极的心理状态，培养他们的幸福感。不仅仅要关注个别人的心理问题，也要将视野放在所有学生或者整个人类本身上。在当今社会发展背景下，人们的物质生活水平有了很大的提升，人们关注的重点不再是生活所需，更多的是精神需求。追求精神上的幸福是人类的共同目标。所以，心理健康教育也应该紧跟这一目标，让学生通过校园生活建立积极、乐观的生活态度和正确的人生观和价值观，只有这样，在未来社会中，他们才会保持这种健康的心理状态，不断激发他们自身的潜能，使自己的生活更加幸福。

（二）建立完善的积极心理健康教育体系

对大学生积极心理学教育内容体系的构建，首先要培养他们树立正确的自我认知观念。不管是积极的心理状态，还是消极的心理状态，都是由他们的自我认知观念引起的，它有设定生活目标的功能，积极健康的自我认知观念可以让人们拥有乐观的心理状态。在大学生心理教育的过程中，教师要积极地引导学生对自己的心理状态有一个全面的了解，通过课堂所学内容和社会实践，逐渐建立起自己的心理认知观念，懂得自我肯定和自我批评，能够客观地看待生活或学习中出现的问题，了解心理现象出现的合理性，从积极心理学的角度来看，对自我肯定，尤其是对自己长处进行挖掘，这样才能不断实现自我价值，在人际交往的过程中，要善于接受自己和他人，协调好理想与现实中的自我差异，不矫揉造作，也要不卑不亢，不断地树立正确的自我认知观念。

（三）构建积极的校园支持平台

人是社会性的，大学生成长最主要的生活环境是校园，所以，要想建立积极心理学的教育体系，就需要有积极的校园支持平台。积极校园平台的建立，需要从学校的规章制度、管理体系、教学体系等出发进行综合分析研究。完整

的心理学教学体系，对大学生健康心理的形成至关重要，这套体系的建立首先要根据明确的规章制度和法律规范来制约，尤其是优良的学校氛围，可以使教学氛围得以优化，大学生在学习中可以找到自己的人生价值和认同感与归属感。积极的教学理念是校园平台建设的关键，只有以积极的观念来引导，传统的心理健康教育才能进行重新定位，才能不断地更新和完善管理体系，让学生积极快乐地参与到学习和生活中，最终拥有积极健康的心理，拥有幸福的生活体验。

  我国高校承担着为社会主义现代化建设培养人才的重任，在社会疾速的发展过程中，人们的心理健康直接影响着工作的效率，所以，高校的心理健康教育任重道远。从目前的心理健康教育现状来看，虽然取得了一定的教学成果，但是由于受到传统消极心理学的影响，在教育过程中学校过多地关注少部分心理有问题的学生，忽视了大多数学生的心理状态，所以高校要更新教育理念，培养学生的幸福感，让学生接受积极心理学教育，让他们的生活更加幸福。

第六章 高校学生思想政治教育

第一节 大学生思想政治教育教学新模式和组织

一、构建大学生思想政治教育教学新模式

教学模式是以某种教学思想和教学理论为依据而建构起来，可供教师在教学活动中借以进行操作的既简约而又完整的模型。它集约地体现了设计、实施、调控和评价教学活动的一整套教学方法论体系，是教学理论与教学实践得以发生联系和相互转化的媒介和桥梁。

（一）启发式教学

启发式教学模式的核心是在教学过程中激发学生学习的主动性和积极性，调动和培养学生的启发思维，教师在课堂教学中通过举例子、课堂讨论、提出问题、创设启发情景等方法，在课下通过布置作业、课外指导等各个教学环节指导学生掌握获得知识的工具，培养学生根据需要处理各种信息的能力。启发式教学过程中，教学的中心转移到了学生身上，重视调动学生学习的主动性和积极性，教师作用的发挥取决于学生主动性和积极性的调动。

高校思想政治理论课启发教学模式不能停留于让学生找到问题的答案，而应是引导学生学会闻一知十、举一反三，即运用所学知识和方法去解决众多的新问题，这才是它的实质。有经验的高校思想政治理论课教师，总是善于运用迁移规律把要解决的新问题与已解决的某一类问题联系起来，突出共同规律，把未知转化为已知，引导学生学会以简驭繁、举一反三。

（二）讨论式教学

讨论式教学模式是指在思想政治理论课的教学过程中，为了实现思想政治理论课教育教学目标，教师引导学生自学、思考有关内容，以系列问题为线索，师生之间以及学生之间利用讨论、辩论等形式，通过问题的思辨过程相互启发、达成思想共识、提高思想政治理论水平和能力的一种教学模式。这种教学模式包括以下三个方面的内涵。

（1）以系列问题为线索展开教学的教学模式。系列问题是思想政治理论课实施讨论式教学模式的核心。所谓系列问题，是指具有系统理论逻辑联系的问题：从纵向上看，先行问题的未知，是后继问题的已知，依此类推，一步步把理论思维和逻辑向前推进；从横向上看，不同问题是从教学内容的不同维度上提出来的，不同问题间相互补充，从而全方位地指向教学内容。

（2）以师生、学生之间的自学、讨论为主要教学方法和手段的教学模式。

（3）相互启发学习的教学模式。讨论的精神实质是启发思想，通过钻研问题、发言讨论，师生能从他人的发言中得到有益的启示，通过启示重新组织自己的知识理解和认知体系。

（三）研究性学习教学

研究性学习教学模式是指教师在教学中，引导学生从理论学习和社会生活实践中选择和确定研究性问题或课题，发挥主观能动性，积极主动地去收集资料、相关理论观点，运用分析研究、综合比较、归纳演绎等理性逻辑方法和非理性方法，从研究中获取知识，应用知识解决问题，锻炼思维能力，获得全面进步发展的教与学的模式。研究性学习教学模式是基于强调科学原理形成过程为主要特征的教学方式，强调教学内容的呈现方式要面向过程，将理论观念等得以产生的起因和研究过程展示给学生，并引导学生发散思维，激发学生自主学习和探究的动机，增强学生自身参与知识建构的积极性和自觉性。

（1）研究性学习教学是一种以"问题"为中心的生成性和创生性教学。

（2）研究性学习教学作为师生共同去寻找、发现、研究、解决问题的教学方式，是一种师生合作性的教学。

（3）思想政治理论课进行研究性学习教学是以思维过程的展示和发展为重点的教学方式。

（四）案例教学

案例是指对具有典型意义的事件所做的客观记录或具体描述。案例教学是指教师根据教学目标和教学任务的要求，运用精选出来的案例材料，使学生进入某种特定的事件、情境之中，通过组织学生对事件的构成进行积极主动的探究活动，从而提高学生创造性地运用知识分析和解决实际问题的能力的一种教学模式。

目前常见的案例教学主要有两种类型：一是"从例到理型"，即教师引导学生运用案例，经过分析讨论和研究，从中发现规律并按照规律解决实际问题；二是"从理到例型"，即在教师的启发指导下，学生运用基本概念和规律，用案例来解释和证明基本原理，从而获得解决实际问题的能力。这两种类型的案例教学虽然各有不同，但是都体现和符合了认识发展的一般规律，都可以运用到思想政治理论课的教学中来。

（五）网络教学

网络教学目前有广义和狭义两种理解。从广义上讲，网络教学是指运用了网络技术的教学活动；从狭义上讲，网络教学是指将网络技术作为构成新型教学环境的有机因素，充分体现学生的主体地位，通过网络课件、双向视频教学系统等现代化的通信手段向学生传递教学信息，并以电子邮件、BBS 和语音通信等方式对学生的学习进行多方面的反馈，从而建立起的一种不受地域和空间限制的新型教学组织形式。这是一种以探究学习作为主要学习方式的教学活动。这种教学方式把网络系统与计算机相结合，把教师对教学的设计思想与多媒体技术以及人机交互统筹考虑，打破了传统课堂教学的局限，使教师和学生在网上进行教学和交流，具有多样化、开放性的特点。

思想政治理论课网络教学模式是将思想政治理论课课堂教学与网络环境下学生的自主学习的教育模式融于一体的新型教学模式。其理论基础是建构主义教学思想，因此，非常强调学生在整个教学过程中的主体地位，同时又鉴于思想政治理论课的特殊性，对教师在教学过程中的导向性、主导性也很重视，是一种学生主体、教师主导的"双主"模式。这种模式把课堂教学和网络教学结合起来,不仅保留了传统课堂教学重视知识结构整体性、严谨性和系统性的优点,充分保证了思想政治理论课教学的政治方向性、科学性、目的性,而且大大提高学生学习思想政治理论的积极性,增强思想政治理论课的实效性和感染力,改变传统思想政治理论课教学中学生厌学逃学的被动局面,真正实现思想政治理论课教书育人的教学目的。

二、大学生思想政治教育组织路径

组织路径是指通过建立组织,把教育对象有效地组织起来,对他们实施教育,或引导他们进行自我教育。它不仅是实施大学生思想政治教育的有效组织形式,而且本身能够通过规范、约束等实现思想政治教育的功能。它具有严密性、综合性和群众性等特点。

(一)大学班级建设

班级是大学生思想政治教育组织路径的基本单元,是大学生的基本组织形式,是大学生自我教育、自我管理、自我服务的主要组织载体。其特点是集中性、统一性、规范化,具有团结学生、组织学生、教育学生的职能。

1.大学班级建设存在的问题

新时期,高校所处的环境发生了深刻变化,大学生班级群体也遇到了一些新的问题,具体表现如下。

(1)学分制在一定程度上弱化了班集体组织学习的功能。当前的学校教育中,绝大多数学校都推行了学分制改革。学分制的优点在于能够充分调动学生的学习积极性,激发学生的主动性,发挥学生的个性,最大限度地尊重学生学习的主体性。但对于学生工作来说,学分制弱化了大学生班集体组织学习的功能,对大学生班级群体教育产生了不小的冲击。

在学分制教学模式下,学校提供各种便利条件,准许学生自主选择专业课、选任课教师、选上课时间、选修业年限。班级中的同学可以根据自己的偏好自主安排个人的学习,班集体集中统一组织同学学习的可能性变得越来越小。学生依托班集体进行学习的观念越来越淡漠，班级和年级概念也越来越淡化。而从我国现有高校的教育分层集中管理模式来看，学生管理的一切措施力求标准化、规范化，这给大学生班级群体教育提出了不小的挑战。

（2）班级组织体系受到削弱，淡化了学生的班集体概念。大学生刚刚入校时，由于对新环境比较陌生，人的行为具有明显的谨慎性，他们急于寻求组织的归属感，也乐于遵守学校的规章制度，再经过入学教育、军训等强化性集体活动，这时的集体观念是最强的，班级也能够很好地把同学组织起来，班委会和团支部的威望也是比较高的。但随着环境的熟悉、强化性集体活动的结束，这种浓厚的凝聚力和较强的组织体系很快便瓦解了。尤其是毕业班的同学，由于找工作的任务，赶招聘会、参加面试、实习等，这些大都属于个人行为，最多也只是三两个同学一起，班级群体在这方面发挥的作用微乎其微，而辅导员也只能起到督促和指导的作用，班级的群体教育几乎名存实亡。

（3）辅导员工作事务性特征对班级教育连续性实施有一定的影响。在当前高校辅导员的工作中，对班级群体教育的实施还存在诸多不尽如人意之处，最主要的问题就是辅导员事务庞杂繁多，从而在很大程度上影响了班级群体教育的连续性。

2. 大学班级建设途径

进入21世纪以来，立足新的历史起点，着力加强班级建设，充分发挥班级的思想政治教育功能，成为推动大学生思想政治教育发展的重要任务。

（1）注重班级建设的自我设计。要着力加强班集体建设，组织开展丰富多彩的主体班会等活动，发挥团结学生、组织学生、教育学生的职能。这可以从以下两个方面入手：①关注学生个性，将学生的个体发展纳入班级整体格局之中。学生发展存在差异：就学业表现来说，有成绩优秀者、成绩居中者和暂时落后者；就行为表现来说，有班级活动的骨干分子、积极参加者和暂时孤独教育路径的创新者。这些差异都可以成为班级管理的教育资源。可以帮助学生建立三个层面的班级人际关系网络，帮助同学们联系相互之间的感情。②做好学生的心理辅导。大学生思想政治教育者应当成为学生信任、亲近的人，以期待、平等的眼光看待学生，期望每一位学生健康成长，尊重、关心、信任他们，真诚地发现学生的长处，平等待人，在平等相处中建立师生间的信任关系和双向交流，消除学生疑惧心理与对立情绪，缩短师生心理距离，从而形成一种教师关心学生、爱护学生，学生尊重教师的教育情境，建立融洽、合作、互相支持、互相理解的师生关系。

（2）优化班级建设的运行机制。在弹性学分制等因素的影响下，班级成员在时间和空间上的离散程度高，因此加强同学间的相互交流和有效沟通，建立通畅的沟通渠道是非常有必要的。可以从以下四个方面入手：①加强班会的开展。只要班主任和学生们对班会善加利用，就可以在学生之间、师生之间、教师之间创造更有成效的沟通机会。②组建学生合作小组。组建小组的方式可以多样化，并根据实际需要灵活调整，既可以将不同发展水平的学生组成一个小组，也可以在另一阶段、另一领域根据学生成绩组建学习小组，还可以根据学生自愿组合的原则，将非正式群体转变为班级正式群体。③健全班级制度。加强大学生班级群体教育，塑造积极向上的大学生班级群体，需要相应的制度规范对班集体及其成员进行制约和引导，使其不致偏离班级群体教育的目标。这其中的制度规范至少应该包含两个方面。首先，学生的个人行为规范，主要由学校制定颁布的学生纪律规范和班级自我约定的行为规范组成。其次，班集体的行为规范，同样可以分为学校规范和班级自我规范。④搭建虚拟化班级平台。搭建虚拟化班级平台可以通过申请网络空间建立班级论坛，论坛中设有管理员、版主等组织机构，根据班级成员的偏好在论坛内部设置专业学习区、情感交流区、影视区、灌水区等板块，在这些区域中，班级成员可以进行信息发布、班务管理、专业学习探讨、情感交流等活动。

（3）加强班级文化建设。班级文化对于大学生品质的塑造和综合能力的培养起着潜移默化的作用。营造和谐的班级文化，能为学生创造良好的教育环境，有助于学生的可持续发展。构建优秀的班级文化，可以从以下几个方面着手：①创建优秀的班级文化氛围，努力创造浓厚的学习气氛、团结和谐的同学关系和勇于拼搏的进取精神，同时还要努力构建愉悦的文体活动氛围。②制定系统的日常行为规范。"没有规矩，不成方圆。"大学生班级群体教育应该注重运用各种行为规范来约束成员的日常行为，有奖有罚，奖罚分明。③树立班级目标，结合专业特色科学合理地界定本班级的目标，并使班级成员明确要达到目标自身需要进行哪些努力。④最重要的是培育班级精神。班级精神是班级活动的指导思想与行动准则，是对班级目标的高度凝练。班级精神要根据专业特点进行浓缩和提炼，倡导诚实信用、公平友爱、团结协作、顽强拼搏的班级精神。

（4）举办班级活动，增强班级凝聚力。各种班级活动，不仅可以使大学生获得知识，愉悦身心，更重要的是，它是班级成员之间互相沟通交流的主要形式，对于增进班级情感、增强班集体的凝聚力有着至关重要的作用。这就要求我们十分重视大学生的班级活动，每次活动前都要精心地策划、认真地准备，进行广泛的动员，宣传参加活动的意义，并带领学生进行必要的培训和练习，尤其是要在活动中使学生感受到实现自身价值的乐趣，感受到集体的温暖。这样，他们才会倍加珍惜同学之间的友情，对班级活动产生强烈的共鸣，对班集体产生更强烈的认同感和归属感，集体主义精神才会在悄然之间深入到每个人的心中。

（二）大学生党团组织建设

党团组织是大学生思想政治教育组织路径中的骨干力量，是高校开展大学生思想政治教育的组织基础。

1. 大学生党建

（1）当前大学党建面临的问题。在新的历史条件下，大学生党建工作面临难得的发展机遇，同时也面临许多新的问题，机遇与挑战并存。当前及今后一个时期，大学生党建工作主要面临着五大矛盾和挑战。

1）多元价值观念与主流价值导向之间的矛盾和挑战。当前，国内形势正在发生深刻变化，全球化对我国的影响正呈现出由经济领域向社会生活等各个领域扩展的趋势，使得全国范围内的各种思想文化相互激荡、冲突。作为文化阵地的高校，必然会受到这股潮流的影响。高校学生党员也同样避免不了。一些封建迷信和愚昧落后的思想观念也沉渣泛起，对部分学生党员的世界观、人生观和价值观产生消极的影响。外部环境的复杂性将对大学生党员的培养教育产生巨大的冲击。市场经济法则的不适当运用、体制转型带来的多样化、社会发展趋势、信息技术的飞速发展和普及、非主流意识形态对主流意识形态的冲击等对大学生党建工作的影响最为重大，如果应对不当，将直接影响大学生党建工作的成效。

2）实际绩效的提高与制度建设不足之间的矛盾和挑战。前几年，党中央、国务院提出"班级有党员，年级有支部"的学生党建要求，经过近几年的努力，总体来说，各高校基本实现了党建要求。随着高校扩招和高校党建工作对在大学生中发展党员的重视，在校学生党员队伍不断扩大。原来一个学生党支部只有几个人的规模，而现在却有20~30人的规模，部分学校学生党支部的党员数量达到50~60人，在毕业前夕甚至达到80人左右的规模。但由于国家对学生党组织的设置问题没有明确，学生党组织设置上存在一些问题，表现在两个方面：①学生党员队伍不断扩大，学校从事学生党建工作的党务工作者队伍变化却不大，两者间数量上存在相当的矛盾，这需要高校从事学生党建工作的同志付出更多的时间和精力，对他们也是一个考验；②过于庞大的大学生基层党支部没有进一步细化，学生党员在学分制的情况下也很难组织，因此组织生活开展的难度很大，这就不利于对学生党员队伍中新老党员的教育和培养。面对这种情况，从组织的角度来有效组织学生党员开展活动，很难取得实效。

3）数量急剧扩张与质量保证提升之间的矛盾和挑战。尤其是近3年来，各高校发展大学生党员的力度更大。现在的高校学生党员大都出生于20世纪90年代，与之前的大学生党员相比有新的特点：①心理发展期普遍呈现前移的特点；②独生子女多，自理能力相对较差；③社会阅历严重不足，心理成熟期呈现出后移；④生理发展和心理成熟距离拉大，心理稳定性和承受力差，理性思维相对欠缺，缺乏社会责任感。当他们处于当今这样一个复杂多变、各种思想文化相互交织、各种社会矛盾相互冲突的时代，容易迷失前进的方向，引起价值取向的多元化。如何在大学生党员数量不断增加的情况下，保证和提高大学生党员的质量，是当前和今后一段时期大学生党建工作的一大矛盾和挑战。

4）载体、手段创新不足与发展需求多样之间的矛盾和挑战。大学生群体具有思维活跃、需求变化多样性的特征，要提高大学生党建工作的成效，必须迎合大学生群体的需要。但从目前的情况看，与多样性的大学生特点和要求相比，大学生党建工作仍然存在工作载体、工作手段不足的现象，相当一部分高校的党建工作仍然停留于过去的套路，创新不够。比如，对校园内丰富的载体资源利用不足，对网络、文化、仪式等载体的认识和发掘不足，对思想政治教育内容和形式的拓展不足。这些不足，使得大学生党建工作的载体、手段与大学生的需求、特点之间的矛盾比较突出，如何应对这个矛盾和挑战，是我们要着力研究的课题。

5）主体能力素质与工作创新发展之间的矛盾和挑战。近年来，以二级学院党委（系党总支）副书记、学生政治辅导员、学生党支部书记为主体的大学生党建工作队伍建设取得了显著的成绩，大学生党建工作有了一批高学历、高素质、专业对口的大学生、硕士研究生甚至博士研究生的生力军的加入，这为大学生党建工作的创新和发展提供了有力保证。但是，与大学生党建工作的要求相比，这支队伍的总体素质仍然存在不足。主要体现在以下几个方面：①人员队伍变化跟不上工作量的要求。在高校扩招背景下，高校学生和学生党员人数急剧增加，学生党建工作量不断加大，不少高校学生党建工作人员数量出现短缺，客观上加重了学生党建工作队伍的负担。②人员素质难以适应工作需要。随着形势的发展和学生的变化，一些从事大学生党建工作的教师在政治理论水平和业务工作能力上出现了不适应的现象；新入职的大学生党建工作人员无论知识储备或是工作经验都存在不足。③高校的其他工作影响学生党建工作。随着高校改革进程的加快，高校教职员工普遍面临着巨大的竞争压力，受效益观念和建设综合性大学要求的影响，学术科研成为高校工作主题，高校从学校变成了科研院所。而学生党建工作往往得不到教职工应有的重视，学生党建工作者也很难接收到学历再教育和培养提高工作，使得他们的理论和管理水平难以适应工作需要，这些都直接影响了学生党建工作的质量。

（2）大学党建工作途径：

1）坚持党委的统一领导。党的领导是大学生思想政治教育工作的核心保证。坚持党委的统一领导，首先必须明确党委的领导职责，党委领导主要是政治方向领导、决策领导、协调和监督领导。其次，必须确立党委书记的责任。党委领导是集体领导，对思想政治工作集体负责，每个党委成员都是思想政治工作的责任人。在党委班子中，党委书记是班长，对党委决策具有重要的影响作用，在党委集体负责人中自然是第一责任人，一所高校能否在党委领导下，真正将思想政治教育搞上去，关键在于一把手是否重视。

2）加强大学生党组织的思想建设。思想建设是学生党组织建设的首要任务。学生党组织建设工作者应适应不断发展的形势，针对高校实际，特别是学生思想实际，以切实有效的措施，抓好思想建设工作。一是构建学习教育体系的多样化；二是改组学生组织建设，强化学生组织教育功能。

3）严格大学生党员发展程序。大学生党员的发展应在从严把握党员标准的基础上，严格遵从党员发展的程序，坚持政治审查、集中培训、发展对象公示、党组织集体讨论表决等程序，把符合条件的优秀大学生吸收到党的队伍中来。各院系在初步确定发展对象后，把相关资料报到学校，学校组织部门在审查后，把发展对象的基本情况进行整理、汇总，然后召集学生处、团委等进行联合会审，严格筛选，共同把关，保证新党员的质量。对发展对象进行系统、严格的培训，把培训表现作为考察、审批的重要内容。在发展对象通过会审初步确定后，学校组织部门要组织具有丰富经验的党务工作者组成考察组，直接到学生和教师中听取对该学生的意见，全面了解每个发展对象的情况。对具备条件的，要及时研究并报党委审批；对不符合条件的，宁缺毋滥，坚决不予审批，但要说明理由，做好解释工作。

4）建立纵向型大学生党支部。在新时期以科学发展观指导高校学生党建工作，应该坚持统筹兼顾的原则。根据这一原则，可采取学生党支部与教师党支部共同建设，互相支持帮助，试行有关教师党员过双重组织生活的组织管理模式。一是要在学生党员培养人上进行共建；二是要坚持学生党支部书记由专业教师担任，副书记由学生党员担任的原则；三是要将班主任作为共建的重点；四是要在科研以及服务社会方面实现共建。

2. 大学生团建

加强和改进大学生共青团建设，是执行党的政治路线、贯彻大学生共青团工作任务的组织保证，是大学生思想建设的基础和前提。

（1）保证党的领导。要保证党的领导，坚持团的基本性质。保证党的领导是团委工作本质不变的根本。在社会主义初级阶段，保证党的领导就是要保证党在政治、思想、组织、工作上对大学生团建的全面领导。

（2）加强大学生共青团的思想建设。团委思想建设的基本形式是坚持开展团的组织生活。团的组织生活是团组织对团员进行自我教育的主要形式，一般是指团的支部大会、团小组会，以及团的基层组织面向大学生开展的以思想政治教育为主要内容的各种活动等。

1）组织学习。学习是团的组织生活的经常性必要性内容。在组织学习时应注意经常组织大学生进行主题讨论。鼓励团员青年敞开思维，认真思考，各抒己见，加深对学习内容的理解交流。

2）载体和阵地建设。思想建设的重点不仅仅要存在于现实之中，还要在网络上开展。网络是大学生交流的一个重要平台，因此网络社区也要成为开展团员青年思想教育的载体和阵地。积极建设大学生思想教育网站，占领网上思想教育的阵地，以加强网站的服务力度，增强团组织思想教育的吸引力，通过学习、就业、交友、心理咨询、法律援助等大学生感兴趣的、能切实为大学生服务的形式建设网站。

3）开展活动。活动是团的基层组织较为经常采用的一种组织生活形式，共青团组织已经积累了丰富的活动经验，并有待继续深化。团的组织生活不仅能开阔大学生的视野，增长知识才干，而且能够使团组织保持旺盛的生机与活力。在团的工作逐步向社会化拓展的形势下，要认真研究和探讨如何使活动更适合团员和青年特点，坚持思想性、知识性和趣味性的有机结合。同时，要注意调动大学生的主观能动性，使他们的积极性得到充分发挥。在活动中有意识地进行自我教育、自我提高。

（3）坚持改革创新。当前共青团事业正处在一个新的历史高度上，共青团工作要在工作思路上进行观念创新，在工作方式上进行方法创新，在自身建设上进行体制创新，推动共青团工作不断焕发出蓬勃的生机和活力。观念创新就是要在学习继承和坚持马克思唯物主义认识论优良传统的基础上，用新观念、新思维来观察、认识新情况，并努力学习借鉴先进的社会组织理论和管理经验，结合当前的形势，对团委工作实现认识上的新突破。方法创新则是指在观念创新的基础上，对团建的工作方法要提出新的举措，一定要做好对于团建工作在新形势下的认识，积极探索总结新形势下团的建设工作规律，反思团建出现问题的原因，并解决工作中新的问题。体制创新是指在团的建设和在方法创新的基础上，改革团委建设过程中不符合新形势下团委建设要求的旧体制，提倡大胆尝试、大胆创新，要敢于冲破体制格局的束缚，慎重而积极地推进团的体制改革，逐步建立起与社会主义市场经济相适应的团的建设和团的工作新体制。认识创新是方法创新和体制创新的基础，方法创新和体制创新是认识创新的检验标准，这是马克思主义认识论在团委建设的又一次重大指导。

3. 建设新型团组织

（1）学习型团组织。大学生共青团是广大在校大学生在实践中学习中国特色社会主义和共产主义的另一所学校，把学生培养成为"四有"社会主义新人是共青团的根本任务。从这个意义上讲，共青团本身就是一个学习型组织。学习型团组织可以概括为：全体共青团员和共青团各级组织具有持续增长的学习力的，能让全体团员进行创造性学习并在学习中体会到工作和生命意义的，能使整个组织获得快速应变能力和持续创造能力的组织。

建设学习型团组织，要求高校团委坚持"解放思想、实事求是、与时俱进"的思想路线，坚持结合自身的实际，对其他学习型组织的管理理念加以借鉴和吸收，把学习型组织的理论与党的重视学习和重视自身改造的优良传统结合起来，营造终身学习的组织环境，使学习成为一种经常化、普遍化和制度化的行为，使团组织成为团员相互学习的课堂、交流思想的精神家园和团结前进的战斗团体。

（2）创新型团组织。创新是一个民族进步的灵魂，是一个国家兴旺发达的不竭动力。团委工作思路要创新，有思路，才有出路。解放思想，实现工作思路上的创新，是共青团创新的根本。做到工作思路创新要把握好三个方面：

（1）努力把握新时期做好共青团工作的规律；

（2）在谋划和部署工作中，积极开辟工作的新领域和新的生长点；

（3）在推进工作中，要努力摆脱在计划经济条件下形成的单一行政思维模式，树立适应市场经济发展要求的思维模式。

面对经济社会的深刻变革，要积极推进团建设的理论创新、制度创新和工作创新，切实加强和改进团的自身建设。首先，要认真研究、把握共青团工作面临的新情况。其次，要在始终坚持团组织的根本性质和宗旨的前提下，着眼增强团组织的适应性，扩大团组织的覆盖面，把巩固与创新结合起来，发挥好党联系广大在校大学生的桥梁和纽带作用，努力把团组织建设成为团结教育大学生的坚强核心。最后，在团干部队伍建设方面，广大团干部要树立强烈的政治意识、责任意识、学习意识，把工作激情、科学精神和务实作风结合起来，加强团干部的教育培训，拓宽团干部培养锻炼和交流、转岗渠道，培养一支专业化、职业化的青少年事务社会工作者队伍。

（3）服务型团组织。服务大学生是大学生共青团的重要使命，是新时期大学生共青团工作的总体要求。团委工作必须全面重视这一要求，把服务大学生作为大学生共青团全部工作的出发点和落脚点。

一是服务大学生学习成才。青年时期是学习的黄金时期。来到大学，学习成才是大学生的强烈愿望。大学生共青团要服务大学生学习成才，要在他们学习成才的道路上帮助他们解决心理上的障碍，解决知识上的困惑，指导成才的方向，让他们在身体上和心灵上健康成长。只有服务青年学习成才，才能为国家和人民培养合格的"四有"人才，大学生共青团才能完成党交给的重大任务。

二是服务大学生做好就业。大学生共青团要重点服务当前大学生最迫切的需求，而当前最突出的需求就是大学生就业。因此，大学生共青团要高度重视和配合政府做好大学生就业促进工作，帮助就业困难大学生做好就业工作。把党培养的优秀大学生输送到祖国建设的第一线，为国家经济建设服务，发挥大学生青年的创造力和激情，是服务大学生工作的重要方面，也是圆满完成党的任务的关键一步。因此服务大学生就业是共青团当前重大而艰巨、光荣的任务。

三是服务有特殊困难的大学生群体。共青团服务高校大学生要优先服务困难群体，积极帮助家庭经济困难学生，深化和拓展希望工程，通过开展济困助学、勤工助学、大学生互帮互助等活动，照亮学子前行的道路。

四是服务青年的精神文化需求。高校大学生是一批有着高素质的青年群体，因此在校大学生有着很强的精神文化需求。高校青年的文化阵地我们不去服务不去占领，西方资本主义文化就要去服务去占领。

第二节　大学生思想政治教育校园文化和网络

一、大学生思想政治教育校园文化路径

校园文化作为一个由师生员工、校园景观等众多独立要素构成的开放系统，在促进学生社会化的非学术过程中构成了"隐性课程"，常常强烈地表现出调节约束功能、集体意识功能和教育导向功能，是思想政治教育富有成效的路径之一，具有坚定信念、涵养德行、开阔胸襟、启发智慧、提高情趣、健康身心的作用。

（一）校园文化建设的地位和作用

（1）校园文化建设是社会主义精神文明建设的重要组成部分。高校校园文化是社会主义文化的一部分，是社会主义精神文明建设的重要内容。在校园文化的建设过程中，我们应该坚定地以马克思主义、毛泽东思想、邓小平理论、"三个代表"重要思想、科学发展观以及习近平新时代中国特色社会主义思想作为校园文化发展的方向，用先进的马克思主义中国化理论引导学生思想观念的转变，使校园文化成为思想政治教育的一个重要载体和途径。

（2）校园文化是大学生思想政治教育工作的重要途径。一是高校校园文化具有追求务实、追求崇高的凝聚力。在当代，这种崇高的精神境界就是"以人为本"的人文精神、"求真务实"的科学精神、"着眼未来"的超越精神和"自强不息"的奋斗精神。正是由于这些精神因素的存在，才能聚集成建设有中国特色社会主义的共同理想，把师生的智慧和力量团结到构建和谐校园的共同事业之下。二是校园文化对大学生具有重要的教育导向作用。要通过校园文化丰富多彩的方式，让大学生这个特殊群体得到一种文化品位的熏陶和大学精神的培育。要形成志存高远、爱国敬业、为人师表、教书育人、严谨笃学和与时俱进的优良教风；形成勤于学习、奋发向上、诚实守信、敢于创新的良好学风；形成崇尚科学、严谨求实、善于创造，具有时代特征和学校特色的良好校风。

只有具备了优良的教风、学风和校风，大学文化才能够实现培育、塑造人的作用，促进人们自觉追求和谐相处，大学生才会从这种教育的耳濡目染中感悟到社会主义、爱国主义和集体主义教育的真谛。三是校园文化具有源源不断的创造力。大学作为思想最活跃、最富有创造力的地方，以及新知识、新思想、新文化的策源地，其创造力主要来自担当社会责任的知识分子群体追求真理、体现公平正义的社会理想，发挥着文化对社会进步的强大影响作用。文化作为一个维系民族、社团、集体的共同价值取向，使更多大学生在对这一共同认知的追求中，培养真善美的人格。

（3）校园文化建设可以提高大学生的综合素质。大学生主体的全面自由发展是高校校园文化建设实践中的价值目标。在校园文化建设之中，大学生承担着主客体合一的身份。校园文化为大学生借鉴他人经验进行自我教育提供了一个良好的场所，从这个意义上说，校园文化是基于大学生自主选择性的自我教育。因此在校园文化建设的过程中，各级领导部门要坚持弘扬主旋律，对大学生进行世界观、方法论的教育，提高他们分辨是非的能力，自觉抵制不健康文化的影响，为青年大学生的全面发展提供更为广阔的空间。

（二）校园文化建设的现状

（1）轻文化，重政治。不容置疑，大学校园文化应该讲政治、讲方向，尤其是社会主义的大学校园文化，更应该把坚定正确的政治方向放在第一位。然而，我国大学教育长期重政治的传统，使大学校园文化的发展染上了太浓的政治色彩，常常让文化淹没在政治之中，其结果是，在实际中削弱了大学校园文化的功能。

（2）轻人文，重科学。在我国，尽管20世纪初，蔡元培、梅贻琦、张伯苓等教育家就倡导学术自由、德才兼备、通识教育等科学与人文精神相结合的大学精神；改革开放后，中国共产党也提出了培养"四有"人才的科学和思想道德教育相统一的文化思想，但是，在大学校园文化建设的实践中，仍然充斥着功利主义色彩。在办学过程中，对科学技术、专业教育过分重视，对人文精神、人文教育过分冷漠，把眼光盯在培养科技人才上，而忽视全面发展的人的培养，出现科学与人文精神相分裂、大学精神衰微现象，导致了大学人文精神的滑坡，表现为科技理性大于人文理性、工具理性大于价值理性、重科研轻教学、重教书轻育人、重知识轻道德等。尤其是在大学人才培养规格、专业课程设置及评价标准等方面，科学主义的取向十分明显。特别是近年来，与经济体制的转轨相呼应，大学以市场为导向，培养实用人才；学生以就业为导向，热衷于实用知识技能的掌握，崇拜科技万能、工具理性至上，由此导致人文素养和人文关怀缺失。其后果必然是直接影响学生自身综合素质的养成和身心全面发展。

（3）轻内容，重载体。大学普遍重视校园文化的载体建设，不看重其内容建设。在新一轮的大学发展中，我们看到，美丽的大学校园、恢宏的建筑群体、庞大的组织系统和丰富的文化活动，发展迅速，成效显著，但同时，在不少大学校园里，有大楼，缺大师；有校园，缺精神；有活动，缺内涵等现象比比皆是。造成的结果是，大学生中出现了"道德危机""精神危机""信仰危机""价值真空"等市场行为和人格扭曲、道德堕落、理想泯灭等消极状态；大学教师中出现了学术观的实用化、功利化倾向，自由、批判、开拓、创造的学术风气失落，取而代之的是学术不端、学风浮躁、急功近利、学术投机、学术贿赂、学术腐败等背离了大学精神的功利化、平庸化陈腐气息。

（4）各个高校的文化建设发展不平衡。当前，不同大学的文化建设总体上是不平衡的，具体体现在以下几个方面。

1）文化自觉程度。大学的文化自觉是指对大学文化的本质、规律和功能、职责有深刻的认识，对自身的文化建设有全面、系统、长远的规划并扎实推进。当前，不同的大学在这方面是有差异的。有很多大学重视文化建设而且效果显著，有的大学则显得一般，而有的大学还没有把文化建设摆上议事日程。

2）精神文化发展。一大批办学特色鲜明特别是办学历史悠久的大学十分重视精神文化建设，并形成了较为系统的精神文化成果。但是，有的大学特别是新建地方院校精神文化提升较慢，特色不鲜明。这些大学由于传统教育观念的根深蒂固，人们思想观念的提升仍十分缓慢，师生的观念、意识、思维模式、行为方式仍然停留在以前的专科阶段，制约了学校文化向更高层次发展。此外，还有的新建地方院校不顾本校实际情况，在精神文化建设方面，盲目照搬名牌、重点大学的建设模式，结果造成办学特色不突出、办学理念不鲜明。

3）物态环境文化发展。首先，很多大学在学校建设过程中，非常注重把本校的办学理念、历史文化、价值追求渗透到学校有形的硬件设施上，在整个校园中形成一种浓厚的文化景观。而有的大学则不注重大学景观的文化内涵，忽视景观文化的育人作用。其次，制度文化发展不平衡。有的大学在长期的发展中形成了一套能彰显制度精神、比较成熟的制度体系，这种制度体系价值取向明确、内容和谐、运行稳定，符合制度文化的功能定位。有的大学则缺乏甚至严重缺乏应有的制度理念，没有明确的制度价值取向，更没有自己的制度体系，总体上还处于一种盲目状态。

（三）大学生思想政治教育校园文化建设

1. 突出校园文化主旋律建设

大学是人类文化传承、创新与发展的重要基地。大学不但要传承和创新知识，更具有熔铸、守望人文精神的神圣使命。校园文化建设是实现这一使命的必然途径，是高校精神文明建设的重要基础和重要前提。高校必须建设一个文化层次较高的校园文化环境，传承大学精神，使广大青年学生养成良好的思想道德品质。

（1）主旋律建设的重要性。健康向上的文化能使人获得知识、陶冶情操、健康成长。因此，搞好校园文化建设有利于大学生思想道德素质和科学文化素质的提高与完善，扩大到整个社会，搞好校园文化建设是社会建设和精神文明建设的重要组成部分。同时，校园文化也表明一所学校独特的风格和精神，是联系协调学校人际关系的纽带，是学校的形象和灵魂。校园文化对于整个高校的发展来说具有一定的引领作用，其建设无疑需要有坚实的精神基础、高端的思想起点、聚力的发展导向，需要一种强大的文化建设风向标。精神基础、思想起点、文化风向标无疑就是校园文化的主旋律。

（2）主旋律建设原则。校园文化主旋律建设，要切实坚持用科学的理论武装人，以促进校园文化主体思想观念的提高；用正确的舆论引导人，以营造弘扬时代主旋律的校园氛围；要切实坚持用高尚的精神塑造人，以提高校园文化整体水准；要以优秀的作品鼓舞人，以充实校园文化的内涵。

2. 注重校园文化环境建设

环境在育人中的作用不应忽视，在校园文化建设中，要突出环境在大学生思想政治教育中的育人功能。校园物质文化是高校各种客观实体的总和，它包括学校的环境面貌、自然物、建筑物以及各种设施等。因为这些都是自然界的人化，融入了人们的创意、知识、技能、价值取向和精神理念，已经不单单是一个个物体或建筑物，而成为校园文化的重要部分。加强校园文化的环境建设，主要包括自然环境与人文环境。

（1）重视校容校貌建设。校容校貌建设包括学校的建筑风格、绿化美化的程度、自然风景特色、环境整洁水平、设备现代化层次等。校园内应有与本校相关的大家、名师的雕像，主题文化广场，校友捐赠的奇石，校园的花草树木，学校的文明标志牌等。校容校貌建设这种物质文化一方面能够通过治学前辈的名言在精神上激励大学生进一步前行；另一方面能够通过包括学校格局在内的各种"艺术精品"培养大学生的审美情趣，强化大学生辨别美的能力。

（2）注重校园人文环境建设。校园人文环境是一个大学生对自己学校感到最自豪和骄傲的内容。"大学之大，非大楼之大，乃大师之大。"大师之大总的来说就是校园的人文环境建设，大师的精神传递要通过校史、板报、宣传窗、校训标志、电子标语等方式向学生进行传播。所以校园的人文环境建设能够对师生人文情趣起到引导作用。

二、大学生思想政治教育网络路径

（一）网络的特点

1. 虚拟性

网络的虚拟性就是把人的实践活动转移到以网络为基础的比特空间。网络用户在比特空间彼此交流、获取信息，而这个空间是一个世界性的共有的虚拟空间。网络行为也是虚拟的，它只是通过技术使人有身临其境的感觉，而且人们往往按自己的喜好来设计自己在网络中的形象、语言，其身份通常是不真实的。但是，网络技术并不能把客观世界的万事万物照搬到网络世界，它只是以文字、声音、色彩、图片、动画、影视等现代科技表现手法，将其再现于网络世界。

2. 平等性

平等性主要是指网络用户之间的关系是平等的，每个用户既是信息的接受者，也是信息的传递者。网络没有地域的界限，没有国界，任何信息瞬间可以畅通无阻地到达地球上任何一个联网的终端。它并不强制规定谁可以上网，什么思想可以传播，什么言论可以发表，什么话题可以讨论。与其他信息交流手段相比，它更少受到束缚和羁绊。网上一切资讯的传播与获取都是自由的。一旦各类信息进入网络，那么所有与网络连接的人们只要拥有简单的上网设备，就都可以上网获取信息。因此，网络社会真正实现了用户人人平等，信息人人共享。

3. 交互性

网络的交互性主要有两类：一类是实时交互，一类是非实时交互。实时交互指用户每做出一次选择，马上就能得到一个回应，如网络聊天即属于实时交互；而非实时交互是对一方发出的信息，另一方不必或不能及时回复，网络可存储该信息，以供对方回复时查阅，如电子邮件即属于非实时交互。总之，网络信息匿名的特征，使网络成员在虚拟空间的平等成为可能，人们可以无所顾忌地敞开心扉交流和发布信息。而交互式沟通，则使人们能更从容地选择和吸纳信息。因此，在网络社会，网民缺乏的并不是信息资源，而是筛选信息和自我约束的能力。

4 广容性

广容性是指网络发布信息的容量不受限制，网络的信息内容量大、庞杂。和传统媒体相比较来说，报纸版面有限，广播、电视则由于时段固定，不得不对许多材料忍痛割爱。网络则一改传统媒体线性叙事的方式，采用超链接的方式将无限丰富的材料立体式地发布。如果你精力旺盛，完全可以创作并且在网上发表无数篇作品，直到你感到累为止。另外，网络上的信息涵盖面极广，但凡人类活动涉及的各方面内容，上至天文地理，下至衣食住行，都可以在网上找到一席之地。各种信息不经选择地充斥着人们的视听器官，使人应接不暇，无论人们是否愿意接受，它都在无休止地激增着，堪称"信息爆炸"。无论你爱好什么，都可以在互联网上找到。

5. 创新性

创新是网络的生命力所在，创新性成就了网络的现在。网络的创新性源自于网络的平等、开放与自由。网络巨大的潜力给每个国家、每个组织、每个个人提供了全新的机会。加上网络本身充满着无数不确定因素和无限的可能性，因而，在竞争激烈的网络世界里，每个国家、每个组织、每个个人都可能成功，也都可能失败，关键在于有没有创新性。

（二）网络环境下大学生思想政治教育的特点

1. 教育目的的隐蔽性

在传统思想政治教育中，思想政治教育者与受教育者是进行直接的、面对面的接触，教育者与受教育者的身份、年龄、性别等符号明晰，思想政治教育的目的十分明确，思想政治教育的方式是"灌输"。因此，教育形式的直接性和教育目的的公开性是传统思想政治教育的两个突出特征。而在网络环境中，思想政治教育方式主要是通过人机对话，因而思想政治教育只能靠"引导"。教育者把教育目的隐蔽起来，做到含而不露，往往以受教育者朋友或知心人的身份，对受教育者的思想道德状况及其根源进行深入了解，并指导其培养良好的道德品质和行为习惯。

2. 教育环境的动态发展性

网络思想政治教育环境不是一成不变的，它具有动态发展性，建立在网络环境与校园环境基础之上，随着网络技术的迅速发展保持着动态更新。教育领域需要不断面对新问题，网络思想政治教育环境只有始终站在客观的立场上，从学校德育工作长远发展的角度考虑，对网络思想政治教育体系中的各种资源进行优化配置，做到人尽其才、物尽其用，才能真正满足社会发展的需要，使学生的思想道德水平与科学文化素养同步提高。和平与发展是当今世界的两大主题。网络思想政治教育环境需要积极实现主动变化，只有这样才能推动事物实质意义上的发展，保持网络思想政治教育环境的动态发展性。

3. 教育主体的平等性

网络环境下大学生思想政治教育主体的平等性表现在以下两个方面：①主体地位的平等性。网络交往的隐蔽性消解了传统人际的"社会的藩篱"，教育者与受教育者的身份、年龄、性别等符号不复存在。没有人知道你是领导还是专家，是教师还是医生，是 70 岁的老人还是几岁的娃娃。总之，只要你不想让人知道，就没有人知道。在网络空间里没有权威，没有明星，没有富翁，没有乞丐，一句话，没有高低、长幼、贵贱之分，每个人的地位都是平等的。②主客体的不确定性。换句话说，教育者和受教育者的身份是不一定的。在互联网迅速发展的情况下，传统的金字塔式的知识等级结构已经土崩瓦解。老一辈对后辈的启蒙正在不断地失去"市场"。在互联网上，成年人的反应往往比青少年迟钝。相反，青少年在网上却轻车熟路、来去自如，通过互联网获取大量的知识和信息。很多时候，青少年反而成为成年人的电脑启蒙者。

4. 开放包容性

网络的开放性以及社会主义的本质决定了网络思想政治教育环境的开放包容性。创新被充分提倡，只要是符合社会主义本质，有助于社会主义现代化建设的思想都成为网络思想政治教育的重要内容。学生除了在课堂上接受网络思想政治教育外，课下、课后以及生活中的时时处处都可以利用网络获取自己需要的信息。高校加强校园网络及相关硬件设施的建设，能够使大学生网络思想政治教育途径得以无限扩展，整个大学生网络思想政治教育呈现出异常活跃的氛围。教师团队中允许有不同的声音，通过客观看待教育教学过程中的矛盾，努力改进工作方法，最终的目的是从根本上解决矛盾，丰富大学生网络思想政治教育的理论体系以及实践经验。高校利用网络开展德育工作过程中的经验教训成为高等教育领域的宝贵财富，使网络技术和人才的整合与开发真正促进了国家综合国力的增强。这令大学生网络思想政治教育环境实现了前所未有的和谐，它是我国构建和谐社会的重要组成部分。

5. 教育信息的开放性和丰富性

网络思想政治教育信息的开放性是由网络的开放性决定的。网络采用一种网状互联式结构，实行全通道型的信息交流方式。这种交流方式保证网上每一个节点都经由许多条路径和另一个节点相连,而任何一个节点又都可以在自身的基础上不断向外扩充,从而实现了点点是中心,而又没有一个绝对的中心。网络的这种无限拓展特性使网络思想政治教育信息具有无限的开放性。这里的开放性主要是指高校网络思想政治教育内容、教育方法、手段、主客体相互关系、教育资料、教育时空和教育思维训练的开放性。

在网络时代,学生通过网络可获得比以往更丰富的信息,扩大环境,了解社会动态和科技状况,加深和扩展对所学知识的理解,这有利于解决现代社会经济、政治、文化迅速发展与思想政治理论课教材内容相对滞后的矛盾。而且,党和国家的方针、政策、要求等信息的传播已经不再像过去那样需要经过一段时间的逐层逐级的传达,而是由一点同时向各层面辐射,接受者不受时空限制,无论是领导者还是被领导者、教育者还是被教育者,都可以同时收到来自上级直至中央的完全相同的网络思想政治教育信息。我国高校要积极借鉴国外高校的网络教育方法,吸取其有益经验。

高校网络思想政治教育在其发展过程中,教育的时空性不再受到限制。在高校网络思想政治教育中,高校网络思想政治教育主客体借助于大量的信息不但可以足不出户就能了解外面的世界,而且思想政治教育主客体之间的网络互动在大容量、高速度的信息网络的支撑下也发展到了不需要时间和空间的保持就能够进行全面的交流。在网络环境下,高校教育工作者既要有教育领域的专业知识,也要对计算机相关的技术有所涉猎,更为重要的是,由于思想政治教育工作者做的是人的工作,而人是有血有肉的高级精灵,所以教育工作者要懂得心理学、伦理学、行为学以及相关学科的知识,高效地为学生提供帮助。

(三)大学生网络思想政治教育的开拓创新

(1)加强技术创新,提高对网络思想政治工作宏观环境的安全防范能力。互联网这种宏观的大环境是指整个网络世界,具体讲就是指因特网技术平台所构建的整个网络信息体系。这是大学生网络思想政治教育的不可控部分。因此首先要提高警惕性,加强网络防御能力。通过不断提高信息科学和网络技术的理论知识和方法,建立健全互联网信息内容安全管理机构,配备必要的技术人员,采取技术措施,增强屏蔽能力,提高对网上反动信息、淫秽信息、有害电子邮件等各种有害信息的检测、监控和封堵能力。网络宏观环境的不可控性，要求我们必须在教育实践中驾驭网络技术，实现对网络信息传播和网络群体发展的有效主导，使之成为服务于青年学生健康成长的积极力量，这是当前网络思想政治教育工作的紧迫任务。

（2）创设良好的校园网络文化环境。在网上搭建活动平台，以丰富多彩、健康向上的校园文化活动为抓手，推动形成厚重的校园文化积淀和清新的校园文明风尚，使学生在校园网络中接受熏陶和文明风尚的感染。要注重大学自身文化精神特色的传承，大学精神是经过所在大学一代代学人的努力，长期积淀而成的共同的稳定的追求、理想和信念。它是大学生命力的源泉，是大学文化的精髓和核心所在，对大学生有着重要的思想导向作用。如校史具有代表性的和特殊意义的物、事、人，既是校园文化积淀发展的结晶，又是德育的重要载体，它们共同承载了学校的理念和辉煌，具有极高的文化内涵和历史背景。这些比简单的说教更容易被认同。注重网络上大学文化精神园区的建设，做好学校标志性载体的网络化，通过网络平台介绍给学生，可以使校园网络产生亲和力和向心力，也可以起到良好的导向作用。

（3）推进网络法制进程，建设有序的网络教育环境。互联网对人们的影响力日益增强，被誉为网络信息时代的虚拟社会。在这个虚拟世界中，除了有人们所需要的学习、工作、生活资讯外，还充斥着大量的有关网络犯罪、赌博、色情等方面的垃圾信息，这些垃圾信息对人们的思想和心理会造成一定的负面影响。因此，要加强互联网使用和管理立法，推进网络法制进程，以法律的强制力来约束人们的网络行为，保留网络环境中的积极因素，剔除网络环境中的消极因素，净化教育环境，以更有效地开展网络思想政治教育工作。为了优化网络教育环境，实现网络思想政治教育的可持续发展，国家有关部门应该完善网络立法体系，有针对性地制定具体的网络规章制度，提高执法能力，加大执法力度，推进网络法制进程，净化网络空间，建设有序的网络教育环境。

（4）培养学生健康的网络心理素养。大学生心理的不成熟和不健康是构成其网络行为失范的一个重要因素。大量个案表明，许多网络上瘾的大学生或网络信息污染的始作俑者和沉迷者，往往都性格孤僻、缺乏理想、缺少责任感，甚至出现各种各样的网络心理问题，如网络伪装心理、畸形网恋、网络成瘾综合征、网络依赖型人格障碍等。因此，网络环境下的高校德育要关心大学生的网络心理健康，通过开展网络心理健康教育和咨询辅导工作，使大学生克服不良的网络心态和心理疾患，提高心理预防能力，提高大学生网络邻里素养。

一是增强大学生的自我保护意识。大学生对于网络上的负面信息，应该主动去防御，应该有自我保护的意识。面对网络的诸多诱惑，需要大学生建立自我保护机制，做到上网有"节"、上网有"度"。此外，学校应加强大学生的网络安全意识教育，培养他们的自我保护意识和能力。

二是锻炼学生自我控制的能力。大学生要控制自我的网络行为，应该从以下几个方面做起：①要理智地控制上网时间和次数，不长时间上网；②面对网上经常出现的色情图片信息，应洁身自好，千万不要掉入色情陷阱；③网上交际不能代替现实中的社交活动，因此必须调整身心，纠正错位的思维定式，并在此基础上处理好各种人际关系，保持与周围人员的正常交往；④不要把上网作为逃避现实生活问题或者排遣消极情绪的工具，借网消愁愁更愁；⑤上网之前先定目标，并且给自己限定上网时间。学生上网应该有较强的目的性和时间性，不论是为了获取信息还是休闲娱乐，都应该有节有度。不要因为上网影响了正常的学习、工作和生活。要清楚地认识到，网络只是我们生活的一部分，而不是生活的全部。

第三节　深化大学生思想政治教育社会实践

一、大学生思想政治教育社会实践的特性

（一）综合性

大学生社会化的任务是为进入社会、承担社会职责做好全面的准备，必然要求大学生在学习、成长成才和社会化过程中，全面系统地掌握知识、提升能力、锤炼品格、了解社会，成长为社会所需的高素质复合型人才。因此，大学

生社会实践活动必须具备社会实践内容的全面性、实践形式的多样性和实践理念的包释性，这就赋予了大学生社会实践活动所具有的综合性特征。首先，大学生社会实践应该实现德、智、体、美、劳的有机结合，完成全方位育人的目标，强化社会实践内容的全面性。其次，大学生社会实践应该实现自我教育、学校教育和社会教育的有机结合，突出社会实践形式的多样性。再次，大学生社会实践应该实现主观与客观、理论与实践的有机结合，彰显社会实践理念的包容性。

（二）主体性

大学生社会实践突出实践性，即主体本身的积极性、主动性和创造性，是以主体的全面发展为目的，通过生动活泼的活动来影响主体的观念和行为的。因此，相对于传统思想政治教育强调以学科知识体系为中心、以教师为中心，现代思想政治教育实践教学更应当充分尊重学生的积极性、主动性和创造性，发挥学生自教自律的功能，培养学生的主动性和创造力。首先，实践教学以培养、提升学生的主体性为目的，而不是单纯地灌输政治观念和理论知识。其次，现代思想政治教育实践教学在整个过程中都注重学生的主动参与和亲身体验，学生在活动中处于主体地位。无论是实践课题的选定、材料的搜集或者具体实践活动的选择和开展，还是实践活动结束后的总结与升华，都离不开学生积极性、主动性的发挥。可以说，强调学生的主体性是实践教学的本质特征之一。

（三）预演性

严格意义上来说，大学生社会实践行为本身，很大程度上依然属于"校同行为"。对于大学生而言，这种活动是一种有意义的起点，未来的知识储备、能力释放、生命体验、生活展演、事业开拓，都必须借助于大学阶段的教育和相应的社会实践活动奠定良好的基础。所以，社会实践活动是大学生对未来社会生活、工作方式与学习方式的一种预演，可以对大学生产生积极作用，有利于培养成人感受和社会性情感，锻炼自理能力，培养日常生活、工作技能；有利于他们尽快融入社会，加快他们的社会化进程，尽早成才。具体而言，这种预演性特征有三个方面：一是思维的预演性；二是行为的演练性；三是环境的仿真性。

（四）创造性

创造是人类实践活动独有的特征。建设创新型国家，提高自主创新能力，是我国现代化建设的时代要求。因此，培养具有创新精神与实践能力的高素质人才，是高等教育肩负的历史使命。大学生作为继往开来的青年一代，在社会实践活动中同样要完成学习继承的历史任务，更要勇于面向未来、开拓创新。这就要求大学生社会实践活动必须具有创造性特征，这种创造性特征具体表现为以下方面：首先，大学生在社会实践教育活动中有活学活用知识的应用性特点；其次，大学生在社会实践活动中有追求新知、探求未知的探索性特点；再次，大学生在社会实践活动中有实现从无到有、综合集成、拓展深化的创新性特点。显然，这种创新性的社会实践活动，有助于大学生处理继承与创新、平庸与卓越、失败与成功的相互关系，为创造性实践引领方向。

二、大学生社会实践的重要作用

当代大学生社会实践活动是一种学习型、成长型实践和社会化实践，它在大学生的成长中起到重要的作用。主要表现在以下三个方面。

（一）有利于对知识的掌握、应用和创新

这是社会实践的首要功能，在社会实践活动这个实践的、整体的和开放的综合教育平台上，大学生可以获取知识，体验情感，发展个性，提升全面发展的水平。

1. 掌握知识

知识就是力量。知识主要有陈述性知识和程序性知识两种。前者是说明"是什么"的知识，后者是关于"怎样做"的知识。如果说学生通过课程学习获得的是陈述性知识，那么，社会实践无疑有利于大学生程序性知识的掌握和陈述性知识的理解。当今的大学教育过于强调以公正的准则为基础，重视对知识的模仿与继承。相反，社会实践则强调学生的知识获得遵循"从现实中学、从实验中学、从研究中学"的路径，突出大学生对知识的概括、提炼和领会，重视

大学生读书学习的最终目的是运用知识解决问题，因此，社会实践是大学生获取新知的导航器、知识掌握状况的检测器、知识巩固和知识领会的助推器。

2. 应用知识

对于大学生来说，不仅仅是领会和巩固知识，更重要的是学会对知识的灵活应用。社会实践活动是大学生"学以致用"的舞台，它以满足需要和解决问题为核心，强调大学生积极探究所面对的世界，注重大学生在活动中学会发现、学会践行知识，通过这种实践活动，大学生不仅可以了解知识、把握现实社会，还可以在活动中体验感悟、创设情境、主动探究，从而使他们的知识与能力得到完美连接和释放。

（二）有利于大学生全面成长成才

促进大学生全面成长成才这一功能主要表现在以下三个方面。

1. 提升大学生的综合素质

当今世界，国家间的竞争说到底是人才的竞争，人才综合素质的高低决定人才对社会贡献率的大小。我国高等教育的重要任务主要有两个方面，不仅要提升大学生的专业知识和技能，也需要他们具有较高的思想道德素质、科学文化素质、艺术审美素质、劳动素质和身心素质。因而，大学生必须从社会实践中学习，从群众中学习，坚定社会主义信念，强化各种知识和技能的学习，注重身心健康，追求科学发展，全力把自己培养锻炼成为社会主义建设的"四有"新人，用所学的知识服务社会和人民。

2. 锻炼大学生的实践能力

大学生的实践能力是指大学生解决问题的能力。大学生学到的知识可以在社会实践中得到证实，从而强化他们知识与技能的针对性应用和训练，帮助他们了解、熟悉社会各种行业、职业资格认定标准和角色活动领域以及所需的各种专项技能，并将这些要求作为培养与提高自己实践能力的参照指标。同时，社会实践活动还能有效锻炼大学生的分析判断能力、监控评价能力、决策执行能力等情景实践能力，全面推动大学生积极追求综合实践能力匹配。

3. 完善大学生的人格

健康的人格对一个人的成长成才和社会来说都有积极的意义，处于"成人早期"的大学生，虽然人格还具有较强的可塑性，但社会实践能极强地促进大学生准确定位自身价值，培育他们具有远大的奋斗目标和强烈的道德责任感，推动他们提高自我意识，形成良好的情绪自控能力，构建良好的社会适应能力与和谐的人际关系，讲究合作、自律，具备乐观向上的生活态度和崇高的审美情趣，塑造健康的人格。

（三）有利于推动大学生社会服务

社会实践活动推动着校外现实生活与高等教育之间的有效对接，凸显着大学生自身面向现代化、服务社会的功能。

1. 推动大学生与生产劳动的结合

与生产劳动相结合是马克思主义教育思想的重要指针。社会实践连接着高等教育与社会生产活动，有效推动大学生走上社会、适应社会需求、承担社会责任。

（1）与生产劳动相结合可以磨炼大学生的立业心智。大学生完成学业后，必然以普通劳动者的身份进入社会选择职业。现实带给他们的立业压力是全方位的，如高校扩招、用人单位要求过高、就业单位薪酬偏低、工作环境较差以及创业过程中市场、资金、技术、设备等方面带来的压力等。现实和准现实的多层压力加于当代大学生肩上，理想的目标和预期与现实的满足程度反差明显，立业间的现实矛盾更加突出，大学生的立业心理出现极大波动。因此，通过社会实践活动，大学生可以对用人单位的人才需求信息和趋势有一定的了解，认识到来自社会职业竞争的压力，调整自身的立业目标以适应社会，矫正心态转变观念，抓紧机会，以"先就业后择业再创业"的方式学会生存和立业。实践已经证明，机遇垂青有准备的头脑，心智的磨炼是成功的开始。

（2）与生产劳动相结合是对大学生立业素质与能力的一次综合试行。在社会实践活动中，大学生应当努力提高自身的综合素质和劳动技能。通过社会实践活动，大学生一方面会增加工作经验和社会阅历；另一方面，通过积极参与社会实践活动，发现自身的不足，调整课程选择，明确职业目标，自主规划学生生涯，合理安排时间，恰当利用学习空间，完善知识结构，强化专业技能训练，实现知识向能力的转化、学业意识向职业意识的转化，拓宽大学生职业选择的渠道，综合试行大学生服务社会的本领。当然，在实际生活中，大学生以多种方式与生产劳动相结合，如主体上的大学生个体与群体，方式上的实习、实训、勤工俭学、挂职锻炼等，时间上的假期与平时，空间上的乡村与城市等。

2. 推动大学生与人民群众的结合

坚定不移地走与人民群众相结合的道路是我国有志青年团结进步、奋发成长的必由之路。"与人民群众相结合"的思想，是马克思主义"与生产劳动相结合"思想的深化和具体展开，规定并演练青年大学生成长成才的正确方向和精神境界，青年学生只有与人民群众相结合，才能成长为坚定的马克思主义者、社会主义事业的可靠接班人和合格的建设者。大学生不仅要从书本上、课堂里系统地学习、接受马克思主义理论和中国特色社会主义理论体系，还必须从当代中国的实践中学，学会运用马克思主义的立场、观点和方法去分析、研究和解决现实问题。走与人民群众相结合的道路，实质是坚定地走与马克思主义相结合的道路。社会实践活动既是对大学生政治觉悟、精神境界的检验，也是对大学生政治觉悟和精神境界的演练。同时，只有与人民群众相结合，大学生的知识体系和能力体系才能得到充实、检验与演练。在校大学生的知识体系和能力体系并不完整，只有同人民群众相结合，才能做到书本知识和实践知识相结合、能力发展与社会需求相统一。因此，社会实践有利于推动大学生与人民群众的结合。

3. 推动大学生学会生存

社会实践活动既包含对生存知识与能力的学习，也包含对生存意义的追寻和探求。社会实践活动可以有效推动大学生更好更快地融入社会、立足社会、服务社会。因此，为正确引导学生，克服和消除社会实践活动游戏化、炒作化、作秀化等不良倾向，我们应该广泛动员，认真组织，提高大学生参与社会实践活动的主动性与积极性。与此同时，还要给予大学生以恰当的指导，以多种方式强化挫折教育，历练他们的意志。此外，我们还应该营造良好的社会舆论环境，制定相应的实践活动细则，规范具体要求，以制度化、科学化的方式保障大学生提高社会化生存能力，从而使他们肩负起新世纪祖国发展所赋予的历史重任。

三、大学生社会实践建设路径

（一）加强和完善组织管理

1. 加强组织管理机制的规范化建设

社会实践的各项措施需要规范的组织管理机制来保证落实到位。建立这种机制就是要确定社会实践的目标，明确学校组织系统中各部门（如团委、宣传部、教务处、人事处、科研处、各院系等）在大学生社会实践中的职责。需要指出的是，校团组织不要怕失权和放权，一切只要有利于社会实践活动有效开展的，都应该大胆去尝试。在具体的实践活动中，要注意把活动的"点""线""面"相结合，既要重视社会实践的"点"和"线"，把某一类实践活动搞得有声有色，又要紧密关注面向学生个体的社会实践活动。对学生个体也应在社会实践主题的确定、实践方式的选择、具体实践活动的实施、实践报告的撰写等方面进行有效的指导，并明确提出实践的具体要求。

2. 丰富大学生社会实践的形式和内容

社会实践要形成自身的特色和品牌，既有利于实践活动的稳定发展，又不断迈向新台阶。要充分考虑地方的需要，大力开展多种人民群众迫切需要的服务活动，如支教、送医疗和科技知识下乡、送文艺活动、法律援助活动等。可以采取不同的活动形式，如社会调查、生产劳动、志愿服务、公益活动等，但一定要深入下去，不能浅尝辄止，做表面文章。要有不怕吃苦的精神，如搞农村社会调查，事实上完全可以到田间地头访问，采写实实存在的数据，了解劳动者真正的心声，掌握第一手资料；而不是找几个村干部拿点现成的数据，说几句无关痛痒的话，写一篇应付式的调查报告。只有沉得下去，才能切实感受到社会最真实最有用的东西，才能真正获得提高。

3. 完善大学生社会实践的监督、考核评价机制

高校社会实践的对象是全体学生。因此,要建立真正对广大学生起激励作用的实践考核评价机制,把社会实践成绩记入学分。另外,可考虑建立社会实践资信证书制度,把参与社会实践的质量与学生将来的就业挂钩,以此来增强学生参加社会实践的积极性。

(二)推进大学生社会实践、科技实践和创业实践基地建设

1. 社会实践基地建设

一方面,大学生可以充分结合区校、村校、校企共建服务活动,在区县、农村企业建设基地。另一方面,大学生还可以以班级、院系、社团等组织为单位,就近建立实践基地,各实践队伍与各实践对象可以建立长期的合作关系。同时,不同年级的学生还可以采取以老带新的方式组团开展活动,增强实践基地的传承性,为更多大学生经常性地参与社会实践活动提供机会和渠道。这种校外结合专业特点、自身优势参加社会调查、实际生产、企业管理,不仅能为社会和企业提供技术服务,也可以帮助大学生通过社会实践提升专业技能,锻炼适应社会的能力。

2. 科技实践基地建设

高校通过开展诸如全国"挑战杯"科技竞赛、国家大学生创新性实验计划等活动,并结合科学商店项目(大学生科普志愿者进社区)在校内建立大学生科创中心,作为科技实践基地。同时,高校可以开展各项科技文化活动为巩固科技实践基地奠定基础,提高学生参与科技实践基地的积极性。鼓励完成一定创新实践并取得成果的大学生,由学校组织专家审核认定后,奖励一定的学分。从科技创新的角度承认大学生的科技成果,这样学生科技创新能力的提高反过来激发学生进一步学好科学文化知识和积极参与科技实践基地建设的兴趣,形成良性循环。

3. 创业实践基地建设

学校不仅要满足学生创业实践的基本要求,还要通过开展系统的创业教育、选修课程和个别指导对学生进行创业知识培训,鼓励学生把自己的所学所思运

用到创业活动中去。不仅如此，在学校统一指导下，学校相关部门与社会相关企业建立创业实践基地，学生就可以将在创业计划竞赛、大学生课外科技作品竞赛等各种竞赛中的作品和创意应用到创业实践中去，从而提高理论与实践结合的主动意识，增强学生创业的积极性。

第七章 高校学生教育能力培养概述

第一节 通识教育视野下高校学生创新能力培养

在知识经济思维爆炸的时代，创新成为我们立足于社会的根本，成为我们的国家立足于世界的根本。正是由于不断地创新，美国才成为世界的领跑者；正是由于不断地创新，我国才能在新中国成立之后的短短数十年间便开始腾飞；正是由于不断地创新，我们的生活才能变得如此丰富多彩。基于此，培养新生代的创新能力以满足时代发展的需要成为多个国家的重大教育课题。然而长期以来，我国现有的教育模式在创新能力的培养环节较为薄弱，这使得我国新生代的创新能力较差，高校学生的创新能力现状令人担忧。

一、制约我国高校学生创新能力发展的因素

（一）授之以鱼而不授之以渔

我国现有的教育模式注重把具体的知识传授于学生，而忽略了教授学生探索知识的方法与途径，目前的高校人才培养环节中，尽管开始重视通识型课程的开设，填鸭式教学仍旧占据很大一部分。这是导致我国新生代的知识面博而广，而创新能力却显著欠缺的主要原因。

（二）评价体系的畸态存在

我国现有的对于学生的评价体系基本局限于考试成绩，在考试中能取得高分的学生会成为其他学生的标榜，这样一来，学生们的价值取向便被误导，认为成绩就是学习的全部，从而迷失在书山之中，忽视了创新能力的培养。

（三）家长的非理性误导

家长的关注点过分局限于学习成绩而忽视了学生自我能力与兴趣爱好的培养。历史上很多有着杰出贡献的人物，他们的成就是与家长的教育分不开的。比如，如果不是爱迪生的母亲，或许爱迪生一辈子只能背上低能儿之名了。正是由于一位伟大母亲的坚信和培养，现在的世界在夜晚的时候才能灯火辉煌。

（四）学生自身的"不思进取"

进入大学校门之后，高校学生脱离了父母的掌控，获得了自由，没有了升学压力的学子们，其压抑了10多年的个性逐渐展露出来。然而面对众多诱惑，不少学生忽视了对于自身创新能力的培养，过分沉溺于校园恋情、网络游戏等诸多诱惑之中，这种"不思进取"的状态亦限制了高校学生对于自身创新能力的培养。

二、通识教育视野下提高高校学生创新能力的对策思路

（一）授之以渔，创新引导

这是对教育工作者的要求。为人师者，不仅仅要向其门生传授自身的知识，对于一些基础性的知识，不应只做到灌输，而是应该引导学生自己发发掘总结出这些基础知识，这不仅培养了学生们探索创新的意识，同样也可以是学生对于此知识的掌握变得更为牢固。基础知识是死板的，但探寻之路则是多样的，掌握了探索的能力，学生自然可以举一反三，甚至另辟蹊径，加深其对于所掌握知识的理解，实现自身能力的提高。

（二）完善评系，跳出单一

学习成绩是考查学生对于所学知识的掌握情况的一项重要指标，但并不是唯一指标。首先必须要确立这一理念，否则完善评价体系则无从谈起。在日常的教学活动中，应做到鼓励学生、引导学生多动手、多动脑，亦可以开设多样的课程来培养学生的兴趣爱好，开发学生们自身的潜力，真正实现学生们的个性化、多元化发展。诚然，这样势必会使教学成本激增，但从长远来看，这绝

对是物超所值的。

（三）回归理性，转变思维

这并不是要求家长们去上什么好妈妈好爸爸之类的辅导班，而是需要家长们多学学那些教子有方的家长们的培养经验，给自己的子女制订一套合理的培养方案，以实现自家子女的全面发展。此外，家长应加大对于子女的关注力度，不应仅仅局限于学习成绩方面，学习、生活、情感等各个方面都应予以关注。有很多可造之才由于缺乏父爱母爱而自暴自弃，荒废了自己。很多沉溺于网络的青少年都是由于父母对自己漠不关心导致的。

（四）究其根本，发展自身

对于解决如何提高高校学生创新能力的问题，最为关键的一个环节在于高校学生自身，高校学生应该树立正确的人生观价值观。大学校园的资源是相当丰富的，图书馆的书籍数以万计，学校的人数亦是数以万计。在这里，图书馆中的藏书是我们的知识后盾，校园里的同学则是学生创新团队成员的不二人选。创新能力，不仅要求他们敢想，还要求他们敢干、能干、会干。知识源于生活、源于实践，创新亦是如此。有想法却不用实践加以证实，这样的想法不能叫作创新的想法，只能叫作空想。若能将其付诸实践，则不管其是对是错，这都是对于创新的伟大尝试，在这样的不断尝试之中，学生的创新能力自然能够水涨船高。这样一来，培养高校学生的创新能力才不会沦为一句空话。

"创新是一个民族进步的灵魂，是国家兴旺发达的不竭动力，一个没有创新能力的民族难以屹立于世界民族之林。"党和国家领导人曾多次强调创新的重要性。对于高校学生来说，创新是我们自身发展的灵魂，是我们实现自身价值、造福自身、造福社会的不竭动力。

第二节 公共艺术教育对学生创新创业能力培养

公共艺术教育是指通过传授艺术的形式提升非专业学生的艺术修养，培养其美育情操、审美能力，开发其脑潜力和创造力，完善其人格，锻炼其实践能力，提高其心理素质，促进共性与个性发展的一种教育手段。公共艺术教育是在艺术教育发展的基础上，不断继承与发展其理念，让更多研究与参与艺术学习的学生更加喜爱艺术。公共艺术教育从对象上看是针对高校的非艺术专业的全体大学生；从内容上看，是有关艺术美的教育，艺术是一个开放的系统，包括美术、音乐、舞蹈、摄影、雕塑、戏剧、文学等；从培养目标上看，是培养学生的审美素质，促进其全面发展。

早在2010年，国教办就发文大力推进大学生创新创业，创新创业是一个时代的召唤与体制的更新发展。没有创新意识，就没有发展与进步；没有创新性、发散性思维，就没有创造力。在科技高速发展的时代，怎样应对大学生就业与发展的压力，是值得我们思考的。创新创业的最终目的是让大学生具备敏捷的思维、艺术性地创造把握和创新事物的能力。创新人才不仅是在创新意识、创新精神、创新思维、创新能力等方面全面发展，更是在此基础上不断取得创新成果，对社会物质文明和精神文明做出较大贡献。一个拥有不断创新性、创造力，充满活力与战斗力的国家，才能永远屹立于世界之林。

公共艺术教育不仅给艺术类的学生提供了更多的发展空间，更为非专业的学生提供了多方面的引导作用。下面具体分析公共艺术教育对高校学生创新创业能力的培养提升作用。

一、对高校学生创新创业储备知识应用能力提升起到开创性作用

（一）公共艺术教育能够激发高校学生创新创业

公共艺术课程涉及的内容涵盖了艺术领域的全部内容。这些综合性艺术类课程面向全体学生，深化了艺术教育体制，更使高校学生对艺术类学科与内容有了进一步的认识。20世纪80年代，清华大学就率先构建了公共艺术教育体系。随着近些年更多高校相继开设通识课程和公共艺术教育事业的不断发展，公共艺术教育的导向性越来越明确。公共艺术课程的开设使不同专业、不同爱好的学生走到一起，在艺术殿堂中不断提高自身修养与知识点的累积。艺术课程包含了中外优秀艺术家的经典作品和艺术成果，在这些优秀的艺术元素中，高校

学生摄取其感兴趣的内容与知识元素。学生通过学习各个艺术基础知识，用类比、模仿、创造发明等多种方式在实践中不断提高自己的创造力与想象力。在提高个人艺术水准的同时，把握艺术具体和抽象脉搏，以新的知识运用能力不断前进。

（二）公共艺术教育与高校学生创新创业领域并轨前行

公共艺术教育是针对不同专业与领域的大学生进行的艺术文化引导与艺术水平提升，为大学生创新创业领域的构建起到了先导性的作用。它不仅陶冶了大学生的情操，更在个性发展、艺术品位与艺术鉴赏等方面提高了大学生的艺术品鉴水平与能力。大学生创新创业需要艺术精神方面的激情与追求，在多数艺术作品创作过程中，没有顽强的毅力与脱俗的艺术表现能力不可能完成一件好的艺术作品。公共艺术课程在初期的艺术学理论和基础上给予创新创业的大学生更多的启示与启发，掌握了这些艺术知识点后，需要根据艺术精神层面的要求制定目标来完成一件真正的艺术品。公共艺术课程不仅能够给高校学生带来艺术方面的知识体系，更能够激发大学生坚强的毅力与拼搏的精神。公共艺术课程要求大学生在掌握知识的基础上，进一步发展、发挥个人对艺术的独特见解与想象力，更好地应用于实践与指导实践。艺术在丰富人的意识、启迪人类的心灵、开发人类潜能等方面为学生的创新创业带来新的能量与动力。从某种意义上讲，公共艺术课程的发展与创新创业的发展同属于一个发展模式与轨道。

二、对高校学生创新创业思维开拓性起到引导性作用

创新创业教育教学主要是培养大学生以灵活的思维方式创造更多的社会物质与精神财富。在多元化学科体系中，大学生应不断充实自己的专业知识与技能，更好地用于实践与创作。创新创业不是独立门户走创业致富道路，而是在实践和学习中具备更多的理论指导实践与开发市场的敏锐思维。

公共艺术教育给予学生更多的艺术空间与理念的思维模式。"艺术源于生活，高于生活"，说明艺术和创新是具有相通性的。科技需要发展、需要协同创新，生活中需要不断挖掘新的元素，艺术的高度在于不断追求个性与创造性的发

挥。公共艺术教育多是从形象的艺术教育到抽象，再从抽象的艺术到具体事物之中，符合创新创造性思维的发展模式。艺术思维发展的不定性与跳跃性为创新提供了思维拓展性的发挥余地。学习公共艺术教育，不一定是通过艺术教育的理论来生搬硬套到科学发明领域中，艺术教育更多的是以关联性、启发式的教育来构建新的思维发展模式。公共艺术教育通过延展性、多样性、理论与实践性等不断加强学生对艺术的理解与多方位的思维模式开发。在公共艺术课程中，对事物的意识判断力、艺术思维鉴别能力、主观能动性、客观发展规律等方面是其他学科体系不可替代的。世界上许多科学家都是著名的艺术爱好者，他们在平时生活中不仅热爱艺术，而且通过艺术更加热爱生活。由此说来，公共艺术教育为大学生创新创业提供了心理活动和思维活动，带来了引导性的正能量。

三、发挥公共艺术教育实践性的导向作用

在国际化市场竞争日益激烈的今天，学生如何适应社会发展是关键。公共艺术教育在培养学生的实践能力与心理协调适应能力方面有重要作用。在公共艺术课程中，有来自不同学科的学生与老师，其设立与建设不仅为大学生提供了艺术殿堂，也在不同心理思维、能力发展应用方面提供了有利的基础。所以，开设公共艺术教育是高校教育的必然发展趋势。高校公共艺术部门应建立合作平台与实践基地，多渠道开通与社会、旅游景区、文化发展公司的合作交流。

公共艺术课堂教学可以让学生在自己动手、实践为主的基础上不断摸索。例如，一些艺术基础课程如器乐、声乐的排练与演出；团体节目比赛的走台与录像；艺术创意的美术手工艺品的制作与推广；民族与中外经典作品的比较等，这些都能激发学生的主观能动性，在实践中不断提高各种能力。为了让学生在公共艺术教育中发挥其潜能，不少高校组织学生参与艺术表演与竞技比赛，并取得了非常突出的成绩。需要强调的是，其中许多大学生都是非专业的学生，但他们的艺术天赋与能力不逊色于专业学生。可以说，公共艺术教育为高校学生的自主实践性培养创造了一定的条件。公共艺术教育不仅要有实际创新创业经验为主的教师队伍，还要有一批不同专业、不同研究目标、喜欢创造的学生，

由教师指导学生探索专业实践道路是引领学生创新创业发展的重要步骤。如果没有公共艺术教育，会在一定程度上减少学生的想象力与实践性。因此，需要有更多的教育部门来重视公共艺术教育的重要性，开发学生应有的艺术潜能，让更多高校学生在艺术实践中不断取得突破与发展是公共艺术教育教学为之奋斗的目标。

四、公共艺术教育多元化思维发展与交叉学科的渗透发展为高校学生创新创业带来新的发展机遇

公共艺术教育是学校开设艺术教育的公众平台，这一平台的建立与容纳，需要教师与学生共同经营与完善。公共艺术教育在培养学生的多元化思维发展方面，要引导学生向更为广阔的学科领域发展与渗透。高校公共艺术课程的选修课会集中一些专业、研究领域方向不相同的学生，这些学生会在不同领域发挥创新创业思维的作用。教师在传授其艺术方面知识的同时，要在适当的时机发挥学生在各个专业领域的形象思维、抽象思维、逆向思维、发散思维等，并以积极的态度培养学术型人才、应用型人才与一专多能型等人才。我们应充分认识到创新创业在社会发展中的重要性，把中华民族传统文化与现代化知识融合，把握时机，推动大学生不断创新创业。

公共艺术教育与高校学生的创新创业是密不可分的，它们之间有着千丝万缕的联系与纽带。在国家、社会大力发展社会原动力与知识创新体制的时期，公共艺术教育与高校学生创新创业一同步入新的发展机制。高校需要公共艺术教育，实施公共艺术教育是适应现代社会发展的需要，是时代发展对高等教育提出的新要求，是深化高等教育改革、推进素质教育的切入点，是提高学生审美能力、表现能力、创新能力的根本途径。

第三节　STEAM 教育理念下学生创新能力培养

进入 21 世纪发动的第四次科技革命，使我国第一次同发达国家站在同一起跑线上，科技革命不仅变革了生产方式、组织方式和管理模式，而且对人们

的行为方式、生活方式和生存状态影响深远。更好地借助第四次科技革命浪潮，推进国家多层次、宽领域加快发展，需要先进技术、先进理念、必要的体制机制创新，而最重要和最基础的是中华民族伟大复兴的基础工程教育得到夯实和强化，加快教育现代化，注重教育质量，发展素质教育，紧抓实现教育强国建设的根本——人才。创新是引领发展的第一动力，是建设现代化经济体系的战略支撑。创新型国家的根基在创新型人才，实施创新驱动战略其本质是人才驱动，培养创新人才，是无数教育工作者毕生追求，而培养创新型人才也在助推教育高质量发展。高校是创新人才培养和成长的重要平台，也是创新战略的实践者，更是教育理念创新的高地。因而我国高校应全面落实创新教育战略，提高创新型人才的培养质量，积极担当勇做新时代创新人才教育理念的先行者和推动者。

知识的可贵在于向外生发，而并非向内索求，人的可贵在于创造性思维。在知识经济时代，高校培养学生创新能力的付出和努力将得到学生和社会的充分反馈，广阔天地，大有可为。对于创新能力培养而言，主要有学校培养、社会锻炼两种，而前者是创新能力的基石，后者是创新能力的条件，二者不可或缺。对于我国教育国情，高等学校在学生创新能力的提质增效和重构升级方面的作用至关重要。

一、STEAM教育理念的内涵与特质

（一）STEAM教育理念的内涵

STEAM教育是由科学（Science）、技术（Technology）、工程（Engineering）、艺术（Art）、数学（Mathematics）融汇而成，打破原有学科界限，着重于综合科学素养的教育，侧重于解决实际问题能力的培养。倡导用跨学科的方法进行知识传递和方法学习，引导学生增强对持续更新变化的知识以及社会的适应性。鼓励学生以多学科融合的方式认识世界，以敢于担当的勇气革故鼎新改造世界，在解决实际问题的过程中掌握跨学科知识，并延伸到设计、解决、创造等方面促进创新能力的生成。尽管后期STEAM教育有多重变式，但其核心内涵和理念均得到完整地继承。其所代表的教育倾向得到不断充实和肯定。

STEAM 教育广泛应用于中小学基础教育，然而，本节认为教育是一以贯之的育人活动，其自成体系，应重视教育的持续性和系统性，环环相扣地做好每一阶段的教育工作，因而，将 STEAM 教育融入到高等学校学生创新能力的培养方面，方能真正为国育才，培养具备系统性创新能力的高层次创新人才。

（二）STEAM 教育理念的特质

第一，跨学科融合。

STEAM 教育理念的核心是跨学科交融，打破传统学科间的壁垒和分界。STEAM 教育并非多学科知识的简单相加，而是面临实际复杂问题时，对多学科知识的内在统一性和关联性进行分析和运用，实现知识的融会贯通和有机重构。强化跨学科之间的联系，增强知识顺势的迁移和实效运用。通过对 STEAM 教育的精心筹划和缜密实施，创建学科间联系，促进学科间融合，学科知识分类整合和跨学科教育方法和解决实际问题方法的探究应用。

第二，彰显实践力量，突出实践逻辑。

教育活动设计是 STEAM 教育理念的主要开展方式，独立、离散学科知识的有机结合，在解决复杂实际问题中予以应用，提升学生好奇心和认知构建的趣味性，切身体验加深知识领会，将否定之否定的规律直观地蕴含到活动中，实践中形成整合思维，掌握整合方法，体会创新的美妙，感受创新的魅力。

第三，科技与人文相融。

STEAM 教育中，学生处理复杂问题会有较大工作量和难度。从而产生了学习共同体，加强学生间的交流互动，充分发挥个体专长，也提供了头脑风暴、思维碰撞的机会。教师成为协作者和冲突管理者，角色的演变给教育的灵活和开放式模式奠定了良好基础。引入富含人文气息的艺术因素，将倾向冷峻、严肃气质的科技、工程、数学中融合了灵动的艺术，柔和且饱含情感交互。注重人文艺术、知识的培养，综合科技和人文，回归科学发展的本质，以人为本。

第四，创新导向聚社会合力。

创新是 STEAM 教育的鲜明导向，是学生学习认知中的知识、智慧和能力成长的具体化表现，包括思维、方法、成果、观点、模式等多层次，也存在过程性和结果性的创新，将创新能力的形成、升级动态地展现出来。STEAM 教育理念提倡多元主体参与的教育,可在广泛的社会中构建高效协作的新模式,充分获取多样资源,凝聚社会合力,激发全社会融入教育的积极性和促进社会组织管理变革。

二、当下高校学生创新能力培养困境

(一)创新教育理念缺乏针对性

国家实施创新驱动发展战略以来,全国各行各业均积极投身创新浪潮,高等学校也进行了创新教育的多种尝试,然而,在创新教育的内涵、目标、思路等方面存在一些薄弱环节。高校对创新教育的内涵各有解读,但界定不清、含义模糊,对创新的理解具象化后缩小其内涵,平庸其力量。学生创新能力培养方案和目标衔接不够紧密,部分培养和实践流于形式,难有实际效用,可靠性和创新性有待考察,培养方式单一,通过部分优秀的生成模式进行推广,欠缺针对性和灵活性,成为变相"创新灌输"。缺乏对创新能力培养的常态化机制建设,侧重于讲座和边缘知识、方法的推介学习。

(二)师资力量薄弱,课程不够完善

人民教师是教育强国梦的筑梦人,教育大计,教师为本,教师是国家教育政策和学生培养教育工作的枢纽,高校创新教育师资力量的不足是制约高校培养学生创新能力的重要因素。理实一体的"双师型教师"数量较少,教学水平参差不齐,高校教师多为博士生转为教师,转换时间紧,一方面技能、方法储备不够,培训时间短,教育相关理论理解不到位;另一方面对教育工作尚缺实践经验,部分教师专业与工作需求匹配度较低。创新能力培养的课程未成体系,课程资源缺口较大,内容更新周期长,课程设置重要性体现不足。

(三)教学方式僵化,理实脱节

"授之以鱼不如授之以渔",高校学生创新能力的生成、创新人才的培养发展,其前提条件是学生学会解决实际问题,有清晰的处置思路和明确的处理办法,然而多数教师滞留在传统教育的"舒适区",穿"新鞋"走"老路",创新能力培养对教学活动组织设计要求很高,重理论轻实践现象普遍存在,创

新技能的培养缺乏可操作性，创新延伸到实践的路径不通畅，缺乏创新活动开展的平台和实际体验，对于个体的主动性和执行力是一种约束。

三、STEAM 教育理念在高校学生创新能力培养中的启示

（一）明确创新内涵，变革教育理念

STEAM 教育不以知识获取量为关键标准看待教育成果，侧重于学生在 STEAM 教育理念引领下的教育活动中，以形成性和结果性体现的创新意识、思维、方法、迁移、整合、重构跃变能力以及在沟通协作中体现的组织管理、交流整合能力。一方面，充分认识到创新是一种创造性的实践行为，重视人在创新中的核心作用，突破固有思维，打破定势，确立新的人才识别、选用、发展规划；另一方面，高校全体须凝聚共识，上下一心，深刻认知并践行 STEAM 教育理念，注重学生辩证思维培养及对学生人文素养教育中的情感投入和因材施教。

（二）强化师资力量，系统化构建课程体系

教师是组织和实施 STEAM 教育的主体，也是学生创新能力培养的引路人，建设综合素养的教师队伍，需要提供必要的资源和支持。因而以下三方面应引起注意：一是高校应注重师资力量建设的动态性和战略性，建设创新能力培养所需师资的柔性用人制度，鼓励多学科教师参与创新能力培养的全过程，并同时寻求学科间的融合；二是高校可以通过引导课程开发将核心素养教育和 STEAM 教育相结合，注重课程内容的内在统一和关联性、课堂组织的综合性和设计性，并与我国课程体系相适应；三是构建基于创新人才培养下耦合度高的知识结构，提升创新培养课程的地位和重要性，积极开发适合校情、学情的校本教材，搭建资源交流共享平台，互通有无，取长补短，关键在于资源的时效性。

（三）推动教学方式蜕变，密切多方交流合作

STEAM 教育强调教育技术的运用，高校拥有众多教育现代化建设的资源将我国教育信息化建设的成果更多惠及高校学生，加强其深度学习，促进自主

学习和创造思维的生成，在此期间以互联网的全天候丰富资源和形式激发创新灵感。STEAM 教育在国外较为成熟的教学方式主要有基于项目 / 问题 / 设计 / 探究等形式，我国高校可因地制宜借鉴使用。同时，STEAM 教育重视实践环节，创新不是灵光乍现，其本身就是高级别实践活动，需要长期积累和持续地学习，创新能力终要落到实处，学以致用方可发挥核心驱动作用，创新也需要在实践的熔炉中百炼成钢、求真求实。此外，STEAM 教育提倡积极引入社会资源，密切社会多方的参与协作，以开放的姿态获取更多支持和保障，构建高校学生创新能力培养共建机构，搭建学生实践平台，以理论促实践，以实践强理论，政用产学研一体化发展，共同促进高校学生创新能力培养的高效能开展。

STEAM 教育作为培养综合科学素养和创新探究能力人才的新理念，正在深度影响高等学校的学生创新能力培养体系，将 STEAM 教育理念融入高等教育创新人才培养中，走出一条特色的创新人才培养路径，坚定对我国高等教育学生创新能力的信心，"惟进取也，故日新"，希望相关研究走向深入，不断地实践探索，促进教育与时代同行，以创新点亮人生。

第四节　智慧教育下学生创新能力培养

"互联网+"技术推动了人工智能开始惠及各行各业包括教育领域，由此，传统教育走上了改革创新之路，智慧教育应运而生。作为培养国家创新创业人才摇篮的高等教育，对智慧教育十分重视。智慧教育在一定程度上促进了高等教育的变革和创新，让高等教育迎来了美好的春天。

一、智慧教育给高校人才培养带来的变化

创新是一个民族的灵魂，是一个国家持续发展的不竭动力。高校是创新人才培养的主力军，如何培养出国家所需要的创新人才一直是我国所有高校在积极思考和努力研究的问题。习近平总书记曾强调指出，创新创业教育应贯穿高等教育整个过程，加快高等教育内涵的发展。前总理李克强同志在 2015 年的

政府工作报告中多次提及"大众创业、万众创新",这既是时代的呼唤,又是我国几十年教育大发展的必然。而当前我国的高等教育虽然实现了普及,但是为"大众创业、万众创新"输送的大批人才资源只是学历意义上的,主要原因在于我国的教育主要还是"知识教育"。而智慧教育的本质是"转识为智",实现从塑造"知识人"到培养"智慧人"的历史性飞跃。可见智慧教育为我国高校培养创新人才的良方,也是高校教育教学改革的必然趋势。综上所述,智慧教育给高校人才培养带来了新的变化:

(一)智慧教育给高校人才培养目标提出了新要求

与传统教育相比较,智慧教育强调的是个性化、终身化、随时随地智能化学习,注重的是适应时代、适应社会发展需要的创新创业人才的培养。智慧教育首先在理念上进行了更新,创新人才不能只拥有深厚的知识功底,还要具备自主学习能力、创新创业思维、良好的人际交往能力、将知识化为实践的能力等。因此,高校培养出来的人才应该是高素质的综合型人才,是能解决实际问题、有智慧型思维的创新人才。

(二)智慧教育给高校人才培养模式提供了新手段

高校要培养智慧型创新人才,传统教育模式必然要进行改革。智慧教育将现代化的信息技术手段与高等教育各专业进行有效的融合,这种融合不是简单地进行网络教学,而是根据不同学科知识的特点,把知识以不同形式展现给高校学生。另外,高校学生的学习也不再局限于课堂和本专业,可以轻松地实现跨学科学习。在实践上,虚拟技术能够创造出实践训练平台,将企业的现实办公场景、业务内容和业务流程用于教与学,解决了校企合作的很多难题,也给实训、实践教学带来了诸多便利。在教学评价方面,智慧教育的评价方式更注重多元化,既能综合评价学生,还能发现学生的个性化特点,促进学生个性化发展,深化对学生的因材施教。

二、智慧教育实现高校创新人才培养的现状

（一）智慧教育培养创新人才观念落后

长期以来，传统教育方式根深蒂固。尽管当前，高校领导层面和一些愿意接受新教育理念的教师认同并着手研究智慧教育在创新人才培养方面发挥的作用，但是观念的更新还存在一些不足。有些从教时间较长的教师比较认同传统教育方式，对新型的智慧教育理念并不赞同；有些教师虽然能够接受智慧教育理念，但对于教学模式的变化无所适从，不知道如何适应智慧教育教学模式；还有些教师简单地理解为智慧教育就是利用信息技术在各种网络平台上课，这些都是因为还没有完全接受智慧教育培养创新人才的理念，造成智慧教育在各高校推行的程度不一样。

（二）智慧教育培养创新人才忽视了内涵建设

当前，网络技术是实现智慧教育的一种重要手段，一些高校在智慧教育实现创新人才的培养过程中一味地强调教师要注重网络平台和课程的建设，忽视智慧教育培养创新人才的内涵挖掘。一些高校出现了用于教学的网络平台数众多，有的更换网络平台频率过快，这个平台还没熟悉使用或刚学会使用，又换成了别的教学平台，不但增加了教师和学生的负担，教学效果也大打折扣，引起了教师和学生对智慧教育一定程度的反感。

（三）智慧教育在创新实践教育方面有待突破

当前的智慧教育对于解决理论知识教育创新方面已经比较成熟，如MOOC、微课、教学资源库、在线课程等在很大程度上体现了智慧教育个性化、终身化的特点。而在实践教育智慧化方面，高校的创新力度还不够。培养创新型实践人才，是智慧教育的目标，当前我国高校与企业的合作程度还不够深入，教师能够与企业合作开发项目，但学生的参与程度较低，限制了学生的实践课程学习效果的提高。当前的智慧教育提供的虚拟实践平台毕竟与企业的真实工作内容还存在较大差别，这是高校在推行智慧教育时需要关注的问题。

三、智慧教育培养和提高高校学生创新能力的途径

（一）树立智慧教育环境下高校创新人才培养的正确理念

首先，高校应该通过宣传、培训、讨论交流等多种方式对教师和学生倡导智慧教育的作用和创新能力的重要性，强调教师要树立培养创新人才的意识，强化学生加强自身创新能力提升的自觉性。其次，高校应加强教师智慧教育理念和技能的培训，明确智慧教育的目标是培养创新型人才，创新人才不仅要学好学科知识，重视实践能力的培养，还要重视价值观、职业素质、人文素养的养成，当前高校要培养的是德才兼备的创新人才。

（二）打造智慧型教师团队，促进创新人才的培养

教育离不开教师，培养创新型人才必须有创新型教师。在智慧教育背景下，建立智慧型教师团队是培养和提高高校学生创新能力的核心要素之一。智慧教育强调多元化培养人才，这就需要高校的专业教师打破学科之间的界限，互相交流与合作，共同制订创新人才培养方案和教学设计。例如，在培养学生表达能力上需要语文学科的教师，在专业课程的思政教育方面必然要专门的思想政治教育类教师的指导，这些都要求高校教师在钻研本专业的基础上，还要与其他学科或专业的教师合作，才能将智慧教育下的创新人才培养理念落实到位。

（三）强调智慧教育的内涵建设，构建以学生创新能力为目标的课程体系

智慧教育的核心不在于技术手段的多样化，而是如何利用合适的技术手段更好地服务于高校学生创新能力的培养和提升。所以高校应该深化建设学生创新能力培养和提高的内涵，建立智慧教育模式下的课程体系，该课程体系主要以培养和提高学生的创新能力为目标。根据智慧教育的目标确定的课程体系应该包括学科教育与人文教育，两者不能失衡。一是在教学资源开发上，要将学科知识与人文教育理念融合，并以恰当方式呈现给学生，不能为了教育而教育，要"润物细无声"。二是在教学过程中，在专业课的教学中，要结合思政、创

新、创业、职业素养等人文知识，引导学生对人文知识的思考与重视。三是在教学评价时，从专业知识掌握程度、人文素养养成度等多角度对学生进行评价，以发掘学生的拔尖点。

（四）深化智慧教育在高校实践教育方面的创新力度

高校学生的创新能力最终会通过实践得以体现，因此，高校可利用智慧教育的优势在实践教育方面取得新突破。在实践教学方面，通过智慧化的校企合作将企业的专家和真实业务引入学生的课堂，同时，让学生在学校通过智能技术参与企业的实际工作项目，以此来提高学生的实践创新能力。

第八章 高校学生教育创新能力培养的内容

第一节 信息素质教育改革与大学生创新能力培养

一、信息素质教育的国内外研究现状

（一）信息素质教育的国外研究现状

从国外学术界研究情况看，最早提出信息素质概念的是美国信息产业协会主席 Paul Zurkowski，他在 1974 年向全美图书馆学与信息学委员会提交的一份报告中，将信息素质的内涵定义为"利用大量的信息工具及主要信息源使问题得到解答的技术和技能"。此后，又出现了一系列围绕信息素质的研究成果，并在此基础上推动了教育界与学术界对信息素质教育的研究。

（1）2001 年，Toronto 大学编辑出版的专业研究期刊 Studies in Media&information Literacy Education（SIMILE）创刊，该刊的目标是为书目引导、信息素质、媒体文化等领域搭建学术桥梁，同时探索影响学生及其他公众信息意识及信息素质的途径。

（2）2002 年 8 月，国际图书馆学会联合会 IFLA 在原用户教育圆桌会议分部基础上成立了信息素质分部，旨在进一步促进各类图书馆用户教育方面的合作。

（3）2003 年 6 月，美国图书馆协会 ALA 的分支机构大学与研究图书馆协会 ACRL 下属的信息素质研究所发表了"信息素质实践课程标准指南"，主要面向本科生及研究生设计实践课程，为有志于开发、评价、推进信息素质课

程的教师、图书馆员、管理人员、技术专家等提供帮助。

（4）ACRL 专门建立了信息素质网站，为高等教育提供信息素质教育方面的教学、研究资料。

（5）2003 年 9 月 20—23 日，由联合国教科文组织 UNESCO 资助，美国国家图书馆学情报学委员会（NCLIS）、国家信息素质论坛（NFIL）共同主办的"面向信息素质社会"学术会议在捷克城市布拉格举行，来自七大洲 23 个国家的 40 多位学者参加会议，并提出了信息素质原则布拉格声明。

由此可见，随着信息化社会的深入发展，信息素质教育研究正在引起世界各国的广泛关注。

（二）信息素质教育的国内研究现状

我国的信息素质教育起步较晚。随着国家和社会各界，特别是高等教育部门对信息素质教育的重视程度不断加强，我国的信息素质教育研究已具备了良好的社会环境。《中共中央国务院关于深化教育改革全面推进素质教育的决定》《面向二十一世纪教育振兴行动计划》的实施，更成为信息素质教育研究的重要政策基础。从近些年的研究成果看，国内学者对信息素质及信息素质教育问题的研究主要反映在以下几个方面：

（1）2001 年，北京师范大学信息科学技术学院符绍宏主持承担了国家社科基金项目"当代信息环境下中国的信息素质教育研究"，其研究成果分别发表于《情报学报》等国内外权威学术刊物上。

（2）2002 年 1 月 7—9 日，由教育部高等学校图书情报工作指导委员会委托黑龙江省高校图工委、黑龙江大学图书馆和黑龙江大学信息管理学院承办的全国高校信息素质教育学术研讨会，首次将文献检索课学术研讨会改名为信息素质教育学术研讨会，表明图书馆用户教育又向前迈进了一大步。

（3）2002 年 10 月，武汉大学图书馆正式成立信息素质教研室，标志着该校信息素质教育跨入了一个新的历史时期。

（4）《高校图书馆工作》编辑部 2002 年推出"信息素质论坛"，集中研讨信息素质的定义、范围、标准、如何培养信息素质以及图书馆与信息素质的关系等。

许多教育研究者、信息管理研究者、图书馆工作者纷纷著书立说，深入开展信息素质教育研究，充分反映了我国学术界对信息素质教育研究的关注与不懈探索。

（三）国内外信息素质教育的问题与不足

从国内外信息素质教育研究成果来看，目前尚存在以下不足：一是大多局限于从图书馆角度或课堂教学角度出发来分析信息素质教育，而未能从一种创新的教育机制、一种重要的国家发展战略等高度来定位信息素质教育；二是局限于从理论上认知信息素质教育的重要性，并对其教育内容进行了较全面分析，但很少有研究成果提出较完整的信息素质教育实施方案及评价方案；三是如何打破现有教育体制（单一机构）、重新组合信息素质教育机制（组合机构）等方面的探讨尚未引起充分的重视。

信息素质是人的素质的重要组成部分，也是我们民族素质的重要组成部分。信息素质关系着个人在信息时代的生存与发展，关系着整个民族的国际竞争实力与可持续发展能力。因此，信息素质教育是信息时代对教育的必然要求，加强高校大学生信息素质的培养，是使大学生适应时代的要求、接受信息社会挑战、提高自主创新意识的前提条件。

二、信息素质教育与高校学生创新能力培养

创新的关键是创新思维，因为人的一切创新都始于思维的创新。人要进行创新思维活动，离不开知识和思维能力这两个内在要素。知识是思维活动的原材料，思维能力是加工、处理知识和信息的能力，这两者对人的创新思维都是必不可少的，对人的创新思维起着极为重要的作用。除此之外，人的创新还受到动机、兴趣、情感、意志、性格等非智力因素的影响，非智力因素作为一种心理因素，对人的创新思维也有较大的影响。创新人才必须具有创新的意识；具有敏锐的洞察力和丰富的想象力；勇于突破思维定势的束缚，善于提出新观点、新理论和运用新方法、新思路来解决问题。

创新能力也是高校学生最重要的素质之一。江泽民同志指出："创新是一

个民族的灵魂，没有创新的民族是没有希望的民族。""要注重创新精神和创新能力的培养。"培养高素质创新人才，已成为当前高等教育的一项战略性重要任务。

从创新能力的构成因素来看，一个具有创新能力的人往往具备较强的自学能力、信息加工能力、分析判断能力和科学研究能力。这些能力是知识的生产、传播和使用所必不可少的。而从信息素质的概念可以看出，具有良好信息素质的人，就是具有良好的自学能力，能利用不同信息技术和系统获取、管理信息，能批判性地辨析处理信息，能不断地掌握新知识，扩充、完善自己的知识结构，从而为实现创新奠定基础、创造条件的人。可以说两者是相辅相成的。因此，信息素质是大学生创新能力的基本要素。

信息素质教育与创新能力的培养之间存在着密切的联系，创新意识是信息意识的源泉，是发挥信息能力的动力，信息意识是创新意识的加速器。信息能力是创新能力的重要组成部分，信息素质集中发挥和体现在创新过程中。高校图书馆作为人类知识的宝库，理应通过加强信息素质教育在高校学生创新能力的培养方面做出重要的贡献。

然而，当前高校信息素质课程教育结果并不尽如人意，只有少数学生达到了提高信息素质、学会自学、运用知识信息初步创新的教学目标。影响信息课程教育效果的主要原因，就是没有用创新精神统率这门课程。要全面达到教学目标，必须用创新精神对教学理念、教学模式进行一个彻底改变。

三、高校大学生信息素质教育的改革与创新

（一）文献检索课的改革与创新

文献检索课是一门融图书馆学、情报学、计算机网络技术知识为一体的技能和方法课，能培养学生的信息意识和获取文献的能力，提高学生的自学研究能力和解决问题的能力，发挥其创造能力，为学生继续学习和终身教育打下基础，具有授人以渔的功效。

在我国，开设文献检索课是提高大学生信息意识和信息运用能力的主要途径，也是目前对大学生进行信息素质教育的主要方式。然而，随着现代信息技

术的飞速发展，传统的以手工检索为基础的文献检索课教学已难以满足需要。因此，与时俱进地对课程的内容、教学方法与教学模式、评价体系等进行改革，提高文献检索课的定位，加大信息素质教育的力度，是目前高校图书馆的一项重要任务。

1. 文献检索课的课程性质改革

由于我国的信息素质教育起步晚，起点也较低，与发达国家相比还处于一个比较落后的阶段，所以国内大多数高校的文献检索课仍属于选修课系列。一方面是由于师资或设备条件不具备；另一方面也说明学校对信息素质教育的重视程度还不够，还没有将培养大学生的信息素质作为高等教育的必要环节，这也在很大程度上影响到学生对信息素质教育、对文献检索课的重视心理。因此，在高等教育强化大学生素质教育，提高学生自主创新能力的今天，将文献检索课确立为必修课是非常有必要的。

2. 文献检索课的教学内容改革

（1）精简基础理论知识教育，侧重检索技能的培训。

理论知识作为信息素质教育的基础，具有非常重要的作用。通过基础理论知识教育，能够使学生对信息的概念、类型、特点、规律有基本的了解，对信息在社会经济发展中的价值、地位、作用有较深刻的认识，从而确立他们的信息价值观念，培养他们从信息角度观察问题、解决问题的思维习惯，并且掌握一定的信息科学思维方法和信息研究方法。但是传统的文献信息检索教育只注重知识的灌输，忽视了对学生实践经验的培养，从而使得许多学生虽然经过了信息素质教育，但综合检索能力很弱，不知道从何入手以获取信息。所以在教学内容方面，应该精简基础理论知识的内容，将重点放在检索技能的培养上，不仅让学生熟悉各种检索工具及其使用方法，还要激发他们的创新思维，将所学知识灵活运用于实际问题的解决。

（2）加强计算机检索教学内容。

随着网络和计算机技术的飞速发展，信息源从传统媒质载体信息扩展到网络信息，而大众对网络信息的需求又推动了网络信息检索技术的极大发展，网络信息检索教育成为信息检索教育的重要内容。但是目前部分高校的文献检索课仍然有手工检索，甚至以手工检索为主要教学内容，这样将不利于培养学生具有现代化的检索技能。因此，必须加强计算机检索部分的内容，把教学重点转到联机检索、网络数据库检索上来，使学生熟练掌握国内外常用数据库的检索方法和技能，学会利用各种网上搜索引擎及其他检索工具，迅速有效地获取所需信息。

（3）增加信息资源分析与利用方面的内容。

网络信息的自由存取和易用性，产生了网络信息资源的极度繁盛。然而，随着网络资源呈几何级数的增长，网上信息日益呈现出无限、无序、优劣混杂的状态。为帮助学生从信息海洋中甄别出有学术价值和利用价值的信息，文献检索课应增加一些信息分析和利用方面的教学内容，培养学生对信息的鉴别、分析、存贮、概括以及文摘、综述等信息加工处理能力，教会他们从繁杂的信息中筛选出适合自己需要的信息，以增强学生的信息意识和信息利用能力。

（4）增加网络安全及信息道德教育方面的内容。

浩瀚的信息良莠不齐，有积极信息与消极信息，有真实信息与虚假信息，信息的变化又极为频繁，置身其中往往无所适从，这就需要对学生进行信息法律法规、信息道德及网络安全知识方面的教育，提高他们信息识别能力和自律能力，培养他们合乎时代精神的信息伦理观念和信息道德观念，使其养成文明的信息行为习惯。

3. 文献检索课的教学方法与教学模式的改革

传统的文献信息检索教育只注重对学生进行知识和原理的机械性灌输，缺乏生动形象的素材和实例分析，所以学生对运用所学知识和技能解决实际问题的理解能力较差。目前，大部分高校都已经采用多媒体方式进行文献检索课的教学，并且开始重视实例教学，但具体方法各异。

在教学模式上，传统的文献检索课教学模式为集中授课模式，由于师资力量有限，设备条件不足，只能对部分学生进行检索技能的培训，无法实现对所有在校生的信息素质教育。目前，已有很多高校将网络教学应用于文献检索课。学生可以自行安排学习时间，通过自学提高学习兴趣和学习的主动性。比较完善的网络教学软件还提供互动式交流平台,学生可以针对学习中的问题与教师进行交流,还可以通过网络提交作业。另外,也有学校将集体授课与开放式实习相结合,取得了较为满意的效果。

4. 文献检索课的实习和考核方式改革

文献检索课的实习是文检课教学中非常重要的一个环节,因为文检课作为培养学生信息意识、信息获取能力、创新能力的课程,具有极强的实用性。通过实习可以有效地提高学生对文献检索课知识的掌握,提高学生的信息意识和信息检索利用技能,增强学生动手能力和解决实际问题的能力,进而提高其科研能力和水平,真正实现文献检索教育的目的。有些高校自主研发了文献检索课实习与考试系统,在实际教学中也取得了较好的效果,另外在实习过程中,由于检索课题的选取直接影响到学生对文献检索基本原理、课题分析方法、检索策略制定等一系列技能的掌握,因此选择课题十分重要。传统的方式是让学生按某个或某些确定的题目查找资料。由于不同专业的学生有不同的兴趣取向和专业知识需求,如果将检索实践局限于某个特定范围,则不利于学生创新思维的发挥和利用检索工具获取专业知识能力的提高。因此,应该鼓励学生从对信息的实际需求出发,根据自己的兴趣和专业自定检索课题,增强实习的针对性,调动学生的学习积极性,从而提高学生分析问题和解决问题的能力。

关于文献检索课的考核方式,大多数学校采用考试与提交检索实习报告相结合的方式对学生的学习进行考核。因为考试只适用于检测学生对基础理论知识和原理的掌握程度,所以对检索技能的掌握应该通过检索实习报告反映。

(二)其他辅助教育方式

图书馆作为大学生素质教育的第二课堂,不仅要重视文献检索课教学的改革,创新教育教学方式,而且还要充分利用丰富的馆藏资源和人力、设备资源等,通过各种辅助方式提高大学生的信息素质和创新能力。例如,对入学新生及时开展"如何利用图书馆"的讲座,让学生了解馆藏资源的概况,掌握初级检索工具的使用方法,启发学生的信息意识,促进学生对开设文献检索课必要性的认识。另外,还可以通过专题数据库讲座和培训,加强数据库应用技能的培训。

此外,图书馆在发挥自身优势,培养学生创新能力方面,还可以通过邀请专家做报告或讲座、举办"阅读与智慧""读书与创新"等主题的征文活动来激发学生的阅读兴趣;通过增加励志类图书的数量等方式,强调创新思维的重要性。

培养高素质创新人才,已成为当前高等教育的一项战略性重要任务。加强对大学生信息素质的教育,提高大学生的创新能力,是高等学校教育的工作重点。高校图书馆作为人类知识的宝库,作为大学生素质教育的第二课堂,理应通过加强信息素质教育在高校学生创新能力的培养方面做出重要的贡献。

第二节　高校学生创新精神与实践能力的培养

实施学生创新精神与实践能力的培养是高等学校一项系统而复杂的育人工程,它贯穿于人才培养的全过程,并渗透到教学过程的各个环节。首先,教育观念的转变对培养大学生的创新精神和实践能力起着先导作用,只有先进的教学理念才能使教学手段和教学方法发生根本变革。高等学校必须结合自己实际情况,以教学改革和创新教育为主题,开展教学思想大讨论,充分认识传统教育中"中庸之道"的观念,以及视野狭窄和接受型、记忆型的教学方式对创新人才培养的副作用。只有确立了以培养学生创新精神和实践能力为核心的教育观念,才能实现人才培养的重大突破。

高等学校应始终把创新人才培养质量看作学校发展的命脉,把培养学生的创新精神和实践能力作为教育和教学的中心任务,最终使学生所蕴含的创造潜能得以开发。正如德国教育家斯普朗格所指出的那样:"教育的最终目的不是传授已有的东西,而是要把人的创造力量诱导出来。"这就意味着学生创新精神和实践能力的培养,应落实在教育的各个方面和贯穿于教学的各个环节。其中最重要的一环,也是最现实和最有效的方法,就是重视、加强和改进实践性教学环节,提高学生从事科研能力和实际动手能力。

一、具有创新精神和实践能力人才的内涵

创新精神是开拓进取和勇于创造的精神，它既是一种品格，又是一种胆魄和才识，并且是二者的统一。首先，开拓创新精神是一种怀疑精神、求实精神、自信心和好奇心，是勤奋刻苦和坚忍不拔的品格。如果迷信传统、书本和权威，缺少自信，缺乏好奇心，懒散怕苦，不能持之以恒，便没有开拓创新精神。开拓创新精神又是一种"敢于尝试、敢于创新和敢于实践"的大无畏的胆略和气魄。此外，开拓创新精神还是一种才识，即一种才能和见识。它要求必须具有创造性思维和较强的从经验、事实、材料中凝练出自己思想的能力。

由此可见，开拓创新精神中，品格、胆魄与才识必须齐备，缺一不可。品格是基础，没有开拓创新的品格，就很难产生创新的欲念，即便偶尔产生，也会因缺乏动力支持而昙花一现。有胆魄而无才识，轻则不能成事，重则陷于蛮干而遭受重创。有才识而无胆魄，往往是看准了的事却不敢干。所以，高校在培养学生的开拓创新精神时，既依赖于教师的教，又依赖于学生的自我培养，以及两方面的结合。

现代社会对具有创新精神和实践能力人才的评价是综合性的，而不是凭借单一标准来衡量。哈佛和牛津这两所世界上最知名的大学，对"一流学生"的评价是具备创造性、广泛的兴趣和独立思考的能力。例如，哈佛大学荣誉校长陆登庭教授认为："一流的学生不能仅凭分数来评估，对于学生来说，类似全国的考试是很重要的，但不能代表所有的方面，还有很多内容需要考察。一流的学生必须具备创造性、广泛的兴趣和独立思考能力，这三点必不可少。"这说明高等学校培养的人才不只是学习成绩优秀，更要看他是否具有创造性。对社会所需人才而言，仅有专业技术知识是不够的，必须具有创新精神，具有探索未知的好奇心，除了关心自身的专业领域，还要有广泛的兴趣关心其他领域的东西。而一流人才必备的基本素质则是：专业知识扎实，动手技能强，对高新技术具有广泛兴趣拥有较强的创新精神和创造能力，能不断拓展新的研究领域。

二、培养学生创新精神和实践能力的实现途径

（一）大力提倡奉献精神，增强集体荣誉感

人的价值观决定其思想动力的持久性，市场经济条件虽然不可避免地产生各种功利诱因，但学以致用、为科学研究和追求真理而献身、荣誉高于一切的理念应扎根于大学生的思想。提倡爱专业、爱集体、好学进取和乐于奉献，仍不失为当代良好的世界观和价值观，这些无疑会给大学生提供可持续发展的内在动因，使之不为金钱所动、不为功利所驱，对专业的热爱将成为其发挥创造力的动力源泉。高校的重要任务之一，就是要坚持培养学生"德才兼备"、敢于探索、具有良好的团队合作精神的素质；鼓励学生热爱所学专业，敢于创新，乐于奉献，不计较个人利益得失，不为金钱和名利所动摇，以勇于创新实践为荣。

（二）情感的投入与"慎独"的提倡

大学生的创造力不仅表现于创新思维的能力之中，更表现在他们的精神状态上。高校教师不仅要向学生传授知识与方法，更要加强对学生思想上的引导和启迪，因为对学生思想的引导和启迪是形成新思想和产生新思路的重要环节。这就要求师生间不断扩大交流和增强沟通。在增进友谊和情感的同时，不断激发学生探索的热情，引导他们不断"向内探求"，发挥其主体作用。与此同时，把中国传统儒家所提倡的"慎独"修养模式引入到大学生的学习之中，使之对学习不仅热衷于听讲、讨论、课堂笔记，更注重课后的独立思考，敢于否定和怀疑，进而形成自己独特的观点。高校实施的本科生"导师制"，就是依据学生的实际，指派有学识、有经验和有能力的中青年教师担任本科生导师，一方面为学生专业学习提供指导性帮助，辅助学生进行创新性科学研究；另一方面教书育人，引导学生搞好自身修养，通过"向内探求"，充分发挥主观能动性，实现科学研究方法和手段的突破与创新。

（三）建构浓厚的学术科研氛围

浓厚的学术科研氛围是学生形成学习互动和产生思想共鸣及知识创新的关键所在。正如运动和音乐能振奋人的精神、产生强烈共鸣和轰动效应一样，浓

厚的学术和科研校园环境，同样会使一个苦于学习的大学生想方设法去改变个人的行为，使之能够与群体环境相适应。环境改变人的力量是不容忽视的，突出大学生的本质特征，就要将专业学习与丰富多彩的校园文化学术活动有机融合，这是高校环境育人的理念所在。目前，高等学校拿出资金，为学生提供科研项目立项，资助学生从事科学研究，使学生的创新精神和实践能力培养落到实处，构建了良好的学术科研氛围，让学生的创新能力得到最大限度的发挥，产生了一些具有影响力的科研成果。实践证明，浓厚的学术科研氛围是培养学生创新精神与实践能力的有力保障。

（四）突显学生在学校中的主体地位

发挥教师的主导作用是培养学生创新意识、创新精神和创新能力的根本，高等学校教学改革和学分制实施的目的是使学生的主体地位得到强化。实践证明，当学生的主体性表现不够、教学模式老化、教学手段与方法落后、知识更新缓慢等现象得不到改正时，必然会导致由于学生知识和信息接收水平提高的缓慢而使教师在学生心目中的威望降低。高校教学改革的主要目的就是为了打破旧的"定势"，不是简单地将知识装进学生的大脑，而是指导学生系统地学习知识、发展能力，形成正确的世界观和良好的思想品质。教师的指导和学生的自主学习是构成教学过程的主要活动，"师生互动"和"生生互动"成为新的教学模式。由此可见，创新的客观要求迫切呼唤新的教育模式的产生，彰显学生的主体地位。学分制实施的最大优点在于灵活性强，允许学生选修课程，以求在专业的不同主攻方向上得到发展。它有利于充分调动教师的积极性，开出选修课，较快反映新的研究成果；同时，跨系、跨专业选修课程有利于学生个性的充分发展，并有利于学科之间的渗透和新兴学科、边缘学科的发展。实行学分制对我国高等教育改革和高校教学改革有着积极的意义，它有利于高校的人才培养主动适应市场经济对人才的需求，增强人才培养的灵活性，有利于促进高校教学思想的转变和充分贯彻因材施教的教学原则。

（五）以人为本，使学生得到全面而有个性的发展

现代高等教育发展一个重要方向是"以人为本，使每个学习者得到全面而具有个性的发展"。如何使每个学生内在的长处和天资在学习中得到发展呢？

第一，改变传统教育观念。

要培养学生良好的创新个性，首先要注意改变传统教育观念，确立以培养学生的创新精神和创新能力为基本价值取向，以发掘学生的创新潜能、促进学生的个性和谐发展为宗旨的工作目标，实施创新素质教育。通过对学生进行系统的教育和影响，使他们善于发现、认识和掌握新知识、新思想、新方法，努力认知和掌握其中蕴藏的基本规律，逐步形成相应的能力，为其成为"创新型人才"奠定必备的素质基础。

第二，培养创新的学习策略和学习习惯。

大力推行个性化教育，要树立多样化的人才观，树立勇于实践和敢于探索的实践观和价值观。要致力于培养学生良好的创新学习策略和习惯，在学习中，把有价值的教育和有效的学习策略结合起来，使学习成为有强烈情感的、动态的、渐进的、反馈的过程。正如法国教育家朗格所说："教育的最终目的，不是传授已有的知识，而是要把人的创造力诱导出来，唤醒人的生命感、成就感。"这就要求教育工作者应重视学生的创新能力，有效评价学生分析问题和解决问题的能力。

第三，培养创新的人生观。

正确的世界观和人生观是创新活动本身对创新人才提出的客观要求，它不以学习者的主观意志为转移。正所谓，从事发明创造活动的人才，不仅要具备扎实的专业知识功底和渊博的学术水平，更需要有崇高的理想、无畏的勇气和敢于献身的探索精神。不计较个人名利得失，为科学研究献身的境界，是创新人才所具备的重要素质，也是高校创新人才培养的核心所在。

（六）加强实践性教学环节，提高实际操作技能

在人才培养方案的设计中，不仅要包括理论教学体系，更应大力开发出相对独立的实践教学体系，这对加强和促进实践教学非常有利。适当加强实践性教学的比重和提高实践性教学的地位，既能充分体现高等教育的应用型人才培养特色，又能突显学生创新潜能的发掘。同时，通过理论联系实际，有利于学生分析问题和解决问题能力的提高。短期社会调查、中期课程论文写作、实验课程开设、毕业设计等都是提高学生创新能力的重要措施。总之，我国社会

经济的高速发展，对高等教育人才培养提出了更高要求。实践性教学是实现高等教育人才培养目标的本质特征，是提高学生创新能力和就业竞争力的核心与关键。

综上所述，高校必须成为培养学生创新精神和实践能力的主战场，通过上述创新人才培养途径，使学生拥有扎实的应用科学的基础知识，能够用自己的语言把所学的知识准确表述并运用于科学研究中；使学生拥有开阔的知识视野，在科学研究中能解放思想，追踪前沿，广泛选题。此外，还应使学生具备强烈的"向内探求"的自主意识与协作精神。强烈的"向内探求"意识不仅能增强对知识的丰富和把握，还能增强个体的独立性格与新的思维理念的建立，也会促使个体主动性的发挥。毫无疑问，具备这种意识与协作精神是拥有创新精神和实践能力的重要条件。最后，要让学生勇于实践。敢于实践不只是对生活和社会的简单体验，还是对社会问题的深层次分析，大学生的实践活动更是一种对知识运用的检验和评判，即运用所学知识去检验、分析和解决在实践中所发现的新问题。大学生必须通过社会实践活动使自己的专业理论知识得到丰富和完善，在实践中寻找新的发现和发明。

第三节 课外科技创新活动体系与学生创新能力培养

随着国家科技、经济和社会的飞速发展，大学生科技创新活动已经成为高校创新教育的重要载体和平台，同时也是高校科技创新体系和创新活动的重要组成部分，对于营造高校高品质的校园文化发挥着越来越重要的引领作用。大学生课外科技创新活动体系作为高校大学生科技创新活动的重要组成部分，已经成为高校培养和展示学生创新能力的重要舞台。

一、课外科技创新活动体系的内涵

课外科技创新活动体系是指大学生群体在学校的有序组织和引导下，依靠教师的指导，利用课余时间自主开展的系列学术科技活动。课外科技创新活动体系的实质是一种系列社会科技实践活动。实践活动的主体是大学生群体、客体是各种学术科技实践活动，其内涵和功能涵盖了教育、科技、经济、社会、文化等多个领域，是一个动态的历史发展过程，具有天然的实践性、系统性、历史性、社会性、多样性等特殊性。当前，随着经济社会快速发展，高等教育的社会化需求越来越强烈，大学生课外科技创新活动体系在各高校得到高度重视并蓬勃发展，拥有更加丰富的内涵和多样的形式。

总的来说，课外科技创新活动体系包括大学生在课外所从事的各类学术科技和创新创业活动以及参加的各类学术科技创新创业等竞赛活动。组织开展大学生课外科技创新活动是一项系统工程。按主办方级别可分为院系层面、学校层面、省市及以上教育主管部门和教育学会等三个层面组织的各类课外学术科技活动；按功能和作用可分为学术科技学习、学术科技创新和学术科技推广三个部分，这三个部分构成学生课外科技活动的完整体系。

二、建立课外科技创新活动体系的价值和意义

大学生课外科技创新活动体系作为高校培养学生创新创业教育活动和校园文化建设的重要载体，是提高高校毕业生创新能力和就业竞争力的有效途径。同时，开展大学生课外科技创新活动，建立大学生课外科技创新活动体系，对于推进高等院校教育教学改革、建设创新型国家具有启发意义。

（1）课外科技创新活动体系是培养学生创新创业能力的有效途径，是提高大学生综合素质的重要载体。培养创新型人才是国家和社会赋予高等学校的神圣使命和不可推卸的责任，大学生课外学术科技竞赛活动体系是培养具有创新意识和创新能力的高素质创新型人才的重要手段。《中华人民共和国高等教育法》第一章总则第五条规定："高等教育的任务是培养具有创新精神和实践能力的高级专门人才，发展科学技术文化，促进社会主义现代化建设。"大学生创新创业能力需要结合"第一课堂"理论教学和"第二课堂"社会实践来共同培养，"第一课堂"着重传授业务知识和能力，"第二课堂"着重提高学生综合素质。大学生课外科技创新活动体系是高校"第二课堂"的重要组成部分，也是培养学生创新创业能力的有效途径。在大学生课外科技创新活动体系中，

大学生学会自主学习、团队协作，积极面对困难和挑战，有效地提升自主性、参与性、团队意识、心理承受能力等综合素质，同时增强了创新意识、培育了创新精神、提高了创新能力，是一种很好的创新教育方式。

（2）课外科技创新活动体系是"产学研"合作的重要模式，是提高学生就业竞争力的重要途径。通过共同组织选拔优秀学生参加课外社会实践、专业知识应用技能竞赛、企业生产项目合作研究等形式的大学生课外科技创新活动，完善大学生科技创新活动体系，丰富大学生科技创新活动体系的内涵和形式，培养大学生的创新精神和实践能力，解决学校教育与社会需求脱节的问题，缩小学校人才培养与社会需求之间的差距，增强学生的就业竞争力。

（3）课外科技创新活动体系有利于培养学生"大工程意识"，增强未来可持续发展能力。大工程教育观是为工程实际服务的工程教育的一种回归，是现代高等工程教育教学改革的方向。大工程教育观要求工程教育提供学生综合的知识背景，培养学生的工程意识、质量意识、系统意识、责任意识、成本意识和环保意识，增强学生的理论基础和工程实践能力。培养具有"大工程意识"的现代高素质工程技术人才，即要求培养学生从系统的、整体的全局观出发分析工程的效用和利弊，以及由此引申而来的科学技术问题、功能审美问题、生态环境问题、资源安全问题、伦理道德问题等，将工程技术、科学理论、艺术手法、管理手段、经济效益、环境伦理、文化价值进行综合，树立科学的可持续发展观。作为现代高等工程教育的主体，在工科院校学习的大学生，必须树立和培养大工程意识，充分利用学校提供的平台积累工程师所需的基础知识和基本能力，锻炼提高工程实践能力和意识。大学生课外科技创新活动体系是培养学生"大工程意识"的重要途径，在大学生课外所从事的各类学术科技和创新创业活动以及参加的各类学术科技创新创业等竞赛活动中培养锻炼学生的综合应用能力、系统性、协调性，有效增强学生的可持续发展能力，为祖国培养更多的高级工程技术人才。

（4）课外科技创新活动体系有助于学生了解科学研究方法，熟悉科研工作流程，提高科研工作能力。狭义的科学研究方法是指科学研究活动的途径、手段和方式。人们在未掌握正确的科学研究方法之前，通常会用一些带有主观性和盲目性的非科学的方法去研究和解决问题，结果可想而知。科学研究方法能够为科学研究提供程序化、规范化的手段和途径。科学研究方法能够化"复杂""神秘"为"简单""平实",使科研活动有效地进行。大学生课外科技创新活动体系有助于学生了解"观察、实验、归纳、演绎、分析、综合、系统分析方法、信息方法、功能模拟方法"等科学研究的方法,熟悉科研工作流程,鼓励学生建立"逻辑思维、创造性思维、抽象思维、形象思维"等科学的思维方法,为以后的学习和工作积累科研工作能力。

三、课外科技创新活动体系的构建

大学生课外科技创新活动体系是大学生科技创新能力培养的重要途径之一。通过不同的途径和方法建立多样化的组织实施体系,多层次、多角度、多渠道地开展和完善大学生课外科技创新活动体系,保证大学生科技创新活动体系作用的充分发挥。

(1)完善集"企业—学校—学生"于一体的大学生课外科技创新活动体系建设,为大学生课外科技创新活动的顺利开展提供有力保障。大学生课外科技创新活动体系对于高校创新型高素质人才的培养具有重要作用。高等院校一定要高度重视大学生课外科技创新活动体系的构建,从人力、财力、物力等多方面保障大学生课外科技创新活动体系的组织实施。学校要建立集企业、学校、学生于一体的大学生课外科技创新活动体系,联合学校教务、学科、科研、设备、宣传、学生工作和各级学生组织共同成立大学生课外科技创新活动体系指导委员会,实施企业—学校—院系(社联)—班级(社团)四级活动组织管理体系,并依托相关职能部门制定统一的活动管理规定和活动效果评价体系,明确各相关部门和主体在活动组织过程中的权利和义务,为参加活动的企业、学校的大学生和指导教师等群体提供科学、合理、有效的评价标准,引导大学生课外科技创新活动体系科学向前发展。

(2)加强大学生创新创业基地建设,为大学生课外科技创新活动体系提供高品质的服务保障。为不断地扩大参加课外科技创新活动的大学生群体范围,为更多的学生提供参加课外科技创新活动的机会,锻炼和培养更多的高素质人才,高校必须不断地加强大学生创新创业基地建设,通过自建或与企业合建大学生工程训练中心和创新创业中心等形式来满足不断扩张的大学生参与课外科技创新活动的需求，同时为大学生课外科技创新活动体系提供场地、设施保障，推动"产学研"进一步融合，促进创新成果顺利转化，为社会提供优质服务。

（3）进一步深化"第一课堂"教育教学改革，为大学生参加课外科技创新活动体系提供坚实的理论学术基础和更加广阔的空间。通过采用学科和专业的教育教学与科技创新能力培养相结合的方式，充分发挥学科和专业人才培养的主体作用，通过选择、设计有效的切入点和结合点，采用启发式、讨论式、研究式等教育教学方法，引导大学生学习新知识、发现新问题、开拓新思路、探索新方法、研究新课题，将创新教育贯穿人才培养的全过程。同时，根据大学生的差异性，采用必修课和选修课相结合的办法，开设科技创新课程，丰富和发展大学生的创新能力，为大学生参加课外科技创新活动体系提供坚实的基础。

（4）以各类学术科技竞赛为抓手带动大学生课外科技创新活动体系建设，促进和帮助高校毕业生顺利实现就业和创业。通过组织参加各类学术科技竞赛，合理安排和组织各种大学生课外科技创新活动，带动大学生课外科技创新活动体系有序建设。竞争性、挑战性强的各类科技竞赛是检验、锻炼、提高和展示大学生科技创新能力的很好的平台。据不完全统计，目前全国40%的在校大学生直接或间接参与"挑战杯"各级选拔赛。自1989年举办以来，"挑战杯"的社会关注度和美誉度愈来愈高，其获奖者中已产生了20余位教授、博士生导师、长江学者、国家重点实验室的负责人。

（5）加强大学生科协等学生科技社团建设，浓郁校园科技创新氛围，为大学生课外科技创新活动体系的组织实施"造势"。通过扶持大学生科协等科技类学生社团建设，突出科技创新主题，提升校园文化活动的层次，倡导、组织和引领大学生开展以科技创新为主题的校园文化活动，发掘课外科技创新活动的内在吸引力、冲击力和感召力，提高课外科技创新活动的参与率和覆盖面，从精神、物质和管理等多方面加强科技创新能力培养力度，激发大学生科技创新的强烈意识，将科技创新能力的培养转化为学生内在的自觉的需求，为大学生课外科技创新活动体系的组织实施营造氛围，增强教育效果。

第四节　高校创客教育与学生创新能力的培养

随着我国高等教育的大众化，高校毕业生人数屡创新高，2016 年达到 765 万，比 2015 年增加 16 万，2017 年高校毕业生达到 795 万。高校积极响应党和国家政府提出的"大众创新、万众创业"的号召，采取各种行之有效的措施做好高校的创客教育和大学生创新能力的培养，以提高学生的就业竞争力。

一、创客教育与创客空间

创客教育源自 20 世纪 80 年代的 STEAM 教育，是指学校融数学、科学、技术、工程、艺术等学科为一体，以提升学生的创新创业能力为目的的一种综合素质教育。高校的众创空间是顺利推行高校创客教育的保障，如斯坦福大学的创客实验室、清华的创客空间、同济大学的创客空间等，这些创客空间协助学生将创意转变为现实。2015 年 3 月，国务院办公厅印发的《关于发展众创空间推进大众创新创业的指导意见》（下文简称《意见》），将高校创客空间定义为"有效满足大众创新创业需求，具有较强专业化服务能力的新型创业服务平台"。《意见》中提到了理想高校创客空间的基本特征是"低成本、便利化、全要素、开放式"。高校创客空间的核心价值在于为创业者提供辅助创新创业的服务。对大学生创业来说，创客空间是一个非常好的选择：既有场地、设施、设备等"硬实力"方面的支持，又有专门为创业服务的融资服务、组织协调、辐射带动等"软实力"方面的服务。创客空间为学生提供了一个创新创业的空间，学生可以通过经常性的沙龙会谈、创业培训、创业大赛等建立自己的创业圈与人脉网；可以通过共享办公环境等激发创业灵感、分享创业资源、寻找创业合作伙伴。此外，创客空间还提供工商注册服务、法律法务咨询、设备设施租用等便利服务，以帮助大学生创业群体健康而快速地成长。

二、创客教育对大学生创新能力的重要意义

（一）创客教育激发了学生的主体性

创客空间为学生提供了动手实践的空间，打破了传统教育的局限，充分激发了学生的主体能动性。在创客空间的平台上，通过动手实践，大学生可以突破专业、年级的限制，逐渐检验完善创意，既享受了学习的乐趣，又为未来的创业和就业提供了可能。因此，高校要做好众创空间的建设工作，尽可能地提供良好的资源和服务，助力大学生的创业梦想。例如，Mitch Altman——美国最早的创客空间创始人，通过创客空间与一群创客合作发明了 TV-Begone。TV-Begone 投放市场后获得不俗的销售业绩。

（二）创客教育转变了学生的学习方式

创客教育对学生的创新能力和实践动手能力要求较高，要求学生转变传统的学习方式为主动创造式的学习方式。目前，大学教育依然以灌输填鸭式教育为主，课程更新速度已远远跟不上信息化社会的变化，不少教学内容与社会发展脱节，加之以理论讲解为主的教学方式让学生缺少社会实践机会，使得学生的就业竞争力不强。创客空间和创客教育为提高学生的创新创业能力提供了机会，通过转变学生的学习方式，创客空间既锻炼了学生的动手能力，又激发了学生的创意。

（三）创客教育提升了学生的心理准备

创业并不是一件容易的事情，如果没有充足的心理准备，创业者很难面对创业的艰辛、应对创业的挑战。创业者想要在创业浪潮中有所建树，就必须具有坚韧的意志、扎实的专业基础、开阔的视野。每一个创业者的成功并非偶然，创业成功要求创业者必须具有承担项目的独立意识、以目标为导向的契约精神以及对自身负责的企业家精神。大学生创业除了要求大学生具有拓宽知识领域、增强解决实际问题的能力外，还要求学生追求个人素质全面发展。创客教育不仅给大学生讲解创业、提供服务，而且帮助大学生主动学习和探索创业知识，提升大学生创业的心理准备。

三、高校培养学生创新能力的途径

（一）应用新媒体技术开展大学生创客教育

新媒体时代，大数据的使用为高校的教育改革提供了新的工具，为高校的创客建设提供了新的思路。海量的数据资源和以慕课、微课为主的新兴媒体教学手段，促进了高校的教学改革，从传统的教师单向输出到教师与学生的双向互动。高校可以通过建设高校就业创业公众号的形式，宣传创业就业政策法规、成功案例，让创新创业思想潜移默化地影响学生；可以将提升学生的创新创业能力作为高校人才培养工作的主要目标和评价指标，优化高校的人才培养模式和课程教学模式；可以积极利用产学研结合、校企联合办学模式，为大学生提供形式多样的实习实践机会。

（二）产学研共建众创空间

高校要以市场需求为导向，以产学研相结合的模式共建众创空间。结合企业实际的需要，高校可利用其科研优势，将科研成果转化成实际产值，充分保障众创空间的创新创业项目与产业需求相结合。以西安交大与西安高新技术产业开发区共建的"丝路学院"为例，它充分整合了西安交大科研人才优势和高新区完备的创新创业体系、集群化的技术产业优势，形成了从创业意识启蒙、创业知识储备、创业能力培养到创业项目孵化一体化的创业教育环境体系。在众创空间运营过程中，高校还要考虑聘请有实际创业经验的企业高级人才作为创业指导教师，让创业培训课程生动、真实。高校还可以为学生搭建平台，鼓励学生到企业学习，积累相关专业的管理、营销经验。

（三）帮助大学生提升自身的创新创业能力

高校应该采取一定的措施，充分指导大学生学会利用创客空间，提升他们的创新创业能力；将教学重点放在提升大学生实际能力上，积极利用新媒体技术做好学生的创客教育工作。例如，高校可以运用大数据分析市场需求、整合市场信息，为学生提供实时流动的市场需求，预测专业发展前景、产业发展前景，拓展个人成长空间；可以利用大数据挖掘学生的创新创业客观需求，让高校的就业指导工作更有针对性；还可以利用大数据库挖掘预测社会对人才的需求，有针对性地培养学生的就业能力，积极应用大数据技术做好高校学生的就业、择业工作。

参考文献

[1] 租人元. 以学生为中心加强高校学生工作 [J]. 安阳工学院学报，2021，20（5）：111-113.

[2] 徐娜. 新形势下提升高校学生工作质量的思考与探索 [J]. 智库时代，2021，（19）：59-61.

[3] 孙楚航，许克松. 重大疫情防控工作中大学生思想政治教育功能与实践路向 [J]. 思想理论教育，2020（03）：97-101.

[4] 李小玲，王建新. 重大疫情防控工作中大学生思想政治教育面临的挑战与应对 [J]. 思想理论教育，2020（04）：98-102.

[5] 张继明，冯永刚. 高等教育有效治理的系统化原则及其实践——基于顶层设计与法治问责的视角 [J]. 江苏高教，2020（05）：70-76.

[6] 贺军科. 如何做好新时代青年工作 [J]. 中国共青团，2020（11）：2-5.

[7] 曹杰. 新时代大学生网络思想政治教育议程设置创新研究 [J]. 思想理论教育导刊，2020（06）：151-154.

[8] 左殿升，刘伟，张莉. 新时代高校辅导员专业化建设三维透视 [J]. 思想政治教育研究，2019，35（03）：149-153.

[9] 陈志勇. 网络空间治理背景下的高校网络思想政治教育应对 [J]. 思想教育研究，2018（12）：110-114.

[10] 黄侨彬，刘桂昌. 高校学生工作内卷化研究 [J]. 合肥学院学报（综合版），2019，36（1）：31-37.

[11] 陆庆龄，王卫卿. "互联网+"环境下高校学生工作信息传播的有效性 [J]. 新管理，2016（5）：110-111.

[12] 吴松利. 疫情期间高校学生思想政治工作探索 [J]. 思想教育，2020（6）：82-83.

[13] 唐立坤.浅析"互联网"环境下高校学生工作信息传播的有效性[J].亚太教育,2015(26):297.

[14] 罗建晖,阎芳,刘佳.利用网络微媒体开展大学生思想疏导工作的路径探析[J].北京教育(德育),2015(3):38-40.

[15] 杨智.高校学生工作精细化管理研究[J].哈尔滨职业技术学院学报,2018(03):83-85.

[16] 陈钰怡.高等学校财务核算流程创新探讨——以中山大学为例[J].教育财会研究,2018,29(02):34-38,45.

[17] 焦美莲.精细化管理理念在高校学生管理中的应用[J].文化创新比较研究,2018(04):148-149.

[18] 张志.高校辅导员日常工作精细化管理模式的构建[J].课程教育研究,2019(23):214-215.

[19] 侯春晓.精细化管理模式在大学生宿舍管理中的应用分析[J].智库时代,2019,184(16):262-264.

[20] 张艺,陈晓.大学生创新性实验项目管理模式探究——以湖南工程学院为例[J].创新与创业教育,2018,9(05):81-84.

[21] 顾东辉.社会工作概论[M].上海:上海译文出版社,2005.277.

[22] 王思斌.社会工作概论(第二版)[M].北京:高等教育出版社,2006.

[23] 张建栋.高等学校学生管理法治化研究[D].上海:华东政法大学,2013.